本成果受国家社会科学基金冷门绝学研究专项学者个人项目
"皖派绝学中理必文献的发掘、整理与研究"（项目编号：20V

乾嘉皖派的理必科学

冯胜利 著

科学出版社
北京

内 容 简 介

本书从乾嘉考据学入手,揭示皖派学者在"理证"和"求是"方面的学术建树,论证戴震的理必、段玉裁的理校和王念孙的理训之间一脉相承的学术范式,力从乾嘉学者理性思维的角度,发覆他们在科学思想上的原创成果。在此基础之上,本书提出民国时期章黄承袭"理必思想"(即理性主义),创造性地发展出"发明之学"。"发明之学"与胡适和傅斯年尚西学而发展出的"大胆假设、小心求证"及其"材料发现之法",不仅有着学理的不同和时代的差异,而且二者经历了一场学术思想史研究至今尚未引起关注的"今发见之学行,而发明之学替"这一学术范式之更替。

本书可供对训诂学、历史语言学、科学发展史,以及学术史和逻辑史有兴趣的学者参阅。

图书在版编目(CIP)数据

乾嘉皖派的理必科学/冯胜利著. —北京:科学出版社,2023.11
ISBN 978-7-03-075844-6

Ⅰ. ①乾⋯ Ⅱ. ①冯⋯ Ⅲ. ①学术思想-思想史-研究-安徽
Ⅳ. ①B2

中国国家版本馆 CIP 数据核字(2023)第 120756 号

责任编辑:张 宁 张翠霞/责任校对:贾伟娟
责任印制:赵 博/封面设计:润一文化

科学出版社 出版
北京东黄城根北街 16 号
邮政编码:100717
http://www.sciencep.com
天津市新科印刷有限公司印刷
科学出版社发行 各地新华书店经销
*
2023 年 11 月第 一 版 开本:720×1000 1/16
2024 年 3 月第二次印刷 印张:17 1/2
字数:352 000
定价:108.00 元
(如有印装质量问题,我社负责调换)

目　　录

第一章　导言——乾嘉理必的提出························1

第二章　当代语言学的科学性与乾嘉学术的唯理性········16

　第一节　什么是科学——从语言学的发展来看···········17

　第二节　中国的"形式科学"···························22

　第三节　乾嘉的"理必之学"···························29

　第四节　乾嘉学者的理必之学与理性主义···············50

　第五节　乾嘉理必与西方逻辑··························54

第三章　乾嘉学术的科学突破···························57

　第一节　西方学者对中国传统学术的看法···············58

　第二节　中国学者自己的看法——以胡适为代表·········59

　第三节　科学家眼中的科学是什么?····················61

　第四节　语言学是科学——科学语言学·················64

　第五节　乾嘉学术中的科学要素························67

　第六节　乾嘉汉学理性传统的继承与终结···············79

第四章 再论皖派学理中的"理必""理校""理训"················87

第一节 戴震"理必"的逻辑结构··················88
第二节 段玉裁的"理校"发明··················102
第三节 王念孙的"理训"创造··················120

第五章 《说文段注》演绎推理阐微··················122

第一节 《段注》理必用语与概念··················123
第二节 《段注》理必逻辑推理··················137
第三节 《段注》理必逻辑思想··················145
第四节 《段注》"理必注论"模式··················150
第五节 求实与求是··················154

第六章 《广雅疏证》生成类比发微··················157

第一节 王氏类比"大端"的确立··················157
第二节 《广雅疏证》中的类比论证··················161
第三节 王念孙"生成类比法"的原理和分析··················166
第四节 王氏之学乃主观之学··················174
第五节 接续地思考··················188

第七章 乾嘉理必与章黄学理··················190

第一节 戴、段、王师徒两代开辟的"理必范式"··················190
第二节 章太炎的"学术圭臬"与"依自不依他"··················199
第三节 黄季刚的学术论:玄理与发明··················202
第四节 章黄之精要··················205

第八章　黄侃的"发明之学"与傅斯年的"发现之法" …… 208

第一节　乾嘉之理必发明 …… 209
第二节　黄侃之发明论 …… 224
第三节　傅斯年之"一分材料说一分话" …… 226
第四节　章黄奇葩——黄季刚科学发明举隅 …… 230
第五节　汉语语言学上的经验主义及其成就与局限 …… 238
第六节　循环论证与互补分布 …… 243

第九章　传统理性思维的继承与当代学术理论的构建 …… 247

第一节　五四以来的学术范式 …… 248
第二节　中国近代思想史上学术范式的革命 ——乾嘉理必 …… 253
第三节　民国初年"理必范式"之精华 ——章黄之理性主义和发明之学 …… 262
第四节　"理必范式"与韵律语法理论的建立 …… 266
第五节　"理必范式"与语体语法理论的建立 …… 268
第六节　中国学术之前瞻 …… 272

第一章 导言——乾嘉理必的提出

在中国学术史上，乾嘉学者为世人公认具有极高的学术贡献，而乾嘉学术，又以皖派的创获为最精。精在何处？胡小石先生独具慧眼："徽州戴东原，治学用论证法，能开辟新途，其门人如段玉裁，如王念孙，都是如此，这才是清学。"[①] 乾嘉学者莫非都是古文献考据学家？未尽其谛也！据小石先生所言，他们最精湛、最赋有划时代突破性的贡献，是他们发明的"论证法"！论证是理性的而不是经验的。这一点并未被后来学者所识破，遑论继承。数百年来，后代学子面对"乾嘉理必"而浑然不识，遂使土生土长之科学思想竟成"绝学"。

以往学者论乾嘉之学多目之为烦琐考证、饾饤之学，或视乾嘉学者胸无大志而沉湎古籍。纵有一二学者偶用科学概念论其学术，也绝少定性"何为乾嘉科学"。今天学者业已公认乾嘉学者治学，功底深厚，资料纯熟，善于归纳、发现规律等等，然而，这些亦非乾嘉学术之最精华者。何为乾嘉学术之精华？经三十余年之学习、研究、比较与发掘，笔者不揣梼昧，放胆而言曰：乾嘉精华乃"理必科学"。何为"理必"？何以"理必"即为科学？戴震（字东原）知而行之，段（玉裁）、王（念孙）继而承之，然今人或有不

[①] 胡小石. 胡小石先生追悼黄季刚先生讲辞//张晖编. 量守庐学记续编：黄侃的生平和学术. 北京：生活·读书·新知三联书店, 2006: 21-22.

晓，或疑其必；信哉，其说也绝矣！

乾嘉理必之学绝，故而中国自家科学之继承与研究，亦凄然冷门也。今则曰：为往圣继科学当从戴震起，因为戴东原是中国学术史上的伽利略。

《尚书·尧典》"光被四表"，戴震断言："《尧典》古本必有作'横被四表'者。"①这里"必有"之"必"后面，有一整套的理据与例据，读者不知则视之为狂妄（如王鸣盛）或谓之为武断。②须知：戴震这里的"必"不是日常口语的"保证"，也不是争辩的"一定"，而是他们理必话语体系中的逻辑必然"certainty=必然性"。③这一个"必"字至少有如下五个领域的必然性作为此说"不可能错"的基石：①古音学——未通上古音韵学则不知其中"音证"之实（光读古旷反）；②语义学——不知"耀""充"义源之阻隔则不知"光=光耀""横=充斥"二义之迥异；③训诂学——不知经学古今之分则混淆郑玄经学训诂与《尔雅》小学训诂④；④文字学——不知"横"从"黄"声、"黄"从"光"声，则不知诸字同声之古音；⑤句法学——不通句法则不知"光被四表"与下文"格于上下"均为主从结构。

从今天的语言学（或陆宗达先生发明的"文献语言学"）的理论来看，戴氏结论已经达到相关领域中当代语言学家所能臻及的水平；其中每一领域所下之义，至今泰山不移，实开与格里姆定律（Grimm's Law）相媲美的"古无轻唇音"之"理必先河"。上述阐释皆包含在戴震1755年《与王内翰凤喈书》一信之中，其云：

---

① 戴震. 与王内翰凤喈书//戴震集. 上海：上海古籍出版社，2009：54.

② 参见：冯胜利. 论乾嘉学术的科学突破. 语言教学与研究，2019，(3)：1-13. 按，劳思光在《新编中国哲学史（增订本）·卷一》中指出："依哲学史之通例说，哲学家所用词语之确义，皆在一定程度上具有'系统内的约定性'。"（劳思光. 新编中国哲学史（增订本）·卷一. 北京：生活·读书·新知三联书店，2019：117.）今谓乾嘉学者如戴震、段玉裁、王念孙等所用词语之确义或特定含义与概念，同样有其"系统内的约定性"。这一点，以往研究殊少关注，亦鲜从其系统思想和理论深入发掘。今论乾嘉学术，乃从其理必系统发掘其词语约定性及其思想与理路。筚路蓝缕，疏漏存焉；方家学者，锡正疵瑕，幸甚至哉！

③ 参见：冯胜利. 论乾嘉学术的科学突破. 语言教学与研究，2019，(3)：1-13.

④ 参见：冯胜利. 训诂的属类与体系——论经学训诂、子学训诂、史学训诂、文学训诂的独立性. 古汉语研究，2019，(3)：2-12，103.

第一章 导言——乾嘉理必的提出

《孔传》"光，充也"，陆德明《释文》无音切，孔冲远《正义》曰："光、充，《释言》文。"据郭本《尔雅》："桄、颎，充也。"注曰："皆充盛也。"《释文》曰："桄，孙作光，古黄反。"用是言之，光之为充，《尔雅》具其义……蔡仲默《书集传》"光，显也"，似比近可通，古说必远举光充之解，何欤？虽《孔传》出魏、晋间人手，以仆观此字据依《尔雅》，又密合古人属词之法，非魏、晋间人所能……自有书契以来，科斗而篆籀，篆籀而徒隶，字画俯仰，寖失本真。《尔雅》桄字，六经不见。《说文》："桄，充也。"孙愐《唐韵》："古旷反。"《乐记》："钟声铿，铿以立号，号以立横，横以立武。"郑康成注曰："横，充也，谓气作充满也。"《释文》曰："横，古旷反。"……凡校书者，欲定其一是<u>《尧典》古本必有作"横被四表"者</u>。横被，广被也，正如《记》所云"横于天下""横乎四海"是也。"横四表""格上下"对举。溥遍所及曰横，贯通所至曰格。四表言被，以德加民物言也；上下言于，以德及天地言也。《集传》曰"被四表，格上下"，殆失古文属词意欤？"横"转写为"桄"，脱误为"光"。追原古初，当读"古旷反"，庶合充霸广远之义……六书废弃，经学荒谬，二千年以至今。仆情僻识狭，以谓信古而愚，愈于不知而作，但宜推求，勿为株守。[①]

难道这是科学论文吗？恐怕大多数人疑而不信（戴氏此信的详细结构见第四章的理必分析）。当然，这不是不自信，而是对"何为科学"有所不憭所致。笔者以前也不认为戴氏所论即为科学，直至认识到诺姆·乔姆斯基（Noam Chomsky）的"语言学革命"就是科学革命，而后幡然领悟：原来我们的皖派学术也堪称中国传统学术思想史上的一次"科学革命"。为便于理解戴氏科学，我们不妨先看乔氏科学。

乔姆斯基的《句法结构》是第一个首次以语言学家的身份，认真严

[①] 戴震. 与王内翰凤喈书//戴震集. 上海: 上海古籍出版社, 2009: 54. 另外，全书古籍类引文，部分原文标点有误或者不规范，已经按现代标准重新标点，不出校记。

肃地尝试在科学理论构建传统之下建立的有关语言的整个理论；是一个在化学或生物学领域为其中科学家所理解的意义上的理论；是在这个基础之上的一个整体理论。它不是类似于把（语言）材料重新组织为图书馆的分类条目，也不是有关人类和语言自然属性的哲学论证或者设论；而是有关我们自然语感的，一种严格清晰的、诸多定理可以由此派生的公理系统。①

罗伯特·李斯（Robert Lees）第一次把乔姆斯基的理论提高到"科学理论构建"的高度，认为它是一个"可以派生定理的公理系统"。这就是马库斯·托马林（Marcus Tomalin）2006年在《语言学和形式科学：生成语法之源》（Linguistics and the Formal Sciences: The Origins of Generative Grammar）一书中明确指出的，诺姆·乔姆斯基的《句法结构》（Syntactic Structures）无疑是形式语言学，但更重要的，它是形式科学之一种。

什么是"形式科学"？马库斯·托马林说：

在"形式科学"这一术语下类集起来的理论，全部都使用"公理-演绎法"。因此，尽管这些理论之间有着种种不同，但它们都包含着同一种演绎程序，即从直觉上显而易见的少数几个配套的公理或假设推演出某些结论（亦即定理）来的过程。因此，这种做法可以看作是"用同一基本科学方法"统一起来的方法。②

这是对"形式科学"最简要的说明，可以让我们从中了解科学的本质属性。科学是公理、演绎和实证的理论系统。能够构建这样的一个系统，才能称之为具有科学的属性或科学的特征。最能说明乔氏生成句法科学属性的是2010年理查德·拉尔森（Richard Larson）所著 Grammar as Science 一书，书

---

① Lees R B. Review of syntactic structures. Language, 1957, 33(3): 377-388. 书中外文译文，如由笔者翻译则不再注明，如引用或参考他人翻译则注明。

② 原文来自 Tomalin M. Linguistics and the Formal Sciences: The Origins of Generative Grammar. Cambridge: Cambridge University Press, 2006: 2-3. 此处译文参考：马库斯·托马林. 语言学和形式科学：生成语法之源. 司富珍, 刘文英, 译. 北京：商务印书馆, 2018: 3-4.

名直言不讳——《科学句法学》，并指出：

（1）语法已经成为语言学这一新科学的组成部分，这门科学提出并研究一系列独特而有趣的问题，并采用严格的方法来探索它们，正如其他科学对于自然现象的研究。

（2）对语法采用"科学"方法的想法一开始可能会让你感到奇怪。当我们想到"科学"时，我们通常会用这些术语来思考[1]：①科学是寻求理解；②实现理解意味着发现一般规律和原则；③科学的规律和原则可以通过实验进行测试[2]。

什么是科学句法学？理查德·拉尔森回答说：句法学家发现句法的规律和原则，寻求对它们的理解，在实验中对它们进行测试，经过这些反复的探索，最终构建出一个完整的科学句法体系，是为科学句法学。无可否认，乔氏及其学生半个多世纪以来完善和发展了语言学作为科学的系统性，这当然不是乾嘉时代戴震科学所能比拟的，同样也不是西方19世纪新语法学派的理论所能比肩的。但是，我们必须看到，戴氏的"理必革命"与乔氏的"句法革命"，在思想本质上同出一辙，都具备形式科学的基本要素，而戴氏比乔氏还早了两百多年。最能说明戴氏**理必科学**的，是他"必有作**横**被者"的"理必预设"（certainty prediction），**居然**得到现实的证实和预期的结果。《与王内翰凤喈书》末尾有戴氏后记，载其友生等所举例证：

丁丑仲秋，钱太史晓征为余举一证曰："《后汉书》有'横被四表，昭假上下'语。"检之《冯异传》，永初六年安帝诏也。姚孝廉姬传又为余举班孟坚《西都赋》"横被六合"。壬午孟冬，余族弟受堂举《汉书·王莽传》"昔唐尧横被四表"，尤显确；又举王子渊《圣主得贤臣颂》"化溢四表，横被无穷"。洪榜案：《淮南·原道训》"横四维而

---

[1] 参见：Goldstein M, Goldstein I. The Experience of Science: An Interdisciplinary Approach. New York: Plenum Press, 1984.

[2] Larson R K. Grammar as Science. Cambridge: The MIT Press, 2010: 3-4.

含阴阳",高诱注:"横,读桄车之桄",是汉人横、桄通用甚明①。

什么是科学?由公理及其推演之定理所预测而得到现实验证之系统及其推演过程,就是科学。在科学核心思想这点上,戴氏、乔氏,无不如此。更有见出戴氏理必思想之强之深者:尽管戴氏知道"《尧典》古本"可能永远看不到,但其所推之"必"则永不会倒。为什么?阿尔伯特·爱因斯坦(Albert Einstein)曾经说:"我的理论精美得不可能错!"②这不是狂妄,这是理必的自信、推理的力量。我们不妨称之为"理必之势"!西方的科学如此,乾嘉的戴学也是如此。我们难道不为之惊叹、不为其如此神似而赞贺吗?

事实上,乾嘉理必焉只戴震?其弟子段玉裁和王念孙,同样是他培养出来的理必科学家。段玉裁的"凡谐声者皆同部"③和"理校"、王念孙的"生成类比逻辑"④和"理证",凡所揭举均属理必要素,皆为中国学术史上前无古人但今几绝灭的科学发明。这告诉我们,国学研究必须跳出五四运动以来对传统小学的偏见和西式框架,才能看到乾嘉之学真正精华之所在。乾嘉小学的科学性质不仅可与现代科学研究直接接轨,甚至可以用来纠正长期以来只重材料的经验主义之偏颇,弥补当代学术之不足。今天"乾嘉理必"的项目得到国家"冷门绝学"⑤的资助,使我们有了一个可以对此进行深入研究的平台和机会,可以明确提出以戴震为代表的乾嘉学者创造了史无前例的科学突破,可以证明其"理性发明"的学理既不是传统及宋明理学之"理必",也不是乾嘉吴派"存古"之"理必",更不是清际传教士之"理"。

乾嘉理必绝学的研究始于 2015 年,评审专家对项目的研究工作及成果给予了极大肯定和褒扬,指出该课题的研究成果"对段、王学术所蕴含的理必思想及方法的归纳、总结,较已往的研究更加全面、系统,也更加深入、细

---

① 戴震. 与王内翰凤喈书//戴震集. 上海:上海古籍出版社,2009:55.
② Ball P. Beauty≠truth. https://aeon.co/essays/beauty-is-truth-there-s-a-false-equation (2014-05-19) [2023-05-10].
③ 段玉裁. 说文解字注. 许惟贤,整理. 南京:凤凰出版社,2007:1387.
④ 参见:冯胜利. 论王念孙的生成类比法. 贵州民族大学学报(哲学社会科学版),2016,(6):77-88.
⑤ 国家社会科学基金冷门绝学研究专项学者个人项目"皖派绝学中理必文献的发掘、整理与研究"(项目编号:20VJXG038)。

致，所运用的方法更具多样性，也更具开拓性，对段氏理必论证'模式'的建立，显示该成果在研究方法上具有可操作性特点，有其特殊的借鉴价值"，"由于作者对文字声音训诂之学的熟谙以及对西方科学理论、语言学理论的谙熟，使得原本并不相干的两种学术路径和方法得到了有机的融合，从而使不少个案的分析不再是原子主义的，而是具有了某种系统性，并最终都得到了升华，上升到了科学思想、科学理论、科学方法的层面，这部分的展开极富有创新精神，具有很高的学术意境"，"（该研究）集中揭示中国学术史上的这一蕴藏数百年而未曾知晓的一大科学理念——理必思想，这将成为中国学术思想史研究的全新视角、全新理念，带动中国思想学术史研究的深入"，"更重要的是揭示了中国学术史包含科学思想和理论体系的真相，这对中国学术增强文化自信，引导中国学术健康发展，特别是中国语言学在继承创新的模式下走自己的路，可谓意义巨大而影响深远"[①]。

乾嘉理必不仅是文献语言学的课题，也是中国学术史上的重要课题；它很有可能成为研究中国学术的一个"世纪课题"，一个"民族文化自信之源的课题"，一个"国家课题"。这个课题从前所未有的形式科学（如公理假设、推演定理等）入手，以西方伽利略为代表人物的近代科学基础为参照，从文献语言学中发现以戴震、段玉裁、王念孙为代表的皖派学术，在伽氏一百五十年后，也蕴含着形式科学的要素。其学术路数用章太炎的六字断语说，即"综刑名、任裁断"[②]，意谓用演绎推演得出逻辑必然。这就是我们发现和发掘出来的"理必"学理的核心要素。前代学者如章太炎、梁启超、胡适等均曾提及中国传统朴学孕育着科学的因素，然而其中的"理必学理"迄今尚未得到学术界的确认，如钱穆《中国近三百年学术史》和余英时《论戴震与章学诚：清代中期学术思想史研究》均未言及"理必"思想[③]，以往研究

---

① 国家社会科学基金冷门绝学研究专项学者个人项目"皖派绝学中理必文献的发掘、整理与研究"（项目编号：20VJXG038）评审意见。

② 章太炎. 检论//章太炎全集（第三卷）. 朱维铮, 校点. 上海: 上海人民出版社, 2014: 482.

③ 参见: 钱穆. 中国近三百年学术史. 北京: 商务印书馆, 1937; 余英时. 论戴震与章学诚: 清代中期学术思想史研究. 北京: 生活·读书·新知三联书店, 2012.

也未曾揭橥实例分析中的"理必"方法（如梁启超《中国近三百年学术史》和《清代学术概论》、胡适《戴东原的哲学》等均未论及"理必"概念与方法）①，故使这一划时代的理必思想，沦为"绝学"。而今则当以皖派学术典籍为对象，发掘其运用和体现理必学理之文献材料，与此同时，从学理的高度将皖派学者治学中的科学理念、方法加以概念化和系统化，从而可为往圣继科学！

继往开来，何为首务？本书在此兹胪要旨，以就教方家。

1）充分说明"理必之学"的冷绝之因，并充分认识到"起死回生"难度之大

据"乾嘉理必研究团队"的近年工作与成果，我们越来越清楚地发现：皖派学术中的演绎推理蕴藏在音韵、文字、训诂等传统语文学研究成果之中，因此较难被现今只重文史训练而无语言学和训诂学训练的学人学子所发现并揭示。加之五四以来学术西潮风涌，传统训诂学及其直接服务的历代经学都被认为是过时的旧学而渐成绝响，鲜为大家所关注。范文澜在《经学史讲演录》中即谓："古文学派中最后的一个代表人物是章炳麟。他是清末古文经学的代表。"②而在胡适等人引进的经验主义（empiricism）的强力影响下，皖派传人章太炎、黄侃的学术也被边缘化，而渐成"蜂腰"，岌岌可断（黄侃曰："余于中国学术，犹蜂腰也。其屑微已甚，然不可断。"）。③在这种情形下，更少有学者从演绎推理的视角发掘皖学的学术价值。难发现、少关注、边缘化、少视角，这使得本课题成为学术门槛较高、研究难度极大、研究人群稀少的冷门绝学。"起死回生"的难度之大，可想而知。

2）逐步阐释并最终颠覆"中国学术不能自发产生科学"的观点

"乾嘉理必"所要论证的是皖派学术中的"理必"思想，这是中国传统学

---

① 参见：梁启超. 梁启超论清学史二种 清代学术概论 中国近三百年学术史. 朱维铮, 校注. 上海：复旦大学出版社, 1985; 胡适. 戴东原的哲学. 上海：商务印书馆, 1927.

② 范文澜. 经学史讲演录//王凛然编. 范文澜文集. 天津：南开大学出版社, 2019: 396.

③ 游寿. 敬业记学//程千帆, 唐文编. 量守庐学记：黄侃的生平和学术. 北京：生活·读书·新知三联书店, 2006: 101.

术土生土长的科学思想，如果证明成真（事实如此，不容质疑），它将彻底颠覆以往中西学者认为"中国学术没有自发性的公理性思维"，"中国学术中理性科学的思想和方法皆自西来"的观点。[①]

西方学者一般认为中国没有也不能走上和西方一样发展近代科学的道路。如著名的李约瑟难题（Needham's problems）："为什么现代科学，关于自然的假设的数学化，以及对先进技术的所有影响，在伽利略时期仅在西方迅速崛起？"[②] 内森·席文（Nathan Sivin）对此的回答是，因为中国学术的起源"主要是学问上的，关注分类而不是自然现象的理论，而且他们绝不关心数学测量"[③]。在中国学者中，章太炎是转述并回答这一问题的第一人。他曾说："一二三四之数绝，而中夏之科学衰。"[④] 章说之旨，以今言读之，即"逻辑废绝则科学衰微"。中国的科学是"衰"而不是"无"。更极端的观点则认为中国没有科学。胡适早期在他的论战性中文作品中提到，"中国几乎没有什么科学方法和精神……当西方科学产生惊人的发明和发现时，'我们的学术界还在烂纸堆里翻我们的筋斗'"[⑤]。近来科学史领域权威学者吴国盛也提出："中国缺乏希腊式的数理自然观，知识界流行的是有机自然观，中国的理论科学（自然哲学）与应用科学（技术）缺乏密切的联系，士大夫阶层与工匠阶层有一道很难跨越的鸿沟……更关键的问题是，中国和西方有着完全不一样的文化基因……"[⑥]

中国主流的传统学术中或乏理性科学及其生长土壤，然而以戴震、段玉裁、王念孙为代表的皖派学人却以演绎法推演逻辑之必然，这无疑是科学的精神和科学的方法。上文说过，章太炎定义皖学为"综刑名、任裁断"[⑦]，

[①] 相关内容复参本书第三章第一节。

[②] Needham J. The Grand Titration: Science and Society in East and West. Toronto: University of Toronto Press, 1969: 16.

[③] Sivin N. Why the scientific revolution did not take place in China—or didn't it? Chinese Science, 1982, (5): 55.

[④] 章太炎. 訄书(重订本)//章太炎全集(第三卷). 朱维铮, 校点. 上海: 上海人民出版社, 2014: 148.

[⑤] 周明之. 胡适与中国现代知识分子的选择. 雷颐, 译. 桂林: 广西师范大学出版社, 2005: 229.

[⑥] 吴国盛. 科学的历程. 长沙: 湖南科学技术出版社, 2018: 211.

[⑦] 章太炎. 检论//章太炎全集(第三卷). 朱维铮, 校点. 上海: 上海人民出版社, 2014: 482.

即以演绎推理("刑名之学")断定逻辑之必然。他认为这种思维方式与两可性的相对思维决然不同:"[苏]①轼也使人跌遏而无主,设两可之辨,仗无穷之辞……幸有顾炎武、戴震以形名求是之道约之。"②梁启超在《清代学术概论》中特出一节为"戴震和他的科学精神",阐述戴震的治学方法为"姑假定以为近真焉,而凭藉之以为研究之点,几经试验之结果,寖假而真之程度增至五六分,七八分,卒达于十分,于是认为定理而主张之"③,"戴门后学"一节又云"戴派每发明一义例,则通诸群书而皆得其读"④。皖派之所以能取得卓越成就,"一言以蔽之曰:用科学的研究法而已"⑤。这道出了皖派研究方法中所孕育的现代科学之要素及其效用。胡适早年也曾指出,"中国旧有的学术,只有清代的'朴学'确有'科学'的精神"⑥,并特别指出戴震是有清三百余年中的思想家:"这三百年之中,几乎只有经师,而无思想家;只有校史者,而无史家;只有校注,而无著作。这三句话虽然很重,但我们试除去戴震、章学诚、崔述几个人,就不能不承认这三句话的真实了。"⑦胡适后期在《中国哲学里的科学精神与方法(续)》中以顾炎武的音韵学研究模式为例,指出音韵学研究中有推理,"成了一套合乎证据、准确、合理系统化的种种严格标准"⑧。他指出这种方法还应用到考证学及文史的其他许多学科,如校勘学、训诂学、史学、历史地理学、金石学,"都有收获,有效验"。章太炎、梁启超、胡适等对皖学的认识与评价,可谓中的之论,然而,必须指出:他们所说的逻辑推理尚非严格的"证伪"性演绎推理

---

① 本书引文中用方括号表示相应内容为引者注。
② 章太炎. 訄书(重订本)//章太炎全集(第三卷). 朱维铮,校点. 上海:上海人民出版社,2014:145.
③ 梁启超. 梁启超论清学史二种 清代学术概论 中国近三百年学术史. 朱维铮,校注. 上海:复旦大学出版社,1985:30.
④ 梁启超. 梁启超论清学史二种 清代学术概论 中国近三百年学术史. 朱维铮,校注. 上海:复旦大学出版社,1985:36.
⑤ 梁启超. 梁启超论清学史二种 清代学术概论 中国近三百年学术史. 朱维铮,校注. 上海:复旦大学出版社,1985:37.
⑥ 胡适. 清代学者的治学方法//胡适文存(一集卷二). 上海:亚东图书馆,1933:216.
⑦ 胡适. 《国学季刊》发刊宣言. 国学季刊,1923,1(1):4-5.
⑧ 胡适. 中国哲学里的科学精神与方法(续). 徐高阮,译. 新时代,1964,4(9):15.

第一章　导言——乾嘉理必的提出

［参见波普尔可证伪性原理（Popper's falsifiability principle）[①]］，因而既未提出（或发现）"理必概念"，也未分析（或发明）"理必实例"，更没有以此来认证皖派绝学中的理性思想。

自 2003 年以来，我们就致力于挖掘传统学术中的理必思想及相关实证，逐渐形成团队，一起证明了乾嘉皖派的语文考据之学在很大程度上就是一种"推演逻辑和定理派生系统"的科学探索。前引戴震的"《尧典》古本必有作'横被四表'者"[②]，以及其后钱大昕的"古无轻唇音"[③]、段玉裁的"凡谐声者皆同部"[④]及"于音寻义，断无飞而下曰颁者"[⑤]、胡培翚的"凡居奥者必东面"[⑥]等等，都是极具演绎推理特点的断言，充分凿实了中国学术中存在的理性思维。"乾嘉理必"学理的提出，不仅首次冲击并颠覆了"中国传统无科学"的观点，而且在思想史、哲学史、文化史、语言学中，首次发覆（即"使覆盖隐藏的道理彰显出来"之义）了"理必之学"与"理必研究"。将来的研究将在上述研究的基础上，进一步发掘、整理皖派学术中的理必思想及研究成果，从而凿实中国自发的"理必科学"，填补中国科学史上的一个空白。

3）扭转以往视乾嘉训诂考证为"饾饤之学"的偏见

"理必"课题的研究必将扭转过去对皖派学术的偏见。科学的精髓乃演绎逻辑，这在皖学中有突出的体现。但在当时，戴震的革命思想不时地遭到以王鸣盛、顾千里为代表的吴派，以翁方纲、姚鼐为代表的宋学，以及以章学诚为代表的新史学的反对。直至今日，研究者对皖派"理必之学"的理解仍然不够深入，尽管承认戴震、段玉裁、王念孙的学问非凡，但对其学问后面

[①] Popper K. Conjectures and Refutations: The Growth of Scientific Knowledge. New York: Routledge, 1962: 37.

[②] 戴震. 与王内翰凤喈书//戴震集. 上海：上海古籍出版社，2009: 54.

[③] 钱大昕. 十驾斋养新录. 上海：上海书店，1983: 101.

[④] 段玉裁. 六书音均表//说文解字注. 许惟贤，整理. 南京：凤凰出版社，2007: 1387.

[⑤] 段玉裁. 说文解字注. 许惟贤，整理. 南京：凤凰出版社，2007: 868.

[⑥] 胡培翚. 燕寝考//《续修四库全书》编纂委员会编. 续修四库全书（经部第 110 册）. 上海：上海古籍出版社，1996: 567.

的学理的误解，仍不乏见。譬如，倪其心就曾评论道："显然从小学的考证看，戴震的发现不无根据，足以证明'横''桄'通假，汉及后世引典或作'横'字。但是'桄'脱为'光'，则属推测，并无证据。"因此："戴震自信订正了《尚书》的一个错字，是不能成立的。"[①]然而作者没有看到，戴震所用之"字"中的一个重要概念，相当于今天的"词"。"必有作'横'者"不仅指"字"，也指"词"。因此"'光'为'充'"还是"为'光耀'"是两词两义的大是大非问题。倪其心只看到了字，不知戴震所订正的实质不在"错字"而在"错词"，其说至今，泰山不移。又如段玉裁的"理校法"，虽然陈垣在《校勘学释例》中将之列入四种校法之一，但陈垣亦云"最高妙者此法，最危险者亦此法"[②]。而王念孙的"理训法"至今在训诂学中还未得到认证、未被充分发掘。再有，如"凡……必……"也多被历来学者误解为以偏概全。[③]皖派学术作为中国迈入近代门槛的历史嫁接点，如果能够对"理必之学"正本清源，扫除偏见，找到新的研究基点，对中国思想史、学术史研究的创造性开发无疑会大有裨益。

4）为中国学术提升与教育培养提供方法与工具

未来的学术发展需要演绎逻辑。逻辑是科学所必需的立论工具，而演绎逻辑是科学理论构建的不二法门。演绎的功用在于求必然、重理设、善推演。我们可以借此设定新的、不同的观察视角，寻找新的、预知的客观现象，而且还可以发现从来未有过的观察结果，亦即凭借理论（假设和推演）探照出（predict）新现象。因此，理必学理具有科学研究的普遍性，是学术研究中在思维方法上的发明和贡献，可以为各个学科、各个领域提供得以创新的思想工具，甚至奠定科学方法的基础，亟待被发掘和提升。未来的人才教育和培养，更需呼唤演绎逻辑的回归。钱学森有问："为什么我们的

---

① 倪其心. 校勘学大纲. 2 版. 北京：北京大学出版社, 2004: 310.
② 陈垣. 校勘学释例. 北京：中华书局, 1959: 148.
③ 按，何莫邪(Christoph Harbsmeier)定义"凡"的逻辑范域为 in principle 而非 all。参：Harbsmeier C. A reading of the Guōdiàn 郭店 manuscript Yǔcóng 语丛 1 as a masterpiece of early Chinese analytic philosophy and conceptual analysis. Studies in Logic, 2011, 4(3): 6.

学校总是培养不出杰出的人才？"①对理必思想的探讨告诉我们，其中一个重要原因就是当今教育中理性思维的缺位。经验主义虽不可少，但独奉则偏；理必思想的精神则可以启人心智，开发和培养下一代人才的科学思维。

5) 理必法的当代推阐和创新应用

"理必"是"演绎"的结果，是中国传统学术走向当代科学的起始之步，也是中华学术科学发展的历史摇篮。我们可以从以下三个方面看到演绎推理在学术创新和提升中的卓越效能。

其一，皖派学人应用理必学理所做出的成就，不断地在考古发现中得到认证，例如：戴震《考工记图注》中推证出的伏兔的功用和形制，正与秦始皇陵封土出土的铜车马中的伏兔相吻合②；王念孙校勘的成果也常与新出土文献相契合，"证明王氏正确的新出资料要比证明王氏错误的新出资料多得多"③。

其二，当代的语言学前沿理论——韵律语法学和语体语法学——就是结合中西学术、运用"演绎逻辑"（理必学理）开辟、构建起来的。陆俭明先生评述道：

> 20世纪50年代爆发了"乔姆斯基革命"，这是语言研究领域带有颠覆性的革命，原因就在于乔姆斯基运用了新视角。于是语言研究逐渐从以"描写为主"转入以"解释为主"，从而更涌现了当代形式的、功能的、认知的种种分析新方法。冯胜利教授从20世纪90年代开始从事韵律语法研究，进入21世纪他又开展语体语法研究，这体现了他对汉语语法研究不断在探究新的研究视角与思路。④

---

① 贺迎春. 秦亚青回应"钱学森之问"：真正的大师敬畏学问. http://edu.people.com.cn/n/2014/0729/c1006-25364264.html (2014-07-29) [2023-06-10].

② 石开玉. 戴震古文献语言解释学的主要方法研究. 重庆科技学院学报(社会科学版), 2017, (7): 80-82, 98.

③ 裘锡圭. 谈谈地下材料在先秦秦汉古籍整理工作中的作用//裘锡圭学术文集(第四卷). 上海：复旦大学出版社, 2012: 387.

④ 陆俭明. 现代汉语语法研究——过去与未来//中山大学中国语言文学系《汉语语言学》编委会. 汉语语言学(第三辑). 北京：社会科学文献出版社, 2022: 20.

"韵律语法学"和"语体语法学"这两个领域的构建，可以说是"理必原理"的当代成果。

其三，理必思想在语言学其他领域的研究也产生了创新的学术成果，如施向东的上古音研究①、赵璞嵩的上古韵素研究②，在方法、思路和角度上都有所突破。在演绎逻辑的协助下，我们可以从盲目烦琐的材料收集中解放出来，而从事一种更需要思辨能力、更具有理性挑战的推演预测和科学实验的工作，从原创的角度和目标达到张载所说的"为往圣继绝学"。

6）为学术转型提供来自传统学术的依据与源泉

如上文所言，演绎逻辑是科学的精髓，然而学术思想与方法上的转型万分困难。王国维早已认识到："西洋之思想之不能骤输入我中国，亦自然之势也……中国之民，固实际的而非理论的，即令一时输入，非与我中国固有之思想相化，决不能保其势力。"③可见，学术较政治经济之转型更为艰难。陈寅恪总结宋儒"引佛入儒"之法时说："乃求得两全之法，避其名而居其实，取其珠而还其椟。"④为此，中国学术范式之转型［从经验主义到理性主义（rationalism）］可以采用复兴（或现代化）中国传统学术中的理必科学思想之途径，来实现单以引进西学难以完成的演绎推理之转型。这样的尝试和努力较之直接从西方引进理论，能够发挥更大的作用，真正从根柢处发展科学，与西方学术平行对话。这样不仅可以大大增强我们学术文化的自信心，而且为学术文化繁荣发展提供强大的原动力。"理必"作为一种思想、理论和研究方法，实为清代学术之精华；皖派作为一个旧学派虽已日趋没落，但作为一种前无古人而后不可缺的学术精神之库藏，却能够继续提供激发国人当代

---

① 参见：施向东. 试评段玉裁古音学理论的科学品质及其内在逻辑. 汉字文化, 2016, (3): 18-24; 施向东. 段玉裁古音观的历史超越——试析段玉裁"双线二论"的古音观. 南开语言学刊, 2018, (1): 46-54.

② 参见：赵璞嵩. 吾、我之异与鱼歌二部的韵律对立. 云汉学刊, 2012, (25): 1-17; 赵璞嵩. 从"吾"、"我"的互补分布看上古汉语韵素的对立. 香港中文大学博士学位论文, 2014; 赵璞嵩. 《说文解字注》对上古汉语韵律现象认识的探究. 古汉语研究, 2017, (4): 56-65, 104; 赵璞嵩. 上古汉语韵素研究——以"吾""我"为例. 北京：北京语言大学出版社, 2018.

③ 王国维. 论近年之学术界//谢维扬, 房鑫亮主编. 王国维全集（第一卷）. 杭州：浙江教育出版社, 2010: 125.

④ 吴宓. 吴宓日记(第二册 1917~1924). 吴学昭, 整理. 北京：生活·读书·新知三联书店, 1998: 102.

第一章　导言——乾嘉理必的提出

科学思想建立的传统力量。

　　总之，乾嘉理必是在中国学术土壤里自然生长出来的科学思想与方法，其生发土壤（中国古典文献）及其关注对象（文献语言而非天体物理）与西方不同，同时还受到几千年的人文传统的局限和影响，因此中国理必科学的话语体系，自然不同于基于亚里士多德逻辑和伽利略科学的西方话语体系。但是，学术乃天下之公器，科学不分国界，因此无论戴震的理必还是伽利略的逻辑，无论是后来章太炎的发明之学还是乔姆斯基的生成语法，其科学本元形式和原理，都是一样的。故而，非东西双窥而不知二者原本无殊，非深知其彼而不能洞悉自己，非用当代显微镜而不识古代闪光物。正如何大安先生将莫里斯·哈勒（Morris Halle）、戴震、黄侃、李方桂并在一起发掘其学术原理，发现中国学者的研究也曾预示了莫里斯·哈勒创新的两项现代性的观念：结构与生成。他说：戴震的"音声相配"和"转而不出其类"及黄侃的"（声韵）相挟而变"等，虽是传统学术，但均"本有与现代学术相同的成分"[1]，只是"不容易立即为人所察觉"或"遭到误解"而已[2]。由此可见，本书所谓乾嘉科学，实非虚论，前沿学者如何大安也早已揭橥并标识之也。

　　"传统学术本有与现代学术相同的成分"，本书即在这一思想的指导之下发掘"传统学术中哪些是本有与现代学术相同的成分"以及"不容易察觉"的理必思想，一步一步地发掘出来、揭橥于世，从而重新认识"被误解"的"理必裁断"，为继绝中华学术中的科学思想、重新建创新理论的学术信心而贡献绵薄之力[3]。继绝学、立新说——让中国传统科学和当代学术走向世界！本书目的，即在于斯。

　　下面分八章详细论证之。

---

[1] 何大安. 声韵学中的传统、当代与现代// "中华民国"声韵学学会. 声韵论丛(第十一辑). 台北: 台湾学生书局, 2001: 13.

[2] 何大安. 声韵学中的传统、当代与现代// "中华民国"声韵学学会. 声韵论丛(第十一辑). 台北: 台湾学生书局, 2001: 12.

[3] 章太炎首发继绝之音"一二三四之数绝，而中夏之科学衰"(章太炎. 訄书(重订本)//章太炎全集(第三卷). 朱维铮, 校点. 上海: 上海人民出版社, 2014: 148.)；余英时也指出"乾嘉汉学已经有了现代学术的萌芽，但后来又中断了"(刘梦溪. 传统的误读. 石家庄: 河北教育出版社, 1996: 353.)，均为"继绝"提出使命。

15

第二章　当代语言学的科学性与乾嘉学术的唯理性

乔姆斯基创造的当代生成语法学，赋予语言学当代科学的真正意义[①]。人类语言的探索也因此具有科学的属性和特点。与此同时，我们从乾嘉学者的训诂考据学中也发现，他们的"文献语言"的探索也蕴含着科学方法和理必逻辑的理性思维。大量的事实表明：乾嘉（尤其是皖派）的文献语言考据之学，在很大程度上也是一种"推演逻辑和定理派生系统"[②]的科学探索。诸如"《尧典》古本必有作'横被四表'者"[③]（戴震）、"古无轻唇音"[④]（钱大昕）、"凡谐声者皆同部"[⑤]和"于音寻义，断无飞而下曰颁者"[⑥]（段玉裁）、"凡居奥者必东面"[⑦]（胡培翚），以及段氏频繁使用的"断无""断不""断知"

[①] Lees R B. Review of syntactic structures. Language, 1957, 33(3): 378; Tomalin M. Linguistics and the Formal Sciences: The Origins of Generative Grammar. Cambridge: Cambridge University Press, 2006: 3-4; Larson R K. Grammar as Science. Cambridge: The MIT Press, 2010: 3-4.
[②] Lees R B. Review of syntactic structures. Language, 1957, 33(3): 378.
[③] 戴震. 与王内翰凤喈书//戴震集. 上海：上海古籍出版社，2009: 54.
[④] 钱大昕. 十驾斋养新录. 上海：上海书店，1983: 101.
[⑤] 段玉裁. 六书音均表//说文解字注. 许惟贤，整理. 南京：凤凰出版社，2007: 1387.
[⑥] 段玉裁. 说文解字注. 许惟贤，整理. 南京：凤凰出版社，2007: 868.
[⑦] 胡培翚. 燕寝考//《续修四库全书》编纂委员会编. 续修四库全书(经部第110册). 上海：上海古籍出版社，1996: 567.

第二章 当代语言学的科学性与乾嘉学术的唯理性

"倘……则当""果……则""假令……则当"等推断,没有理必的根据是得不出如此确凿的"必然结论"的。因此,我们认为"理必"是逻辑推演的结果,是中国近现代学术走向当代科学的第一步,是中华学术科学发展的基石。

章太炎先生曾慨叹中国学术逻辑废绝:"一二三四之数绝,而中夏之科学衰。"[①]其实,西方当代意义上的科学到了16世纪的伽利略(1564—1642)时期才有了质的飞跃。而几乎同时的中国朴学[顾炎武(1613—1682)、戴震(1724—1777)、段玉裁(1735—1815)、王念孙(1744—1832)等],也同样孕育着科学的要素[②],其中最显著的就是他们的理必原理、演绎方法和公理化思想。下面分别介绍与论证。

第一节 什么是科学——从语言学的发展来看

一、语法分析是技艺还是科学?

我们在这里探讨的语言与科学是从一个特别角度展开的,即从语言学本身的角度看科学。它既是一个角度,也是一门学科。语言研究里面的科学属性是什么?本书不是专门讨论语言学本身的科学属性,而只是从语言研究这个角度来讨论语言学研究离不开的科学的问题。显然,这个问题非常复杂,而我们只从什么是科学的基本问题切入。当然,科学的问题更复杂,科学家可以给科学下很多不同的定义,科学哲学的定义一定是比我们这里讨论的技术性的科学深刻得多。但是本章只从语言学的角度来看它是不是能理解成科学以及理解成什么样的科学。事实上,从语言学角度来看科学是最近的事情,是20世纪50年代的"乔姆斯基革命"以后才把这个问题提到日程上来的。当然,这也不是没有争议。争议就从他50年代的革命开始。著名语言学家霍凯特(C. F. Hockett)就非常明确地表示:语言学不是科学,根本不可能成为科学。为什么呢?他说:

---

① 章太炎. 訄书(重订本)//章太炎全集(第三卷). 朱维铮, 校点. 上海: 上海人民出版社, 2014: 148.
② 参见: 胡适. 中国哲学里的科学精神与方法(续). 徐高阮, 译. 新时代, 1964, 4(9): 14.

专家们在分析、描写和比较语法体系问题方面做了长期的工作,而所达到的准确度比外行所预期的要高得多。与此同时,其中仍有许多地方至今无法(也不可能)达到足够精确。有的语言学家喜欢相信语法分析已成为完全客观的操作,但这不是真的。音位分析已经取得非常接近这一境界的程度:绝对的精确并不都是可能的,但是我们至少能具体指出哪些是不可确定的区域,同时往往可以看到它们非决定性的原因。然而,语法分析还仍然令人惊异地处在技艺的境地:最好的和最清楚的语言描写不是通过研究者靠严格的规则得到的,而是通过某些人在其生活历史上偶然孕育出的天分得到的。[1]

这里"语法分析还仍然令人惊异地处在技艺的境地"一语至为重要,关键就在"技艺"(art)这个词怎么理解。霍凯特想说语法分析不是科学,那是什么呢?他说是 art。罗端(Redouane Djamouri)[2]博士说这个 art 指"技巧"。我想是"技能"和"艺术"的双重含义,所以译成"技艺"。总之,语法分析不是科学。这是传统(包括今天很多)语言学家的看法。

如果语法学不是科学,那还谈什么乔姆斯基的"语法科学"呢?因为时代在进步,学术在发展!罗伯特·李斯提出:乔姆斯基的《句法结构》是语言学家首次尝试在科学理论构建传统下建立的有关语言的整个理论;是一个在化学或生物学领域意义上的理论。新的理论不是图书馆分类条目式的组织材料,也不是哲学或历史学式的论证或思辨,而是有关人类自然语感的严格清晰的、定理和规则可以由此派生的一个公理系统。[3]

今天,罗伯特·李斯的观点已被广为接受,前文所见著名句法学家理查

---

[1] 笔者自译,原文见 Hockett C F. A Course in Modern Linguistics. New York: The Macmillan Company, 1958: 147.

[2] 罗端,法国国家科学院语言学研究员,现任法国国家科学院东亚语言研究所所长。1988 年于法国社会科学高等研究院(EHESS)获博士学位,毕业后就职于法国国家科学院东亚语言研究所。多年来从事先秦汉语语法研究,在先秦汉语尤其是早期汉语语法研究方面做出了杰出的成绩。近三年来也从事汉语西北方言与阿尔泰语系语言接触研究。

[3] Lees R B. Review of syntactic structures. Language, 1957, 33(3): 377-378.

德·拉尔森的新著《科学句法学》就是一个例子。

如何理解乔姆斯基的语言革命呢？其革命实质是什么？笔者认为乔姆斯基革命的真正意义即在罗伯特·李斯所说的"科学"要点之上，综而言之，盖有三点：①科学理论构建的传统；②明确的公理系统；③可从公理派生的定理。

科学理论构建的传统所包含的最主要的两点是公理和公理派生的定理。乔姆斯基的《句法结构》具备了这些特点，因此具备了科学的根本属性。要真正了解语言学科学性，必需首先了解什么是科学的公理系统。

二、什么是"公理系统"？

什么是"可派生性定理"（derivable theorem）？定理的可派生性取决于公理的确定性和逻辑的严密性。"公理"是可以派生定理的基元概念。马库斯·托马林在他 2006 年的《语言学和形式科学：生成语法之源》里面讲得很清楚。我们在前面谈到他定义的"形式科学"，这里我们可以进一步领略他如何构建形式科学的方法。换言之，"科学"是科学家用"特定"方法构建出来的，这就是"公理-演绎法"。因此，无论怎样不同的科学理论（物理理论、化学理论、句法理论等）无不包含着同一演绎程序。而所谓"特定方法"即指用直觉上显而易见的、为数不多的基元公理（公认的道理，如几何学上的"两点成一线"、段玉裁音韵学上的"凡谐声者皆同部"等），形成一组配套的假设，然后从这些假设中推演出逻辑的必然结论，是为"定理"。这个过程或做法是所有科学所共有的"同一基本方法"。注意：科学构建的根柢在"基元假设"，而**要建构一种"公理-演绎系统"则必须从初始假设开始，据此确定研究对象的基元要素，然后才能从这些假设和元素中做出逻辑有效性的演绎推理**。可以说，无论"形式科学"还是"经验科学"都是通过这样的方法建立起来的，它是科学所以为科学的最核心的特征之一。①

---

① 原文来自 Tomalin M. Linguistics and the Formal Sciences: The Origins of Generative Grammar. Cambridge: Cambridge University Press, 2006: 2-3. 此处译文参考了：马库斯·托马林. 语言学和形式科学：生成语法之源. 司富珍，刘文英，译. 北京：商务印书馆，2018: 3-4.

从这个角度我们可以理解什么是科学的本质属性及其构建科学的基本方法论（basic scientific method）。形式科学一向被认为是科学的科学，所有从事形式科学的科学家都努力尝试使用这套方法论（formal sciences all attempt to utilize this methodology）[1]。以韵律结构单位的确定为例，我们可以有如下步骤：①基元要素（最小的独立运作的节律单位为韵素）；②公理（一个音步至少由两个成分——节律和单位组成）；③初始假设（人类语言中任何由音步组成的基本单位是两个韵素或两个音节）；④定理（theorem）（人类语言节律的"轻重"单位均由音步组成）；⑤公理-演绎法（axiomatic-deductive method）（任一语言的诗歌和散文的节律结构均由该语言的音步单位组构而成）。

虽然这里的举例说解中省去了很多细节，但公理-演绎法的基本框架可得而知。一般而言，科学理论都以鉴定基本元素（primary elements）、设定基本公理（axiom）为起始，据此建立初始公设（initial assumptions）；然后在此基础之上进行有效的逻辑推衍（valid deductive inferences），根据这些公理、定理、配套假设、基元要素等，构建起一个公理-演绎系统（an axiomatic-deductive system）。

除此之外，从科学方法论上讲，形式科学的逻辑推理还有另一个特别值得注意的推理特征。这一特征在埃蒙·巴赫（Emmon W. Bach）的《句法理论》（Syntactic Theory）一书里是这样表达的：

……推理在实验科学中并不是按照线性的形式进行的（像我将在这里强调的），它是以所有成分全方位同现的形式进行的。我们不是在建造金字塔，而是在构建"楔形拱式桥"，其中每一块楔形石必须同时承力才能成功。[2]

这里的基本观点是：无论哪一个理论体系，其中每一假设，每一步推

---

[1] Tomalin M. Linguistics and the Formal Sciences: The Origins of Generative Grammar. Cambridge: Cambridge University Press, 2006: 3.

[2] Bach E. Syntactic Theory. New York: Holt, Rinehart and Winston, Inc., 1974: 143.

演,每一个定理都不应该是可有可无,彼此孤立的,而是缺一不可、相互关联的。但仅仅相互关联还不够,重要的是彼此依赖、互为支柱(原文是hold all together),才能让所形成的系统得以存在。这个系统里的成分缺少任何一个,整个系统就会倒塌。就是说,真正的科学理论是一个严密的、诸成分"相互咬合"的系统。如果将该系统的组成成分拆掉一块,其他部分还可以照样存在的话,那是金字塔型的"积累式"系统。但是埃蒙·巴赫所讲的科学系统的属性不是这样,它不是金字塔式的积累,而是楔形拱桥式的"咬合"系统、是"构合"(钩联楔合)的系统。这是我们所要强调的科学系统(或形式科学)的另一属性或特征:"拱形桥"的榫合理论。请看图2-1。

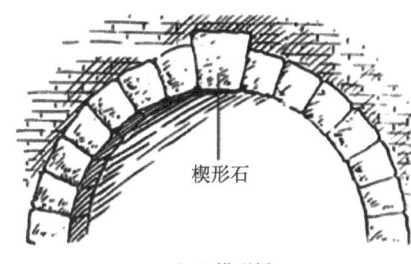 

(a) 拱形桥　　　　　　　　　　(b) 金字塔

图 2-1　"拱形桥"与"金字塔"理论示意图

资料来源:冯胜利. 语言研究的科学属性//冯胜利,李旭主编. 语言学中的科学. 北京:人民出版社,2015:105

拱形桥里面的每一块"楔形石"(keystone)都在该结构里承当必要的角色,是该结构的承力单位,尽管它们彼此的受力程度不一样。拱形桥里面的"楔形石"和金字塔里面的"方形砖"的功能是不同的。前者是"架",后者是"垒"。正因如此,前者的石块缺少一个,整个结构就要坍塌;而后者的砖石少一块(或几块)并不马上影响全局。前者牵一发则动全身,后者"九牛一毛无害于身"。这两种结构对学术思路和方法的启示是什么呢?不难看出,前者是"推演咬合"式,后者是"归纳积累"法。前者大道既立(楔形弧度),则各就各位——非人类而不能架造;后者则成分可多可少,彼此不分——动物可筑(如蚁冢)。事实上,王念孙的"大端既立,则触类旁通矣"[①]的"方类

---

① 刘盼遂. 高邮王氏父子年谱//王念孙,等. 高邮王氏遗书. 罗振玉,辑印. 南京:江苏古籍出版社,2000:50.

群分逻辑"和段玉裁的"必有/断无说",就是建立在"拱形桥"式的推理论证基础之上。照此说来,所谓科学,我们的学术史上并非没有。显然,我们这里谈的是科学的属性(property、feature、capacity),是科学思想(参第六章有关"拱形桥理论"的进一步分析)。事实上,科学和技术的根本区别就在于"科学是思想"而"技术是经验的艺术创造或科学思想的物质实现"。据此,我们的问题是:中国历史上有上述(或类似上述)的形式科学吗?这是我们必须认真对待但还没有认真研究的学术史上的大问题。

第二节 中国的"形式科学"

如此重大的问题显然不是这里所能回答得了的。本节旨在提出问题以供将来研究。无可否认,中国历史上曾有过辉煌的科技成就——四大发明。然而,那些成就主要是技术的发明和进步;而这里所要探讨的科学思想,如上文所述,是标志形式科学的几大属性。中国历史上有标志形式科学的几大属性的学说吗?先看先秦。先秦逻辑,论者多多,不一而足。这里仅取太炎之说以见一斑。太炎在《原名》中论及逻辑时曰:

> 印度之辩,初宗,次因,次喻。(兼喻体喻依。)大秦[拉丁]之辩,初喻体,(近人译为大前提。)次因,(近人译为小前提。)次宗[结论]。其为三支[即三段论(syllogism)]比量一矣。《墨经》以因为故。其立量次第,初因,次喻体,次宗,悉异印度、大秦。[①]

就是说,三段论西方有、印度有。我们呢?《墨经》里有,但和印度、大秦(拉丁)不同(悉异)。不同并不是问题,问题是"科学中衰"和"中衰"的后果。章太炎说:

---

① 章太炎. 章太炎谈诸子. 武汉:华中师范大学出版社,2010:224.

第二章　当代语言学的科学性与乾嘉学术的唯理性

> 其后［名学］废绝，言无分域，则中夏之科学衰……悲夫！一二三四之数绝，而中夏之科学衰。①

据太炎所论，历史上《墨经》里的逻辑（"名学"）自秦汉以后便遭"废绝"。逻辑废绝导致"言无分域"，数类之别亦泯而无存，其结果"则中夏之科学衰"。这当然是很悲哀的（"悲夫！"）。当然，研究中国科学史的学者不一定（或一定不）同意太炎之说，或责其不全，或斥其悲观。但是太炎下面积极的观点似乎也未曾引起人们的注意。

> 幸有顾炎武、戴震以形名求是之道约之……②
> 凡戴学数家，分析条理，皆缜密严厉，上溯古义，而断以己之律令，与苏州诸学殊矣。③

这里说的是科学的复兴。戴指戴震。名学到了清初的顾炎武和乾隆时的戴震则开始复兴。说他们是"名学"复兴，这已然是值得深入研究而至今不为学者所重者。更重要的是，据太炎所见，清朝还形成了一个不同的学派（"数家"），其特点是"分析条理，皆缜密严厉，上溯古义，而断以己之律令"。这些特点和上面看到的"形式科学"的基本特征，何止正相仿佛，实乃彼此一致！

一、乾嘉学术的历史成因与来自语言学的批评

我们注意到不同的观点。譬如，朱晓农和焦磊认为：中国没有产生演绎逻辑的原因，在于汉语缺乏唯一相应的语法结构来构造逻辑命题。④如果说那是古代的情景，那么什么因素让我们又有了清朝的名学复兴、科学萌芽呢？⑤我

---

① 章太炎. 訄书（重订本）//章太炎全集（第三卷）. 朱维铮, 校点. 上海：上海人民出版社, 2014: 146, 148.
② 章太炎. 訄书（重订本）//章太炎全集（第三卷）. 朱维铮, 校点. 上海：上海人民出版社, 2014: 145.
③ 章太炎. 检论//章太炎全集（第三卷）. 朱维铮, 校点. 上海：上海人民出版社, 2014: 483.
④ 参见：朱晓农, 焦磊. 教我如何不想她——语音的故事. 北京：商务印书馆, 2013.
⑤ 必须声明，我们同意朱晓农和焦磊的意见，而且也有文章论及此点：到底汉语的语法属性和形式逻辑相近还是和辩证逻辑相近呢？近人也通常只做宏观大论，没有具体元素的科学分析。这里因题目不同，姑且不论。

23

们认为：研究的对象直接影响所用方法的科学性（这里指形式科学）。中国的学问"尚人学"，这一点学界素有共识，个中要谛《论语》"问知，子曰：'知人。'"一语便概括无遗。学术研究对象的不同可以导致学理类型和功能的不同："人学尚辩证，物学寻自然。"①乾嘉学者研究的对象是古籍文献。就是说，他们研究的对象影响（规定/决定）了他们使用的研究方法（俗话所谓"干什么吆喝什么"）。不管什么原因（参刘师培、章太炎有关清朝文字狱导致埋头古书的论点），到了乾嘉，学者们关注的首先是古代经典的真伪和文字语言的"是与非"。由此发展出来的学理则不同于以往只关注人事的"是非"与"善恶"。当然，长期以来学界对清代学术的评价是：整理古籍，钻故纸堆，限制了科学思想的发展。这显然是偏见。科学不是技术（尽管需要技术，也能促发技术），科学从本质上说是思想。章太炎说，戴学"综刑名、任裁断"②这六个字清楚地告诉我们：这个时代的学术有非常强大的逻辑底蕴和功力。如果他们不能"综刑名"重逻辑，是无法"任裁断"的。"综刑名"是"任裁断"的前提和条件。什么是"任裁断"？"任裁断"不仅是要下决断，更重要的是要有担当裁断责任的能力。"任裁断"说的是一旦产生一个学术观点，则要把它升华成唯一的必然命题，才能得到逻辑的认可。"唯一""唯必"即"任裁断"，戴学已经具备这个特点。那么是谁决定的"唯必"呢？谁有权威敢说"唯一"呢？首先，戴学"敢说唯一"的学术心态和勇气与中国学术"执端取中""过犹不及"的传统很不一样，甚至相互矛盾。可以说，戴学建立以后，传统的学术态度有了一个质的转变。但这种转变不是因为他们"胆大"，而是他们在深入研究的基础上获得系统中的各不相同的楔形石之"咬合系统"后，才可以做到的。如果每一块楔形石拼合在一起，严丝合缝，那么其中个体的形状就不可能不根据规则发挥作用。他们发现了其中的"拼搭互证"之道，有了不得不然的概念，所以才敢断言，所以才敢"任裁断"。于是产生了与传统截然不同的学术心态，做出与传统不

---

① 参见：冯胜利.从人本到逻辑的学术转型——中国学术从传统走向现代的抉择.社会科学论坛，2003, (1)：7-27.

② 章太炎.检论//章太炎全集(第三卷).朱维铮，校点.上海：上海人民出版社，2014: 482.

第二章　当代语言学的科学性与乾嘉学术的唯理性

同的判断——因其必然，故我断然。正因如此，章太炎说凡受学戴学之数家，都"分析条理""缜密严厉"；不仅能"上溯古义"，而且善"断以己之律令"[①]。"己之律令"系指自己得出的理论上的必然规律，亦即拱形桥的弧度与楔形石的楔形度。据其"律令"，他们可以确定楔形石的多少和大小（律和例），于是才敢奉之为"律令"，才敢用律令来下"断"言。从这里我们看到了历史上从来没有过的一个新学派，称之为"律令派"、"裁断派"或"断言派"恐怕均不过分。学术到了这个时代确然和以前大不一样了；因为它关心的是"真伪"的问题，不再是"是非"或"善恶"的问题。

有人会反对说：古人的论说既没有命题（proposition），也没有论证（argument），怎么是（形式）科学呢？不错，如果严格地用今天学术"术语"和"论证结构"来要求和衡量古人的文字，他们的确没有今天论证的格式和程序。但段玉裁的"凡谐声者皆同部"[②]不就是一个清楚的（公理性的）表述吗？钱大昕的"凡轻唇之音，古读皆为重唇"[③]不就是一个逻辑性命题吗？当然，我们也注意到时人的批评。譬如朱晓农、焦磊就说道：

> ［论古无轻唇音］这篇文章写的［得］很有气势，堪比宋代文豪欧阳修的名文《醉翁亭记》。《醉翁亭记》开头第一句"环滁皆山也"，提挈全文，后面的描写无不围绕作为题眼的第一句展开。钱大昕这篇文章也一样，开头第一句"凡轻唇之音，古读皆为重唇"，开门见山地推出了自己的立论。然后围绕这一观点，从各种不同的古籍中征引了很多条例证，从谐声偏旁、文字通假、方音以及域外对音等各个方面加以比较。[④]

朱先生把《古无轻唇音》和《醉翁亭记》相比较，似乎是说钱大昕的学术论文和散文一样不严格。他们的看法和我们不同。我们先从章太炎对苏轼的评论说起：

---

① 章太炎. 检论//章太炎全集(第三卷). 朱维铮, 校点. 上海: 上海人民出版社, 2014: 483.
② 段玉裁. 六书音均表//说文解字注. 许惟贤, 整理. 南京: 凤凰出版社, 2007: 1387.
③ 钱大昕. 十驾斋养新录. 上海: 上海书店, 1983: 101.
④ 朱晓农, 焦磊. 教我如何不想她——语音的故事. 北京: 商务印书馆, 2013: 92.

乾嘉皖派的理必科学

> [苏]轼也使人跌荡而无主，设两可之辨，仗无穷之辞……难乎有恒矣！……幸有顾炎武、戴震以形名求是之道约之，然犹几不能胜。何者？……来者虽贤，众寡有数矣。不知新圣哲人，持名实以遍诏国民者，将何道也？又不知齐州之学，终已不得齿比于西邻邪？[①]

大文豪苏轼是欧阳修的学生，就像段玉裁是戴震的学生一样，苏轼继承的是其师的精华。所不同者，苏轼学到和发展的是"两可之辨，无穷之辞"，段玉裁学到和发展的是"综刑名、任裁断"以及"以理出必"。不错，钱大昕"古无轻唇音"[②]的材料可能有三种情况：①古无轻唇音，因轻重两者都读为重唇；②古无轻唇音，因轻重两者都读为其他；③古无重唇音，因轻重两者都读为轻唇。

显然钱大昕没有把自己命题的所蕴含者均一一列出（很难说他没有这些考虑），然而，今语有轻唇音和重唇音，如果"古无轻唇音"，则第一种可能是上选。当然，我们不必为古人讳，他们有科学，但他们的科学也有局限（伽利略的科学也不能和今天的科学相比）；不仅如此，他们的论证还不时出现错误。但是，缺点和瑕疵掩盖不住伟大的成就；其不足，也降低不了他们学理的境界。问题是我们知道不知道他们伟大的成就是什么、学理的境界有多高。达不到他们的高度，自然就只能见其"术"，只能挑其"术中之误"而非学理之谛。倘若如此，不但不是对古人学术的"了解之同情"[③]，更不是理解到位的学理评价；反而倒有点像"安慰不及项背"（再高也有不足）和"平衡自己的心态"（谁都有错误）的味道。真正的学术评价在学理，而不在实例。伏尔泰评论笛卡儿的几何学中的错误时说：

> 如果他在这儿或那儿犯了一个错误，那么很明显，一个发现新土地的人不可能突然知道关于这块土地的所有知识。那些得益于他并让这块

[①] 章太炎. 訄书(重订本)//章太炎全集(第三卷). 朱维铮, 校点. 上海：上海人民出版社, 2014: 145.
[②] 钱大昕. 十驾斋养新录. 上海：上海书店, 1983: 101.
[③] 陈寅恪. 冯友兰中国哲学史上册审查报告//陈寅恪集·金明馆丛稿二编. 北京：生活·读书·新知三联书店, 2015: 279.

第二章　当代语言学的科学性与乾嘉学术的唯理性

土地结出果实的人，至少应该把发现归功于他。我不会否认笛卡儿所有其他作品都存在错误。①

这样的学术评论在我们的学术史上似乎还不多见，但伏尔泰这段"学理至高"的评论，正可移来评价乾嘉学者。

事实上，今人在面对古人同样命题的时候，又能高出钱氏、段氏等多少呢？我们的学术教育在这个问题前面除了"知其弊"以外，似乎还没有"治其病"的良药。②这正是我们今天需要发展科学的原因所在。更令人思考的问题是：为什么"一二三四之数绝"而后，"两可之辩、无穷之辞"就大兴不已了呢？这里的原因当然很多。但根据梁启超的意见，中国科学在历史上一经"数绝"以后，就一蹶不振，并不存在乾嘉中兴的情况。他说：

> 综举有清一代之学术，大抵述而无作，学而不思，故可谓之为思想最衰时代。③

恐怕不止梁启超，近代学界一般认为有清一代的学术是衰落，而不是进步。这是时代的一大误解。需要指出的是，许多学者（包括梁启超自己）在谈论清朝学术巅峰的同时，无不把"五四以后摈弃古旧、提倡西方科学民主"

---

① 原文是："If here or there he made a mistake, it is clear that a man who discovers new lands cannot suddenly know all there is to know about them. Those who come after him and make those lands bear fruit at least owe their discovery to him. I will not deny that all the other works of M. Descartes swarm with errors."载于 Voltaire. On Descartes and Newton//Philosophical Letters: Letters Concerning the English Nation. Ernest Dilworth (trans.). Mineola: Dover Publications, 2003: 63-64.

② 这里的药方首先是区分什么是"同义反复"（tautology），什么是"独立的证据"（independent evidence）。举例而言，假如有人提出这样一种命题：没有马能在 1 秒钟之内跑完 6 弗隆（1 弗隆=201.168 米）。而后来最快的马在 1 秒 1 毫秒内跑了 6 弗隆。这一事实并不能强化上述假设的正确性。相反，可能会削弱其可信性。原因就在于这一假设完全是特设的，将 1 秒作为下限而没有任何的科学基础。当然"纯种马早已达到其基因潜能极限"的说法也许可以帮助这个命题成立，但它却无法成为一种真正的"解释"。"解释"必须提出独立于命题本身的动因，比如马的肌肉结构，以及肺呼量、力量、耐力等，据此推算出赛马的奔跑能力（如大约需要 1 分 5 秒的时间跑完 6 弗隆）。倘若没有这种独立动因，那么上述"解释"就变成了"同义反复"：因为马跑得不快，所以马跑不快。古无轻唇音的命题也应该从"独立证据"的角度阐发其必然性，才是学术层次较高的证论法。

③ 梁启超. 论中国学术思想变迁之大势. 夏晓虹, 导读. 上海：上海古籍出版社, 2001: 130.

的旗帜奉为圭臬。因此，科学是西方的产物，中国古代没有科学的思想也就不足为奇。基调已定，类似的声音便不绝如缕。于是乾嘉学者抱残守缺，和"桐城谬种、选学妖孽"一起被扫进了历史的垃圾堆。毫无疑问，以往这种对乾嘉学术思想毁灭性的"定罪"远远超过对它学术精华的继承。似乎乾嘉学术是旧制度的产物，应该随着旧制度一起灭亡，而今天中国的学术和思想都要"从新打鼓另开张"才能实现现代化（modernity）。事实上，今天的乾嘉已经被画上了句号。但我们认为，这是时代的误解和错误，现在应该是纠正这种错误的时候了。

二、乾嘉学术"实事求是"的汉学之根

当然，我们并不想为乾嘉讳言，乾嘉的学术思想无论在当时多么先进，今天也必须批判地继承。这里所要指出的是，我们以往对待乾嘉学术史几乎是泼掉脏水的时候连盆里的孩子看都不看。毋庸讳言，乾嘉学者没有告诉我们他们的思想怎么科学（"科学"一词是近百年的产物），但是这并不等于他们没有科学的思想，更不等于他们学而不思，而最不应该的是把乾嘉打入"思想最衰时代"。我们虽不讳言乾嘉之局限，但却要辩护乾嘉之"是"；我们基本的出发点是从其学术内部的理路上看他们在学术史上的贡献。这方面，我们不妨先听一下自谓清人阮元舍亲的盛成是怎么说的：

> 我们汉学家庭，有十六个字真传——平、实、精、详，实事求是，卑册高论，通经致用。——汉学之精神，即在实事求是，精益求精，不厌详举；此与科学相同。①

这段话含义至深，非三言两语所能尽。笔者在这里所强调的只此一点：汉学与科学有殊途同归者。这是汉学门内人的现身说法和自我鉴定。据盛成所说，法国巴黎大学中国学院汉学家阿诺德·微席叶（Arnold Jacques Antoine

---

① 盛成. 盛成文集. 北京：北京语言文化大学出版社, 1997: 368.

Vissière）也闻此而有言曰：

> 我治汉学这多年，还是门外汉；我们都以为汉学，就是考据学，宋学才是讲理学的。今天遇到您这汉学家庭的后裔，说出西汉的精神哲学，也就是科学哲学，真是无法表示我的欣慰！①

这里且按下微席叶此后"风雨无阻，每星期二下午三点半、每星期五下午两点，必来理学院夏斯尔教堂听我［盛成先生］讲演"的故事不提，只看他的错误理解——"汉学就是考据学，宋学才是讲理学的"——就足以明白世人所以把乾嘉汉学诋为"学而不思"和"思想最衰时代"的偏见之由。老实说，没有西方的科学，我们不知道自己有科学；我们自己的"乾嘉科学"不一直被看作烦琐考证，学而不思吗？即使西学训练有素的余英时，其《论戴震》也只能从学术的传统方法而非科学的原理上阐发乾嘉之精蕴。大家都异口同声地承认乾嘉有学术，但没有（或很少）人承认乾嘉有科学（胡适恐怕是唯一为乾嘉科学立碑者②）。这不仅对乾嘉不公平，对历史也不公平，更重要的是对我们要继承什么、发展什么，有迷失方向、混惑不解的危害。有感于此，本书谨从乾嘉的文献语言学入手，发凡其理必之学，认为乾嘉学术非科学特征不能得其精、非科学理念不能成其学。

第三节 乾嘉的"理必之学"

我们认为乾嘉学术的科学精蕴可归为一个"必"字，而"必"的核心所向是"理推之必"和"验实之必"，故名之曰"理必"。理必之旨是"理论上不能不如此"，而"不能不如此"的道理，即由演绎（deduction）而来。演绎，如上所示，是科学里面的最核心、最精要的部分。虽然乾嘉学者没有

---

① 盛成. 盛成文集. 北京：北京语言文化大学出版社，1997：368.
② 参见：胡适. 中国哲学里的科学精神与方法（续）. 徐高阮，译. 新时代，1964，4（9）：11-16.

径直宣言:"我做的是演绎!"但他们做出了结果,而且直接用"必""断"等术语表示其逻辑的推演力(暗示出结果的推演过程)。在我看来,这就是他们内在演绎思想的表现和演绎逻辑的结果。

一、戴震"理必"之创建

我们首先看戴震。戴震虽晚于伽利略百余年,但是他的科学思想却有可与伽利略比美者。先看他在《与姚孝廉姬传书》中如何阐释他的"新范式":

> 所谓十分之见,必征之古而靡不条贯,合诸道而不留余议,巨细毕究,本末兼察。若夫依于传闻以拟其是,择于众说以裁其优,出于空言以定其论,据于孤证以信其通,虽溯流可以知源,不目睹渊泉所导,循根可以达杪,不手披枝肄所歧,皆未至十分之见也。①

这里的"十分之见"(亦即"各种可能")、"必征"(亦即"验证")、"靡不条贯"(亦即"顺从规律")、"合诸道"(亦即"终极假设")、"不留余议"(亦即"穷尽推演、百分之百的印证"),都是戴震科学思想的结晶。更能体现他科学思想的是其著名的"贵精不贵博"。我们知道,中国学术自古尚博。宋代的朱熹在与陆九渊、陆九龄相争"博与约"问题时强调:"令人泛观博览而后归之约。"与前人相反,戴震治学则重专精。段玉裁在《戴东原先生年谱》中引戴震自述学术曰:"学贵精,不贵博,吾之学不务博也。""知得十件而都不到地,不如知得一件却到地也。"②戴震还说:"凡学未至贯本末,彻精粗,徒以意衡量,就令载籍极博,犹所谓'思而不学则殆'也。"③"博"可以理解为 knowledge 或者 knowledgeable。中国学人历来都是贵博,而到了戴震则一反传统,主张贵精。精博当然有深广的不同,论者也一般从这两个方面展开。然而,贵精背后的科学属性是什么,很少有论及

---

① 戴震. 与姚孝廉姬传书//戴震集. 上海: 上海古籍出版社, 2009: 185.
② 段玉裁. 戴东原先生年谱//戴震集. 上海: 上海古籍出版社, 2009: 489.
③ 戴震. 与任孝廉幼植书//戴震集. 上海: 上海古籍出版社, 2009: 181.

者。今谓戴氏"贵精"之说可以用阿赫提-维科·皮特里宁（Ahti-Veikko J. Pietarinen）的 knowledge 和 ignorance 来分析和诠释。阿赫提-维科·皮特里宁说："科学家从最基本意义上说关注的并不是知识。"①这话已经有"振聋发聩"之效，而他下面的话就更令人醍醐灌顶："（对某一问题）的无知正是可以溯因推理带来的力量"，以及"无知是决定和孕育溯因推理（真正推测）的关键。"②这个 retroductive 就是帕特里克·亨利·皮尔斯（Patrick Henry Pearse）的溯因推理（abduction）。溯因推理是最直觉的预设活动（hypothetic activity）、是有理猜测的智力活动，是推理（inference）的一种。据此可见，所谓"贵专不贵博"，首先是"不贵博"，亦即产生新的科学发现之际不能受已有的丰厚繁杂的知识的干扰。其次是"贵专"，就是把精力集中在专一的问题之上。虽然戴震没有提出像阿赫提-维科·皮特里宁这么极端、具体的"无知论"，但他的"贵专不贵博"和阿赫提-维科·皮特里宁的"无知发明"的基本精神有相同之处。如果我们再详细考察一下阿赫提-维科·皮特里宁所说的"知与无"（knowledge and ignorance）的论述，我们对戴震"贵精专"的科学思路就能有进一步的了解：

> 我为下面的观点辩护："科学从根本上说并不和知识相关"以及"为科学提出预设的方法并不表明恒定不变观点的存在"。事实上，科学发现与科学家巧妙运用的无知相关。无知并不意味着知识的缺乏或对知识的否定，而是可以让溯因推理产生的一种力量。③

戴震虽然没有达到今天的极端境地，但是如果阿赫提-维科·皮特里宁所说的"科学从根本上说并不和知识相关"有一定道理的话，那么戴震的"贵专不贵博"的理论就从更深层的意义上涵寓了今天的科学精神。这种精神可

---

① Pietarinen A. The science to save us from philosophy of science. http://www.phil.arts.cuhk.edu.hk/web/event/the-science-to-save-us-from-philosophy-of-science [2014-06-30].

② Pietarinen A. The science to save us from philosophy of science. Axiomathes, 2015, 25(2): 149.

③ Pietarinen A. The science to save us from philosophy of science. http://www.phil.arts.cuhk.edu.hk/web/event/the-science-to-save-us-from-philosophy-of-science [2014-06-30].

以从戴震论"必"的具体案例中得到启示。请看:

《尚书·尧典》"光被四表。"戴震曰:"《尧典》古本必有作'横被四表'者。"①

《尚书·尧典》里面的四个字"光被四表"讲的是尧舜的恩泽和道义可以光照天下。这里"光"字的意思似乎很清楚,但对训诂学家来说,必经考证而后可信。事实是《尧典》古本遗失,至今未见;但戴震却断然预测说:"《尧典》古本必有作'横被四表'者。"非常易解的"光被四表"他却说"光"是个错字,而原字是一个今天看起来不像本字的"横"。我们的问题是:①戴震如何知道原本作"横"?②戴震即使有道理,又如何能说"必有作……者"?戴震小时曾问私塾老师:"朱熹没有见过孔子,怎么知道孔子之意呢?"②现在同样的问题轮到他自己:古本失传,他怎么断言"光"一定做"横"?我们认为,这就是今天学者研究乾嘉学理的"穴位"要点。戴震所以如此断言靠的不是"胆",而是他的学理和判断。我们现在知道:就古音而言,横=木+黄,黄=光+田,因此"光"和"横"古代同音。横从黄声、黄从光声,等量代替,光、黄同音。这只是古音(拱形桥的一块楔形石)。还有训诂上的更深的理由(另一块楔形石):"横被四表"的意义要比"光被四表"深、广得多,更切合古人的意念,因为"横"比"光"更合乎古人的语义理念(参下《段注》)。"横被四表"的"横"(=㡣)是把四周的空间充斥塞满的意思,满到空间最外四极的边缘叫作"㡣"(借之以"横",故而"充斥四极的所有空间"谓之"横")。而"光"只为照耀,比"充斥四方、塞满天下"的古代语感显得俗浅而不经。这一点,《段注》言之綦详:

㡣,充也。见《释言》。陆氏《音义》曰:"㡣,孙作光。"按,《尧典》"光被四表",某氏传曰:"光,充也。"用《尔雅》为训也。

---

① 戴震. 与王内翰凤喈书//戴震集. 上海:上海古籍出版社,2009:54.
② (戴震)问其曰:"此何以知为孔子之言而曾子述之?又何以知为曾子之意而门人记之?"师曰:"此子朱子云尔。"……(戴震)又问:"周去宋几何时?"曰:"几二千年。"曰:"然则子朱子何以知其然?"师不能答。事见:江藩. 汉学师承记笺释. 漆永祥,笺释. 上海:上海古籍出版社,2013:524.

第二章 当代语言学的科学性与乾嘉学术的唯理性

桄读古旷切,所以充拓之圻堮也。必外有桄,而后内可充拓之令满,故曰"桄,充也"。不言所以者,仍《尔雅》文也。桄之字,古多假横为之。且部曰:"从几,足有二横。"横即桄字。今文《尚书》曰:"横被四表。"《孔子闲居》曰:"以横于天下。"郑曰:"横,充也。"《乐记》曰:"号以立横,横以立武。"郑曰:"横,充也。"皆即《释言》之"桄,充也"。今文《尚书》作"横被",故《汉书·王莽传》《王袞传》《后汉书·冯异传》《崔骃传》《班固传》《魏都赋》注所引《东京赋》,皆作"横被",古文《尚书》作"光被",与孙叔然《尔雅》合。某氏传"光,充也"不误。郑注释以"光耀",盖非。《淮南书》"横四维",即《尚书》之"横被四表"也。《玄应》曰:"桄,音光。古文横、黆二形。《声类》作軦。今车床及梯橎下横木。"皆是也。[1]

这里我们从《段注》看到,戴震所说"光"为"横"是根据训诂、音韵以及文献版本等多方面(十分之见,多重楔形石)的咬合、推导和预测的结果(亦即定理的运用),所以他才说"<u>《尧典》古本必有作'横被四表'者</u>",而今本作"光"一定是错字(或假借字)。他如此断言,可以和爱因斯坦说的"我的理论精美得不可能错"一样,是由"学理之必"养育和给予的自信与理念所致。戴震"《尧典》古本必有作'横被四表'者"[2]的潜台词是"这里的结论不可能错"(=理必)。

戴震的理必思想不仅表现在他的小学理论上,而且还见之于他的哲学思想中。在《孟子字义疏证》中,他定义什么是"理"之后,便大展理必之用:"理者,察之而几微必区以别之名也,是故谓之分理;在物之质,曰肌理,曰腠理,曰文理……得其分则有条而不紊,谓之条理。"[3]"理"自孟子以来就是儒家思想的一个范畴,宋明理学使之发展成一个哲学上的"心性"概念。然而戴震却用训诂的办法将其定义为"条理"。这与儒家的哲学有何"必然"

---

[1] 段玉裁. 说文解字注. 许惟贤, 整理. 南京: 凤凰出版社, 2007: 471.
[2] 戴震. 与王内翰凤喈书//戴震集. 上海: 上海古籍出版社, 2009: 54.
[3] 戴震. 理十五条//孟子字义疏证. 何文光, 整理. 北京: 中华书局, 1982: 1.

33

联系？戴震的"训诂哲学"（西方叫作 linguistic philosophy）就是这样建立的，而其理论根基就是"理必"。请看他是如何论证的：

> 问：理之名起于条理欤？曰：凡物之质，皆有文理……粲然昭著曰文，循而分之，端绪不乱曰理。故理又训分，而言治亦通曰理。理字偏旁从玉，玉之文理也。盖气初生物，顺而融之以成质，莫不具有分理，则有条理而不紊，是以谓之条理。①

这是论证的第一步：建立基元概念。第一类基元要素是小学性的：理＝玉之文理（从造字上考），引申为纹理和文采_{因其粲然昭故}，又引申为"分"_{因循而分之不乱故}、为"条理"_{因有条不紊故}之义。这里的基元要素是词义：理＝玉文。第二类基元要素是哲学性的：因凡气初生物，皆顺融成质，而凡物之质，皆有文理，故"理"引申为"条理"之义——这既是词义溯源又是哲学推理，为下面的哲学论证奠下基础。这里的基元要素是"气"（宇宙万物莫先于"气"，最元始的物质），推演的结果是"条理"。这里的条理不再是"玉文"之理，而是万物之理。其推演步骤一环套一环，滴水不漏，自然而然归到预期的结果（下面两类箭头皆表示"变化成"）：

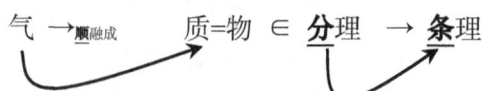

回答"理之名起于条理"的第一句"凡物之质，皆有文理"似乎论者要把"质"作为初始概念，其实不然，后面的"气"才是戴震"理"字小学和哲学的真正"起点"。研究戴震，不知道其论证起点就等于不知任一科学体系中的"元素"一样。"物由气来，气变而成物"虽然已成理学常识，但这不是戴震的观点和论点。这里的关键是"顺"和"分"两个概念的位置和作用。第一个在"气"和"质"之间，第二个在"物"和"文理"之间。如上图所示，气必须顺融，才能"质化"，"顺=条理"是质化的必要条件，因此"不顺融者不质化"——没有按照"条理=规律"运化的"气"则无法"质化"

---

① 戴震. 绪言//孟子字义疏证. 何文光，整理. 北京：中华书局，1982：84.

第二章 当代语言学的科学性与乾嘉学术的唯理性

(不成形)。基于"质"所以为"质"的一个必要条件是"顺=有条理",自然可以推出:"凡物之质,皆有文理。"文理之纹路必彼此有别才不乱,所以"顺化"之物的不乱之理就是条理。注意:这是在解释"理之名起于条理"的问题吗?当然是,但远不止此。这是以小学立哲学的新方法。不通小学,当然无与于"以小学论哲学",但通小学而无哲学创见,则亦无与于"以小学论哲学"的行列。

注意:这段文字虽言简意赅,人人能懂,但其中之深刻含义及其所用之方法,却不是浅尝而可得者。仅以他所用之"顺"字为例,"顺而融之"的"顺"如何理解?理解为"接着""顺序"都不对。这里的顺一定要分析为动词,"顺而融之"是"既顺之又融之"——顺着有条理地融或融的时候要顺有条理——(气)按照条理融化为物质(宇宙万物无不皆然)。这里的"顺"字至关重要。事实上,在戴震脑中,流、顺、缕条缕、条条理=条缕都是上古同类"义轨"内的"同轨词"。因此,从哲学上讲,戴震的"顺融成质"意在证明:顺条理=质或质=顺条理。不知戴震脑中"顺"字背后的"条理"之义轨通则,则不知这里顺字的重要意蕴。这才是赋有戴氏特色的"训诂哲学"。深味这段"定义式"的论证,我们可以进而推出如下结论:条理=规则、规律是天下万物的内在属性或自然属性。请看戴氏的"条理自然论":

> 以植物言,其理自根而达末,又别于干为枝,缀于枝成叶,根接土壤肥沃以通地气,叶受风日雨露以通天气,地气必上接乎叶,天气必下返诸根,上下相贯,荣而不瘁者,循之于其理也。以动物言,呼吸通天气,饮食通地气,皆循经脉散布,周溉一身,血气之所循,流转不阻者,亦于其理也。理字之本训如是。**因而推之**,举凡天地、人物、事为,虚以明夫不易之则曰理。所谓则者,匪自我为之,求诸其物而已矣。《诗》曰:"天生烝民,有物有则;民之秉彝,好是懿德。"孔子曰:"为此诗者,其知道乎!""故有物必有则,民之秉彝也,故好是懿德。"理也者,天下之民无日不秉持为经常者也。是以云"民之秉彝"。凡言与行得理之谓懿德,得理非他,言之而(已)是、行之而当为得理,言之

乾嘉皖派的理必科学

而非、行之而不当为失理。①

"理"的植物属性及其生物属性的"一贯"之理（从词语之理到有机无机物之理）可以见证戴氏之哲学必须包括字之"本训"和"义得"之理两大范畴或领域，因此戴氏用理必治小学，更用理必御哲学。然而无论是他的小学（语言文字之学）还是他的哲学（人性善恶邪正之学）都基于颠扑不破的自然原理。换言之，理必，是自然赋予的而不是以人的意志为转移的。在戴震的哲学体系中，他恰恰是在给自己的"必然的属性"建立一个"自然的原理"：万物=条理=自然=必然。请看：

> 以"义"亦出于自然也，故曰："恻隐之心，人皆有之；羞恶之心，人皆有之；辞让之心，人皆有之；是非之心，人皆有之。"孟子之言乎自然，异于告子之言乎自然，盖自然而归于必然。必然者，不易之则也，非制其自然使之强而相从也。天下自然而无失者，其惟圣人乎！孔子言"从心所欲不逾矩"，"从心所欲"者，自然也；"不逾矩"者，归于必然也。必然之与自然，非二事也。就其自然明之尽，而无几微之失焉，是其必然也。②

这种"自然=必然"的观点，正是今天形式句法学中"何为语法"的一种古代翻版：语法是人类语言自然的属性，不是"制其自然使之强而相从"的结果，而是人脑生理机制的结果。而"就其自然（人类语法天赋）明之（语法学家的发明）尽（自足的逻辑体系），而无几微之失焉（没有逻辑漏洞及反例等），是其必然也（这就是语法）"。因此，我们明白什么是戴震的"理必"——理必就是世间万事万物的"必然属性不易之则"，而其必然属性就隐藏在它们的"自然属性"之中。用戴震的话说，自然属性和必然属性，本来就是一回事。差别在于是否研究者有能力"就其自然明之尽"而已。

---

① 戴震. 绪言//孟子字义疏证. 何文光，整理. 北京：中华书局，1982：84.
② 戴震. 绪言//孟子字义疏证. 何文光，整理. 北京：中华书局，1982：93.

第二章　当代语言学的科学性与乾嘉学术的唯理性

胡小石先生所谓："徽州戴东原,治学用论证法,能开辟新途。"[1]根据本书的观点,戴震治学所用的论证法不是一般理解的论证法,而是他独创的"理必论证法"。如果胡小石的观点加上这里的论证,那么我们对"清学"就有了一个全新的认识:清学应严格地定义为"治学用理必论证法,开辟了一代新途"。事实正是如此:戴震的"理必范式"影响了整个清代的治学,不仅开辟了新途,而且建立了新的学术范式。他的学生如王念孙、段玉裁,包括学生的学生如王引之、胡培翚等,都同样做出不止一种、不止一方面的"必"的结论,创造了一个不同于前代的"理必"新世代。用乾嘉学者自己的话来说,他们的时代是一个"千七百年来无此作"的时代。请看:

"盖千七百年来无此作矣"[2]——王念孙《说文解字注序》
"千百年来绝无仅有之作也"[3]——胡培翚《经传释词》书后

后人不免惊异于他们何以有如此宏大的魄力和胆量。"千七百年来""千百年来"无此作,这是何等的气魄、何等的荣誉、何等的骄傲!恐怕原因就在于他有了科学的理念和推断,"合乎逻辑的推论不会错",所以才有如此之发现、才有如此之魄力、才有如此之自信!

二、段玉裁的"理校之必"

段氏"理校"人人皆知,但无"必"不成"理"则并非人人皆晓。因此,我们不妨先看段玉裁的"必"。《说文解字注》里谈到理必之"必"者不下二十处,下面是其中之一:

《毛传》于《王》《郑》皆曰"嘅,不得息"是也……无之字,经

---

[1] 胡小石. 胡小石先生追悼季刚先生讲辞//张晖编. 量守庐学记续编:黄侃的生平和学术. 北京:生活・读书・新知三联书店, 2006: 21-22.
[2] 王念孙. 说文解字注序//段玉裁. 说文解字注. 许惟贤, 整理. 南京:凤凰出版社, 2007: 1.
[3] 胡培翚. 《经传释词》书后//研六室文钞(卷七). 上海:上海古籍出版社, 1996: 443.

乾嘉皖派的理必科学

传无征。《大雅·桑柔》曰"如彼溯风，亦恐之僾。"传曰："僾，唈也。"《释言》同。笺云："使人唈然如乡疾风，不能息也。"……凡云"不得息"者，如歇字、欧字、嗳字、噎字、唈字，皆双声像意，然则旡必读"於未切"也……毛郑何从知其训"唈然不能息"，则以有旡字在也。僾从爱声，爱从悉声，悉从旡声，可得其同音假借之理矣。凡古文字之可考者如此。①

为什么"旡"**必**读"於未切"呢？他首先从《郑笺》和《毛传》等文献校对中得到"嗳"是"不得息"，亦即"使人喘不过气来"的意思；然后"以义求音"，考证这个字的读音。经典没有这个字的注音，段玉裁怎么知道他读什么呢？他靠的是逻辑推理："凡云'不得息'者，如歇字、欧字、嗳字、噎字、唈字，皆双声像意。"②其中"凡……皆……"是我们了解他做出判断的内在逻辑的重要线索。注意，其中"双声像意"是段氏文献语言学整体理论中的一条重要"定理"。没有"以声像意"的原理，不会有这个"必"字的判断。我们注意到他引用的"唈"声字串，从它们双声携载的共同意义"以音载义"的原理上可以看出：它们既有同源词的音义相关性，也有所谓 sound symbolism 以音表意性，段玉裁于是统称之为"以音像意"。"像意理论"是段玉裁理论中的重要部分，有大量事实可以为证，同时也是对其师戴震"以音证义"的继承和发展。基于此他才得出"旡必读於未切"的结论。从科学方法论的角度看，段玉裁说"旡必读於未切"的时候，并非简单地表达一个具体读音的具体结论，而是阐释该结论背后的论证系统。这里段玉裁综合了文献语义、语音像意、以义证音、因声求义等多方面的音韵训诂理论（和其中的子理论），像拱形桥中的楔形石一样，相互咬合、彼此支撑。换言之，他最后得出"旡"的读音是靠局部的定理以及定理之间的相互咬合推论出来的。如果深入分析段氏的论证，我们发现，他的"必"不是随便能说的。读《段注》者无不钦佩他文献功力之强，深感王念孙说他去世后"天下没有

---

① 段玉裁. 说文解字注. 许惟贤, 整理. 南京: 凤凰出版社, 2007: 726.
② 段玉裁. 说文解字注. 许惟贤, 整理. 南京: 凤凰出版社, 2007: 726.

第二章 当代语言学的科学性与乾嘉学术的唯理性

读书人"的含义之深。现在看来,他会读书、有功力,不单单是功夫的积累(那是垒金字塔式的积累功夫)和博闻强记,更用他天才的大脑构建了一个一个的音韵、文字、训诂上的"拱形桥系统"。没有熟练的逻辑思维和科学方法,拱形桥式的理论是造不出来的。没有拱形桥式的理论是不敢(也不能)言"必"的(如果硬言,那是武断;如乱言,那是妄)。显然,如果他的"必"错了,那将导致他整个体系的崩溃,而不只是一丝一扣的具体错误。可惜的是,以往人们看到的大都是他的表象(对或错),而没有深入到他体系的构建。

事实上,段氏不仅言"必",他常常使用"断无""断不"等术语来表达逻辑运作和判断。我们注意到下面注释中他说的"于音寻义"①四字的内在逻辑和定理。这无疑是通过声音来考证意义的理论的又一实践。这里,他断言绝对不可能有从上往下飞(飞而下)叫作"颃"的。因此,他说《毛传》"飞而下曰颃"是转写的讹误而当作"飞而上曰颃"。他经过音理、义理以及"音义同源之理"等多方面的考证,最后让各个环节咬合在一起;没有不合的余意,于是才一锤定音:"**断无**飞而下曰颃者。"②请看(此处只聚焦注文的核心论证部分,全注及其整体结构和分析见第五章第四节):

> 亢,人颈也。《史》《汉》,《张耳列传》:"乃仰绝亢而死。"韦昭曰:"亢,咽也。"苏林云:"肮,颈大脉也,俗所谓胡脉。"《娄敬传》:"搤其亢。"张晏曰:"亢,喉咙也。"按,《释鸟》曰:"亢,鸟咙。"此以人颈之称,为鸟颈之称也。亢之引申为高也,举也,当也……俗作"肮",作"吭"。
>
> 颃,亢或从页。此字见于经者,《邶风》曰:"燕燕于飞,颉之颃之。"《毛传》曰:"飞而上曰颉,飞而下曰颃。"解者不得其说。玉裁谓,当作"飞而下曰颉,飞而上曰颃",转写互讹久矣。颉与页同音,页古文䭫,飞而下如䭫首然,故曰"颉之",古本当作"页之"。颃即

---

① 段玉裁. 说文解字注. 许惟贤,整理. 南京:凤凰出版社,2007:868.
② 段玉裁. 说文解字注. 许惟贤,整理. 南京:凤凰出版社,2007:868.

乾嘉皖派的理必科学

亢字，亢之引申为高也，故曰"颃之"，古本当作"亢之"。于音寻义，**断无**飞而下曰颃者。[1]

人们往往误解段氏之"断"为"武断"，其实段氏从未离理而言断。这里他先用古代文献说明："绝亢而死""搤其亢"是"亢"径用为"喉"的明证。其次用《尔雅》旁证鸟咙为"亢"，凿实"亢"即喉、颈之义。再证之以词义引申：亢引申为高，为举，为当。没有"亢"之为喉为颈，无法解释其引申义之由来。引申之由来则又反过来证明《诗经》"颉之颃之"即"颉之高之"。什么是"颉之"，段氏从"颉与页同音，页古文䇾"的"声义同源"的角度，说明"颉之"就像"稽首"一样是"下头"的意思。据此，飞而下如稽首然，所以才叫作"颉之"；飞而上则如"引领昂首"，所以才叫"亢之"。如果是这样，那么《诗经》最早（或正确）的版本就应该是"页之亢之"，亦即"（燕燕于飞）一会儿低头往下，一会儿抬头向上"。段玉裁是在解经吗？非也！他是在"说理"、在说文字训诂之理：第一，"页、颉、䇾"是同原通用字，是一义之引申；第二，"亢、颃、肮、吭"是古今正俗字，但同样是"求义则转移皆是"。[2] 有了如是的考据事实和理据，他才断言："于音寻义，断无飞而下曰颃者。"其潜在的逻辑式为：$\forall A=x|y$, if $\forall A=x$, then $\forall A \neq y$。[3] 显然，这个"寻"字，在段氏的系统里包含着的是一套理论和方法，绝不是单纯的"找"！面对段玉裁的"断无"，不禁让我们想起赵元任的名言："说有易说无难。"显然，段氏的"断无"不仅是"说无"而且是"断无"，明显有违于近代先贤的教诲："不轻易说无。"值得思考的倒是其反：没有"无"则没有"必"，没有"必"则没有"演绎推理"[4]。"说无"，从科学方法论的意义上说，是逻辑严密的表现，是更高层的论证方法

---

[1] 段玉裁. 说文解字注. 许惟贤, 整理. 南京: 凤凰出版社, 2007: 868.

[2] 此乃段玉裁词义理论之一大原则，见《说文解字注》"天"字下注语(段玉裁. 说文解字注. 许惟贤, 整理. 南京: 凤凰出版社, 2007: 1.)。

[3] 这个公式还可以表述为：$(\forall A=x|y) \wedge (\forall A=x) \rightarrow (\forall A \neq y)$。感谢张寅生先生的建议。

[4] 参见：冯胜利. 从人本到逻辑的学术转型——中国学术从传统走向现代的抉择. 社会科学论坛, 2003, (1): 7-27.

第二章　当代语言学的科学性与乾嘉学术的唯理性

（证伪即说无）。段氏之"断无"正是建立在他"理必"的基础之上的。"硈断无苦学之音，硈断无苦八之音，此一定之音理，学者不知古音不可与读古者此也。"[①]这里的"一定之音理"已经告诉我们乾嘉学者"无理不断"的基本原则。注意：仅据事实的归类而没有规则条理，那就流于同义反复（tautology）。段氏发明的古代音理（如古音十七部）是其时代巅峰，故可根据音理而推断必无也。上面的例子最能说明这一点。

除了断无之外，段玉裁的"断知"也表现出其强大的逻辑思维和逻辑体系。譬如：

> 硜硜字，只可兒清朗小声，非其狀也。音不足以兒义，则<u>断知</u>其字之误矣。[②]

这里段玉裁又一次运用他从文献语言中归纳出来的"音像其义"和"音兒（貌）其义"的音义规律。上文看到，这属于今天语音象征（sound symbolism）说的理论范畴。"音兒其义"的理论牵涉"根音"和"类音"两个概念。根音者，讲的是音大兒大、音细兒细的音义对应性[③]。因此，m 音象征蒙蔽，可以说这是其根音之义使然。"类音"是某类音与某类义约定俗成的组合结果。在特定语言的音系系统中，某类音与某类义结合后二者的关联一经俗成，则该音与该义便开始固化、连及，以至于彼此呼应、闻声知义。譬如汉语很多方言的/si/音，就已经和"死"的意义密不可分。根音与类音这两类的音义结合都不是绝对的，但它们在人类语言和认知体系中的存在和作用，则是无可非议的。有趣的是，段氏理论已有根音与类音的思路与理念，并以此推演和裁断。换言之，段玉裁的"断无"和"断知"不是建立在只字个例的有无上，而是建立在系统事实和理论的推演上。没有"于音寻义"背后的理论，不会有"断无飞而下曰颁者"的结论，没有"音不足以兒义"做基础，不会

[①] 段玉裁. 说文解字注. 许惟贤，整理. 南京：凤凰出版社，2007: 787.
[②] 段玉裁. 说文解字注. 许惟贤，整理. 南京：凤凰出版社，2007: 787.
[③] Kawahara, S. Sound symbolism and theoretical phonology. Language and Linguistics Compass, 2020, 14: e12372.

有"断知其字之误"的裁断。这一点，比较一下挑战他但常常误解他的顾千里的判断和分析，就可明了。

《汉书·艺文志》，"古者八岁入小学，故《周官》保氏掌教国子，教之六书谓象形、象事、象意、象声、转注、假借造字之本也"，"造字之本"一语，**必**自来小学家师师相传以至刘歆之旧说，而班书承之，**断无**可易者也。①

顾千里这里的分析也用了"必"（"必自来小学家师师相传"）和"断无"（"断无可易者也"），但相比之下，与段的"断无"截然不同：在他的分析里看不见所以"必"的理据，也不见"断无"的理论。细考之，"造字之本"当是顾氏"必自来小学家师师相传"的根据，但这是推想而不是逻辑的必然。他是从《周官》保氏教国子均"教之六书"的记载中有六书名目且有"造字之本"这句话里推出的"必师师相传"的结论。当然，这句话是事实，"师师相传"也可能，但不是必然！原因很简单，"必然"是理论推演的结果，不是现象的实录。毫无疑问，顾千里这里的"必"和段玉裁上面的"必"，相差庶几千里之遥。其"断无"的结论也同样不是逻辑学理的运用：为什么"六书造字之本断无可易者"呢？顾氏的分析是"自来小学家师师相传以至刘歆和班固"，故而"断不可易"。如果把其中的逻辑推演式一一列出后，我们有如下结果：

大前提：师师相传的说法断不可改变。
小前提：造字之本是师师相传的说法。
结论：所以造字之本不可变。

显然，大前提"师师相传的说法断不可改变"这一命题本身需要论证：什么"必然的道理"允准"断不可变"？如果没有必然的理据，那就成了原则的申述。原则不是逻辑（行为伦理不是科学推理），原则的申述也不是逻

---

① 顾广圻. 书段氏注说文后//王欣夫辑. 顾千里集. 北京：中华书局，2007：385.

第二章　当代语言学的科学性与乾嘉学术的唯理性

辑的推理。当然，我们这里不评骘乾嘉考古派信奉的"非古莫是"的原则（是原则，不是定理）[①]；这里所要强调的是：顾千里用的"必"不是逻辑演绎推理上的"必"，他使用的"断不"也不是乾嘉学术下逻辑发明的"断"。逻辑不是价值判断，逻辑更不是原则的宣示。原则的正确并不代表逻辑的正确和运用。毫无疑问，段玉裁在学理逻辑辨析上确然胜出时人一筹，即使是与之争锋的杰出晚辈如顾千里，似乎也并没有完全了解段氏之"必"、之"断"的学理逻辑的深刻含义，更不要说功浅理疏之辈而敢望其项背、步其后尘了。正如刘跃进先生所云：

"照本改字"并不难，难的是断定"立说之是非"，也就是作者[指段玉裁]"所言之义理"。由义理而推断古籍底本之是非，不失为校勘的一个重要途径，也就是后来陈垣先生所归纳的所谓"理校"。段、王之学最为后人推崇的，往往在这里。[②]

更有事实说明段玉裁严密的逻辑程序和精湛的逻辑技巧。请看《说文解字注·第七篇上·米部》"粒"下的注解：

粒，糂也。按，此当作"米粒也"，米粒是常语，故训释之例如此。与糵篆下云"糵米也"正同。《玉篇》《广韵》粒下皆云"米粒"可证。浅人不得其解，乃妄改之，以与糂下"一曰，粒也"相合。不知粒乃糂之别义，正谓米粒，如妄改之文，则粒为以米和羹矣，而"一曰，粒也"何解乎？今俗语谓米一颗曰一粒，《孟子》："乐岁粒米狼戾。"《赵注》云："粒米，粟米之粒也。"《皋陶谟》："烝民乃粒。"《周颂》："立我烝民。"《郑笺》："立当作粒。"《诗》《书》之粒，皆《王制》所谓"粒食"，始食艰食、鲜食，至此乃粒食也。从米，立声。力入切，七部。按，此篆不与糂篆相属，亦可证其解断不作糂也。䊛，古文从食。[③]

[①] 顾千里信奉的是其师祖惠栋的"信家法、尚古训"，恪守汉人训诂的"不校之校"之原则，故"非古莫是"。

[②] 刘跃进. 段玉裁卷入的两次学术论争及其他. 文史知识, 2010, (7): 32-33.

[③] 段玉裁. 说文解字注. 许惟贤, 整理. 南京: 凤凰出版社, 2007: 578-579.

"米粒"之"粒"今本《说文》作"糙也",《段注》谓"此当作'米粒也'"——径改许书。有人会说段玉裁太武断,动辄改篡原著。然而,这里段氏不但要改,而且最后还强调说"断不作糙"。他何以如此自信、如此肯定呢?如果我们把这个"断"字后面的原理一片一片剥开来看,我们会惊异于段玉裁如此缜密的逻辑论证。本条《段注》的"论证程序"可分析为11步。

(1)指出错误:当作"米粒也"。

(2)发现《说文》的**训释原则**=**"训释之例"**:按,此当作"米粒也"。"米粒"是常语,故训释之例如此。

(3)**内证**,亦即"训释之例"的内证:与"藁"篆下云"藁米也"正同。首先给上面"训释之例"找同类的现象:"藁"训"藁米"和"粒"训"米粒"一样,都是用"常语"解释被训释词的例子。其次给结论"粒,糙也"当作"粒,米粒也"的"当作……"建立证据。

(4)**旁证**:《玉篇》《广韵》粒下皆云"米粒"可证。这是进一步从旁立证:《玉篇》《广韵》的解释和《说文》一样,应当是取自《说文》同样的"常语"训诂。

(5)**误源的推测**:浅人不得其解,乃妄改之,以与糙下"一曰,粒也"相合。这里是揭示致误的客观原因:因为《说文》"糙"下有"一曰,粒也"的训诂,不学无术的人就把《说文》"粒"下的"米粒也"之训改成了"糙"也,以便和"糙"下的"一曰"相合。

(6)用**归谬法**驳斥妄改所导致的荒谬结论:不知粒乃糙之别义,正谓米粒,如妄改之文,则粒为以米和羹矣,而"一曰,粒也"何解乎。这里必须把《说文》原文的"糙"和妄改的"粒"对勘,才能知其谬误所在:

因为:"糙,以米和羹。"

如果:"粒,糙也。"

那么:"粒,以米和羹也。"

荒谬:"糙,以米和羹也。一曰:以米和羹也。"

结论:"粒"不可能是"以米和羹",所以"粒,糙也"必误无疑。

第二章　当代语言学的科学性与乾嘉学术的唯理性

（7）再引**俗语以为证**：今俗语谓米一颗曰一粒。

（8）复引**古籍用例以为证**：《孟子》："乐岁粒米狼戾。"《赵注》云："粒米，粟米之粒也。"

（9）**延伸理证**与《诗》《书》"粒"字之用例——既是预测，也是反证：《皋陶谟》："烝民乃粒。"《周颂》："立我烝民。"《郑笺》："立当作粒。《诗》《书》之粒，皆《王制》所谓'粒食'，始食艰食、鲜食，至此乃粒食也。"

（10）最后殿以《说文》**例字之证**：此篆不与糂篆相属。可见"粒""糂"非同类、同义之字，由此可证二字词义之不同。

（11）结论的**必然性**：可证其解断不作糂也。

如上所示，本注第一步开门见山，指出原文之误。而后援引《说文》训释的原则以证之，说明何以"糂也"之训为错。第三用内证法证明。内证指本书之内的证据，亦即以许慎《说文》中的条例为证据。内证之后再用旁证。旁证是用和《说文》并列的字典中的证据。他引用了《玉篇》《广韵》等字书加以证实。作者下面接着挖掘致错的根源：因为浅人不解"糂，一曰粒也"的"别义"之训，才把"米，粒也"改成"米，糂也"以求得表面的吻合。为什么这是"肤浅"的行为呢？下面的论证可以回答——本条的核心和关键：段氏运用归谬法推导出他预测结论泰山不移，不可能错。什么是归谬法？归谬就是从命题自身推导出的一个无法接受的荒谬结论，以此证明该命题不可能正确，亦即无法不错的必然性。具言之，如果"粒"训"糂"的话，那么《说文》训为"以米和羹"的"糂"就成了"粒"的同义词，结果"粒"也成了"以米和羹"的汤水类的食品了——这是事实上的荒谬。还更有甚者：《说文》的"糂"有两解，一是"以米和羹"，一是"一曰，粒也"。如果"粒"是"以米和羹"的话，那么《说文》"糂"下的"一曰，粒也"就没有了着落——结论无法接受，因此"粒"不可能是"糂"。

到这里，段氏的论证已然泰山不移，但是他并没有停止。其论证的触角又延伸到俗语、引申到古籍，最后得出这个"**可证其解断不作糂**"的必然结论。

这段考证，上下约三百字，前后十一步，堪称训诂科学的一个范例。对我们今天的硕士和博士训诂论文的写作（除去引用西方理论者），无论在论证方法还是论文结构上，仍有借鉴的意义（今天的论文有的远不及此）。不难想象，乾嘉学者有很多的逻辑思想（逻辑判断和逻辑推演）都函隐在上面这样具体的、一字一句的考证文字里面。他们没有标识哪些是旁证，也没有标榜哪些是推演，更没有宣称这是归谬法、那是证伪法，等等，但他们的著作里面有逻辑、有假设、有证明、有证伪。所以我们不能责怪他们因为没有使用逻辑这个词汇就说他们没有逻辑，不能说他们没有用科学类的词汇就说他们没有科学。科学是思想，因此，更不能因为乾嘉学者没有用"科学"这两个字来标榜其学，就说他们没有科学的思想，就说他们的研究不是科学。与此相反，我们的方式是：用今天的工具发掘古人的思想。

三、王念孙的"理训之必"

我们再看王念孙。王念孙是怎么构架科学理论的？他的"楔形石"模式是什么？一打开《广雅疏证》，扑入眼帘的就是最有代表性的"凡言X者皆Y之义"。如：

凡言蔑者皆小之义[1]
凡言輂［jú］者皆载之义[2]
凡言醮者皆尽之义[3]
凡言愽者皆覆之义[4]

"凡……皆……"在乾嘉理必话语里也同样用作逻辑上的全称判断。这里要强调的是：第一，唯有全称判断可以推演；第二，更重要的也是常常为人

---

[1] 王念孙. 广雅疏证. 钟宇讯, 点校. 北京: 中华书局, 1983: 55.
[2] 王念孙. 广雅疏证. 钟宇讯, 点校. 北京: 中华书局, 1983: 57.
[3] 王念孙. 广雅疏证. 钟宇讯, 点校. 北京: 中华书局, 1983: 42.
[4] 王念孙. 广雅疏证. 钟宇讯, 点校. 北京: 中华书局, 1983: 61.

第二章　当代语言学的科学性与乾嘉学术的唯理性

所忽视的是，唯有全称判断可以推断真相（truth）。如何达到这一点呢？那就是王念孙"楔形石""类聚咬合"逻辑的发明和运用，亦即"方以类聚，物以群分，循而考之，各有条理"[①]。用具体的例子来说，请看：

其通理前提是：凡"与"之义近于"散"，"取"之义近于"聚"；"聚、取"声又相近，而其推理则如图2-2所示。

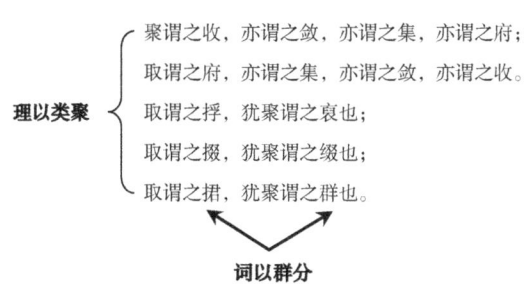

图 2-2　同源词"类聚-群分"图
资料来源：王念孙. 广雅疏证. 钟宇讯，点校. 北京：中华书局，1983: 20.

这里的"楔形石"是什么？我们认为它是"类"与"群"之间的相互"咬合"。譬如，"聚"可以叫"收"，也可以叫"敛"，还可以叫"集"、叫"府"。这是"一群"意义关联"串"，是以"聚"为线索串起来的"义串"：

聚＝收、敛、集、府

问题是："聚"与"收、敛、集、府"之间的关联是偶然的还是必然的？仅此一串不足以言"必"。持论而无必，则终究脱离不了现象的堆积（金字塔式积累）而无法洞悉现象背后的"咬合"关系（"楔形石"式的群依关系）。王念孙的雅学当然不是"垒"出来的，他的"必然体系"是靠"群"之有"类"架构起来的。具言之，如果有许多（一群群）这种"义串"存在，那么就很难说"聚"与"收、敛、集、府"之间的关联是偶然的巧合而不是内在规律的使然。换言之，如果"聚"与"收、敛、集、府"之间有必然的联系的话，那么它们就不可能只在一个"聚"字上有反映，其他字词上也应该有反映才不是偶然的巧合。于是，

[①] 王念孙. 说文解字注序//段玉裁. 说文解字注. 许惟贤，整理. 南京：凤凰出版社，2007: 1.

训诂的任务就从收集"聚"有哪些意思("收、敛、集、府"),变成预测这些意思("收、敛、集、府")还会在哪些类似的词上出现,这就是要为"群"找"类"——理论逼着王念孙去发现"群分"的"类聚"。于是才有"取叫府、也叫集、也叫敛、也叫收"的材料的发现和"类聚"。显然,这里的"类聚"是"预测"(预测哪些是"类"的组成成分)。结果,在第二群以"取"为线索的义串里面同样发现有第一群里面的所有成员("收、府、集、敛")的现象。这说明这两个不同的词("聚"和"取")共享同一义串中的相同成员之间的关系。显然,这不是偶然的聚合;相反,在不同的词身上同一义串重复出现反映了"词义得名"的相同理据。这是王念孙在训诂学科学方法论上一个巨大的突破,是前无古人的突破,一言以蔽之,即"用关系证关系"。

当然,王念孙的"楔形石"绝不是两块(两串)。两块楔形石的咬合虽然也要彼此依赖、互为根据,但多重、多层成员之间的咬合才最能体现深层必然中成分的彼此依赖,才能据此证明咬合关系的必然。因此,王念孙的楔形咬合纵横类聚系统一般至少要有三串始为"方类"(方,理也)。换言之,"聚"和"取"是两个不同的词,首先因为它们各有一组相同的"义串"(=收、府、集、敛),所以它们不是毫不相干彼此孤立的,而是"义相近"的近义词(或类义词),否则不会各带一串语义相同的子系统(或不会各自派生出一串性质相同的"子孙"体系)。据此,王氏必须继续发掘"聚"义和"取"义的支系义串。这就是理论指导下的又一发现:"取"可以说成"捊","聚"也可以说成"褒"。"捊"和"褒"的语义是相关的,以此可以说明"聚"和"取"的语义相关;反过来,"聚"和"取"如果语义相关,也可以说明"捊"和"褒"的语义相关——这是拱桥楔形石彼此咬合的系统逻辑,而不是循环论证。但是,仅此一条(一块楔形石)很难说明这里的"立体双关性"(="聚、取"相关与"捊、褒"相关)。一个是拿起来的"取",一个是堆起来的"聚",如何找到或证明它们之间的语义关系呢?显然,王氏不再考据词义了,而要去发掘词义之间的关系。对王氏的工作采取这样的理解还不够,他其实不是在挖掘和说明词义之间的关系,而是在发现如何去建立和证明关系的"逻辑体系"——建立逻辑体系才是王学的最高境界。什么是

第二章 当代语言学的科学性与乾嘉学术的唯理性

"王氏雅学"？在我看来，其最根本的就是在这看似没有关系的地方建立关系、证明关系。结果，王念孙发现了"关系逻辑"，这才建立起他自己的"大端"——"横"的关系靠"纵"的关联来证明。请看：

取谓之捊——拿起来；聚谓之裒——捧起来；
取谓之掇——捡起来；聚谓之缀——连起来；
取谓之捃——收起来；聚谓之群——组起来。

这里纵的捊、掇、捃的意义是一类（都是一只手的行为），而裒、缀、群的意义则是另一类（用两只手或抽象的行为）。前者与"取"为类，后者与"聚"为群，这就从纵向组合的角度证明了"取"和"聚"之间的"义相近"的关系。更有深层的内证是"掇"和"缀"、"捃"和"群"的声母相同，说明它们实为一语之转（一个语根的衍生），"捊"和"裒"也同样如此。这又是"纵"中之"横"：纵是不同语根的同义词，横是同一语根的同源词。换言之，用三组"同义同源词"来证明**取之义近于聚**可谓实详例尽、信而有征。显然，王念孙不是在证明"取"和"聚"的词义，也不是在考证"捊、掇、捃"和"裒、缀、群"之间的关系。进言之，他不只考词，更在考义；不只考词义，更在考义类；不只考义类，更在发掘义类之间的纵横咬合的逻辑关系，他在以关系证关系。考词、考义都变成他考证关系的工具：只是因为"考义"离不开考词，考义类离不开考词义，考关系离不开考义类，于是才从考词考义开始而已——这一点至今没有引起人们的注意，更遑论重视。戴震说自己做的是抬轿子的学问。什么是抬轿子的学问？戴震、段玉裁、王念孙做的都是抬轿子的学问！为什么？因为他们从事的虽然是"竹木工匠"的活儿（文字考证），但是他们"做"的和"坐"的都是轿子性的学问（学理逻辑）。

从上例我们还可以清楚地看到：纵向关系是以理来"方类"、横向关系是用词来"群分"。这是典型的王氏雅学的逻辑模式：一种以"方类+群分"手段来发现和证明汉语"义轨"存在的科学考据法。他告诉我们"凡'取'之义近于'聚'"。在"聚"和"取"这条意义轨道上，曾经"走"过或出产过不同家族的同源词："捊和裒""掇和缀""捃和群"。有了上面的分

49

析，现在我们可以明白什么是王念孙的科学贡献。王念孙做《广雅疏证》之前曾闭门读书四年而不出。刘盼遂《高邮王氏父子年谱》云："（乾隆四十一年丙申三十三岁）自是以后四年皆独居于祠畔之湖滨精舍。以著述至事，穷搜冥讨，谢绝人事。"[1]即其事。待到刘盼遂所谓"大端既立"[2]时始做《广雅疏证》，结果触类旁通，垂范千古。然而什么是王氏"大端"？刘盼遂没有说，至今仍然是一个谜。研究王氏雅学者，一般都从他结果上去"意会"，而没有具体的可操作性的机制以供来者继承和研究。今天我们要问：这个大端具体所指的是什么？"既立"，"立"的是什么？根据我们的研究，王氏的大端即"方类群分中的义轨必然"。如果从我们今天科学的角度来看，他所立的是类比逻辑中的演绎法，是一种多重咬合的类比模式。其逻辑式为：If $A \approx B$, then $[A \rightarrow x, y, z] \wedge [B \rightarrow x, y, z]$。[3]他发现了这一逻辑规律和聚统力量后，便用之于疏证《广雅》。毫无疑问，其势如江河直下，触物皆通而一泻千里。这是前无古人的科学贡献，这是中华民族的精神财富。可惜的是，我们至今大多只品尝其菜肴，却没有全方位地发掘研究、继承和欣赏他的"厨艺"。"悲夫！"用章太炎先生的话说则是"一二三四之数绝，而中夏之科学衰"[4]。当今中华经济崛起之时，是否也是传统科学精神复兴之日呢？

第四节　乾嘉学者的理必之学与理性主义

事实上，乾嘉一代的科学创建绝不止戴震、段玉裁、王念孙三人，其他

---

[1] 刘盼遂. 高邮王氏父子年谱//王念孙, 等. 高邮王氏遗书. 罗振玉, 辑印. 南京：江苏古籍出版社, 2000: 49.

[2] 刘盼遂. 高邮王氏父子年谱//王念孙, 等. 高邮王氏遗书. 罗振玉, 辑印. 南京：江苏古籍出版社, 2000: 50.

[3] 这个公式还可以表述为：$A \approx B \rightarrow [(A \rightarrow x, y, z) \rightarrow r(B \rightarrow x, y, z)]$。感谢张寅生先生的建议，而其中之 r 则有待将来的深入研究。

[4] 章太炎. 訄书(重订本)//章太炎全集(第三卷). 朱维铮, 校点. 上海：上海人民出版社, 2014: 148.

第二章　当代语言学的科学性与乾嘉学术的唯理性

学者如钱大昕、胡培翚等均有"皆"有"必"、有科学的创建和突破。[1]这里因限于篇幅不能——详论。乾嘉一代科学思想的研究，本书旨在发凡起例，以待其将来成为独立学科！[2]上文谈到的虽然只有乾嘉的三位学者（戴震、段玉裁、王念孙），但以他们为标志的乾嘉三百年学术的高端学者，几乎无不言"必"。"必"代表了那个时代的学术成果和特征——戴震是旗手，是伽利略一样的科学创新性人物。清人褚可宝《畴人传三编》曰："是故勿庵兴，而算学之术显；东原起，而算学之道尊。"[3]可见戴震的数学造诣。他的学生中最得科学神旨者，是段、王。段、王的科学创获当然有所不同（这是将来研究的重要课题），但是他们恢拓戴氏"综刑名、任裁断"的逻辑原则和学术理念，则是一样的。可以说戴、段、王是"用刑名来裁断"的一个独立的学派，名之为"刑名裁断派"。今天我们的任务就是要为他们树碑立传；当然不仅为他们，而是为学术、为学派，为中华学术史上的"科学思想派"或"公理思想派"树碑立传。因此，乾嘉时代凡通其理、得其法的学者，均当立传；即使是乾嘉之前的学者和学理，如果可以类属于乾嘉"刑名裁断派"或"公理思想派"旗下者，也可因之而分期分批进行研究。值得注意的是：该派的特点是"必"，"必"的英文翻译应该是 deductive certainty 或者 deductive truth。最重要者，他们探求的不是道德原则上的对与错（right or wrong），而是学理上的"是与非"（true or false）。当然，乾嘉的"是与非"关涉的不是天体物理的星球运转规律，而是古代经典（或文献语言）里面的语言文字规律。他们研究的是语言，是文献语言，其中涉及的有语音、字形、字意、词义、同源词、语法，等等。他们倾毕生精力于文献语言学，用今天的眼光来看，其内在理路和乔姆斯基的生成语法颇有相似之处，亦即开创了一个学理的新时代（即上文所说的"科学属性"）。譬如：

　　钱大昕《十驾斋养新录》："凡轻唇之音，古读皆为重唇。"[4]

---

[1] 阮元的《畴人传》则是乾嘉科学兴达的另一方面的证据。
[2] 乾嘉学者科学思想和方法的专人、专题研究是目前北京语言大学章黄理论研究所的任务之一。
[3] 褚可宝. 畴人传三编//阮元, 等, 撰. 畴人传汇编. 彭卫国, 王原华, 点校. 扬州: 广陵书社, 2009: 691.
[4] 钱大昕. 十驾斋养新录. 上海: 上海书店, 1983: 101.

《论语·宪问》:"子贡方人。"

《释文》云:"方人,郑本作谤,谓'言人之过恶'。"

刘宝楠《论语正义》:"卢氏文弨考证:'《古论》"谤"字作"方",盖以声近通借。'"①

钱大昕这一发现比格里姆定律还要早,但如果没有其中"凡……皆……"一类全称性判断的推理(这是"必"的另一种表述),是很难得到这一结论的。再看胡培翚的"凡……必……"命题,也能说明这个问题。他说:"凡居奥者**必**东面。"怎么得到这个结论的呢?请看下面的证明:

《玉藻》:"君子之居恒当户。"

《曲礼》:"为人子者,居不主奥。"(西南之隅谓之"奥",父所居在奥,燕寝也。)

胡培翚《燕寝考》:"凡居奥者必东面,东面而当户,则室之户在东而达于房……则燕寝之制,房与室有户以相通,而'由房入室'为确不可易矣。"②

如何"确不可易"?其理必推理如下:

奥=室的西南角

居=在奥(《曲礼》)

居=当户(《玉藻》)

户=东向

理之必然=居奥者必东面!

于是得出"凡居奥者必然东面"的结论。

读乾嘉考据文章如上述者,需先备下笔纸以便推演和计算,如此才能看出其中严密逻辑的数理性。事实上,乾嘉"刑名裁断派"的学者莫不如此。

---

① 刘宝楠. 论语正义. 高流水, 点校. 北京: 中华书局, 1990: 588.
② 胡培翚. 燕寝考//《续修四库全书》编纂委员会编. 续修四库全书(经部第 110 册). 上海: 上海古籍出版社, 1996: 567, 570-571.

第二章　当代语言学的科学性与乾嘉学术的唯理性

不难看出，胡培翚的"不可易"是从事实和逻辑推出来的，而顾千里的"断不可易"是靠原则定出来的。前者属科学，后者为人学，二者泾渭分明。

谈乾嘉理必和理性主义的精神还可以从皖派学者的科学气质上看出来。乾嘉理必铸造的学者不仅其"学术境界"高人一等，其"学人气质"也自有天地。戴震在《答郑丈用牧书》中说："立身守二字曰'不苟'，待人守二字曰'无憾'……其得于学，不以人蔽己，不以己自蔽，不为一时之名，亦不期后世之名。有名之见其弊二，非掊击前人以自表襮，即依傍昔儒以附骥尾。二者不同，而鄙陋之心同，是以君子务在闻道也。"[①]这是关系学德的气质问题、学者的学术境界问题。从理论上说，学德和学识没有必然的联系，但心不静者脑不专，脑不专者思不深。乾嘉一代的学术成果和当时学者的心态和气质直接相关。这虽然不是本书的题目，但它涉及学者成就的重要方面，所以这里则略加笔墨，以足其说。我们先看一段王念孙鲜为人知的掌故。据《王石臞先生遗文·序》所载：

(夏崑林)每言先生僦居京邸，屏绝人事，键户日手一编；探赜索隐，观其会通。有以语言文字求者，虽至交亦不轻应。盖不欲以文人传；并不欲以经师学人传也。[②]

他晚年闭户读书，不为他人作文，即使是最好的朋友也不答应。为什么？这是一个非常值得研究的"谜"。夏崑林的解释是，他"不欲以文人传；并不欲以经师学人传"——不想让后人觉得他是个文人，更不想让后人误解他为讲经学的经学先生。他不想做文人，那想做什么人？不想以文人传，想以何人传呢？这一点很重要。现在看来，他真想告诉（或传给）后人的，或许就是他想做一个原创性、开拓性的科学家，仅此而已。人们会问，考据学有这么重要、这么尊贵吗？在学者不从政就没有价值的今天，王念孙的理想很难被今人理解。但王念孙怎么看今人呢？学术必百年而后论升降。我想，他

[①] 戴震. 答郑丈用牧书//戴震集. 上海：上海古籍出版社，2009：186.
[②] 夏崑林. 王石臞先生遗文·序//王念孙，等. 高邮王氏遗书. 罗振玉，辑印. 南京：江苏古籍出版社，2000：116.

不会理会"××长"的地位,也不会在乎"××大师"的封号。他一哂之余倒可能会因后人不解他不以"文人、经师"传世之用心而惋惜。因为他所要传世的是有史以来(或千百年来)无此作的科学理路和科学方法的发现,他要以文献语言科学家的科学身份传诸后世。他做的是文献语言的考据之学,当他达到"大端既立,一通万通"的境界之后,已然把自己铸造成了中国学术史上从未有过的学术巨人。其他类型的学人,古已有之,后亦不乏,所以他都不想做。这当然是"非不能也,是不为也"。为什么呢?因其所关注、所敬重,于古今来日有贡献而舍我其谁者,唯有他的"方类群分中的义轨必然""类比逻辑演绎法"可以傲此平生。还有什么比这个更伟大的呢?因此,无论谁求他写任何文章,一律回绝。唯有科学研究(文献语言的考证)、唯有体现科学考据法的一撂一撂的训诂专著,才是他生命价值之所在。故此,在科学气质、学术信心方面,乾嘉学者确有很多值得我们学习和思考的地方,这是他们科学贡献之外附带留给我们的宝贵财富。

第五节　乾嘉理必与西方逻辑

三百年前中国学术史上出现了乾嘉理必,而一百年以前我们引进了西方的逻辑。严复(1854—1921)在其《原强》一文中说,达尔文等西方学者"持一理论一事也,必根柢物理,征引人事,推其端于至真之原,究其极于不遁之效而后已"[①]。其中"持理论事"之法不是"理必"继承,而是达尔文的说法。然而令人蹊跷的是,这句话留给我们已经一百多年了,而一百年来社会制度和学术范式发生了巨大的变化,但"持理论事"的西方式的逻辑结构以及传统乾嘉的"理必"步骤,似乎均未融入我们的血液。为比较起见,不妨将严复的论证步骤分解如下,以资检验。

---

① 严复. 原强//王栻主编. 严复集(第1册). 北京: 中华书局, 1986: 6.

第二章　当代语言学的科学性与乾嘉学术的唯理性

若 A，则必 B。
A=持理论事
B=（1）根柢物理
　　（2）征引人事
　　（3）推其端于至真之原
　　（4）究其极于不遁之效

B 是达到 A 的条件。如果真能做到"根柢物理"，则是对传统持理论事皆本"人事"的一大突破。①这不啻乾嘉学术的一个注脚，因为乾嘉的文献语言学也是"根柢物理"，尽管那里的"物"不是自然物理，而是语言物理（=把语言当作自然现象）。其次，"推其端于至真之原"不啻对戴震"求是"的发挥（无论这个发挥背后有多少西方理论），总之是对逻辑真值的寻求。最后，"究其极于不遁之效"，这是乾嘉学术在不同领域（音韵学、训诂学、语义学、义类学、校勘学、历史学，等等）的系统化，同样反映的是这种科学的思想（不仅证实同时又证伪的归谬法等）。具有讽刺意味的是，《原强》发表到今天已百余年，百年来严复介绍的方法似乎并没有被我们自觉地接受、发展和运用，而赋有这种思想和方法的乾嘉理必，更没有被我们自觉地意识到。三百年前自家独造的乾嘉科学和百余年来舶来的西方科学，仍然是"两张皮"。事实上，我们期待的不仅仅是将其化成今天学术持理论事的思维方式，而且还要有所发展，而不是停留在原来水平，甚至有所倒退。值得注意的是，人类的思维方式，一般而言是只进步，不倒退。但是思维的能力若不加训练，就像身体的肌肉一样，不但会减弱而且会萎缩。学术靠思维，思维方法的创造是学术发展划时代的标志，而思维能力的退化和萎缩，如果不是学术的悲哀，也是时代的悲哀。从这一点上说，章太炎先生所谓"不知齐州之学，终已不得齿比于西邻邪"②的忧虑，恐怕只有再度出现戴、钱、段、

---
① 冯友兰说："在中国哲学的传统中，哲学是以研究人为中心的'人学'。"（《中国哲学史新编》）《论六家要指》曰："夫阴阳、儒、墨、名、法、道德，此务为治者也，直所从言之异路，有省不省耳。"
② 章太炎. 訄书(重订本)//章太炎全集(第三卷). 朱维铮, 校点. 上海：上海人民出版社, 2014: 145.

王以至国际型科学家如爱因斯坦、乔姆斯基一类人的时候才会稍减。事实上，"乾嘉理必"更能发人深省、启人心智的是：人类科学思维潜能的启动和锻炼，是可以通过语言探索来开发和培养的。这就是麻省理工学院（Massachusetts Institute of Technology，MIT）学者玛雅·洪达（Maya Honda）和倪韦恩（Wayne O'Neil）提出的一个不但发人深省而且切实可行的具体计划[1]——通过语言探究激活科学思维能力（Triggering Science-Forming Capacity through Linguistic Inquiry）。

---

[1] Honda M, O'Neil W. Triggering science-forming capacity through linguistic inquiry//Hale K, Keyser S J. The View from Building 20: Essays in Linguistics in Honor of Sylvain Bromberger. Cambridge: The MIT Press, 1993: 229-256.

第三章　乾嘉学术的科学突破

中国学术有无自己发展的科学思想和理性思维，这是中国思想史上的一大疑案。西方学者一般持否定观点[1]，本章提出，乾嘉文献语言研究中的"理必"之学（亦即英文的 logical certainty），或可回答这一学界尚未确证的历史之问：中国学术史上有没有自己创造的科学？本章将从乾嘉考据学的成果上（以戴震、段玉裁、王念孙的学术贡献为主）揭示其"理必"思想（英文所谓 rational reasoning），指出：从乾嘉学者的文献语言研究中，我们不仅可以而且已然发掘出他们"理性发明"的学术理路和实践。可惜的是，这种学术理路经五四"文学革命"之涤荡而几近销声匿迹，故而黄侃发出的"今发见之学行，而发明之学替"[2]的**学术范式转型**之慨叹，对今天的学者和学术来说，不仅振聋发聩，而且更具特别之意义。下面分节论证之。

---

[1] 参见: Needham J. The Grand Titration: Science and Society in East and West. Toronto: University of Toronto Press, 1969; Goldin, P R. Non-deductive argumentation in early Chinese philosophy//van Els P, Queen S A. Between History and Philosophy: Anecdotes in Early China. Albany: State University of New York Press, 2017: 41-63.

[2] 吉川幸次郎. 与潘景郑书//程千帆, 唐文编. 量守庐学记: 黄侃的生平和学术. 北京: 生活·读书·新知三联书店, 1985: 101.

第一节　西方学者对中国传统学术的看法

西方学者对整个中国传统学术的一般看法，正如金鹏程（Paul R. Goldin）所云："在早期阶段对'中国人的思想'的典型的抱怨是：它没有更高逻辑的运作能力。"[①] 晁天义说："欧洲人（甚至也包括冯友兰等一批中国人）曾一度认为中国没有科学技术，整个中国古代都没有科学技术的进步。"[②] 对此，李约瑟在《中国科学传统的兴衰》（"Poverties and Triumphs of the Chinese Scientific Tradition"）一文里讲得更为直接："为什么现代科学，关于自然的假设的数学化，以及对先进技术的所有影响，在伽利略时期仅在西方迅速崛起？"[③] 这个问题的潜在意思是："为什么当代科学不是从中国文明中发展而来？"前面我们看到，关于这一问题，与李约瑟齐名的内森·席文有意无意地在其名作《为什么科学革命没有在中国发生——是否没有发生？》（"Why the Scientific Revolution Did not Take Place in China—or Didn't It?"）中，通过评论有清一代的学术，表达了他的看法（兹具引如下）：

> 虽然清朝的思想家像弗朗西斯·培根爵士（1561—1626）所做的那样，把世界当作可观察的、具有名义主义意义上的对象和事实，但与培根不同的是：他们没有发展出科学的方法论。至于培根的科学方法是否在当代科学实践中幸存下来，甚至都没有考虑过（那是另一回事）。事实上，它（清朝的学术）的起源主要是学问上的，关注分类而不是自然现象的理论，而且他们决不关心数学测量。与培根对科学活动的组织和

[①] Goldin P R. Non-deductive argumentation in early Chinese philosophy//van Els P, Queen S A. Between History and Philosophy: Anecdotes in Early China. Albany: State University of New York Press, 2017: 55.

[②] 参：晁天义."中国无真史说"偏见的形成与终结. 陕西师范大学学报（哲学社会科学版），2023，52(1)：69-89.

[③] Needham J. The Grand Titration: Science and Society in East and West. Toronto: University of Toronto Press, 1969: 16.

第三章 乾嘉学术的科学突破

意识形态所形成的非常有影响力的信念相比，它在所有早期的现代学者们尝试定义"科学如何才能有效发展"的尝试中，可能是最无生衍能力的。[①]

在内森·席文看来，举世闻名的李约瑟难题——"何以当代科学未能从中国文明中发展而来"，是因为中国学术"起源主要是学问上的，关注分类而不是自然现象的理论，而且他们决不关心数学测量"。所以西方早期现代学者们在尝试定义"科学如何才能有效发展"的时刻，乾嘉学者的研究结果都是最没有生成和发展能力的。然而，上文我们看到，"学问=knowledgeable"和戴氏的"贵专不贵博"学术追求格格不入。西方的这种学术偏见不能简单地归为他们的文化偏见，更多的是西方学者没有能够深入到潜藏乾嘉理必思想的训诂学（或文献语言学）中的缘故，当然也有他们时代的局限：语言学不是科学的认识局限。

无论如何，以上诸说，代表了西方学者对"中国文化所以没有发展出科学"的一般性的传统看法。

第二节 中国学者自己的看法——以胡适为代表

中国人自己也有同样的看法。胡适就曾说过："这三百年之中，几乎只有经师，而无思想家；只有校史者，而无史家；只有校注，而无著作。"[②]这话说得很重[③]，和他说的 China has greatly suffered for lack of an adequate logical method[④]彼此呼应。

[①] Sivin N. Why the scientific revolution did not take place in China—or didn't it? Chinese Science, 1982, (5): 55.

[②] 胡适. 《国学季刊》发刊宣言. 国学季刊, 1923, 1(1): 4.

[③] 胡适自己也说："这三句话虽然很重，但我们试除去戴震、章学诚、崔述几个人，就不能不承认这三句话的真实了。"[同见：胡适.《国学季刊》发刊宣言. 国学季刊, 1923, 1(1): 4-5.]

[④] Hu S. The Development of the Logical Method in Ancient China. Shanghai: The Oriental Book Company, 1922: 6.

59

乾嘉皖派的理必科学

科学如果不包含语言学，语言学如果不是"演绎公理学"（见本章第四节"公理系统"），则中国自古没有自己的科学。正是在这种潜意识下，胡适总结道：

> 这三百多年来研究语言学、文字学所用的材料都是书本。可是西方同他们同时代的人，象开普勒（刻伯勒）、伽利略、牛顿、哈维、波耳，他们研究学问所用的材料就不仅是书本；他们用作研究材料的是自然界的东西。从前人所看不清楚的天河，他们能够看清楚了；所看不见的卫星，他们能看见了；所看不出来的纤维组织，他们能看出来了。结果，他们奠定了三百年来新的科学的基础，给人类开辟了一个新的科学的世界。而我们这三百年来在学问上，虽然有了了不起的学者顾亭林、阎百诗做引导，虽然可以说也有"大胆的假设，小心的求证"的方法，但是因为材料的不同，弄来弄去离不开书本，结果，只有两部《皇清经解》做我们三百年来治学的成绩。这个成绩跟三百年来西方科学的成绩比起来，相差真不可以道里计。而这相差的原因，正可以说明傅先生的话：凡是能够扩充材料，用新材料的就进步；凡是不能扩充新的材料，只能研究旧的、间接的材料的就退步。[①]

胡适的批评，如果从中国近代没有发展出自然科学而言，是事实，也是可以理解的；然而，其未能发展的原因"是因为材料的不同"的说法，则失于表面和肤浅。我们知道，书本材料提供的是"文献语言"（所用的材料均出自书本），而语言也是"自然界的东西"。研究文献语言学怎么就不能"奠定新的科学的基础"呢？研究自然界的物理或化学是科学，研究自然界的语言或文献语言就不是科学吗？科学是不能用所研究的自然对象的不同来定义其是否的。其次，胡适提出的"假设"与"求证"无疑是**科学的方法**，但不是**科学的原理**。事实上，从傅斯年提倡"发现新材料"以来，汉语文字语言的（出土）材料层出不穷，不可谓不新、不充分，但材料新并不标志科学的"进步"。相反，"研究旧的、间接的材料的"的成果，如乾嘉理必，并没有

[①] 胡适. 治学方法//胡适谈读书. 南昌：百花洲文艺出版社，2016：92.

"退步"，反而有很多新的"发明"——《皇清经解》三百年中的理必成果可为明证①。当然，"三百年来治学的成绩"能否说明中国学术史上产生了科学，仍未能广泛认同。从更久远的中华学术史上看，科学史领域权威学者吴国盛认为"中国传统文化中缺少科学的因素"，质疑"为什么只有希腊人才搞出了演绎科学，我们中国人却没有"②。这与半个多世纪以前胡适所云"在二千多年前，我们在科学上早已太落后了！"是同一看法。所不同者，正如周明之所云，胡适在他的论战性中文作品中提到，"中国几乎没有什么科学方法和精神……当西方科学产生惊人的发明和发现时，'我们的学术界还在烂纸堆里翻我们的筋斗'"③。

总之，中国传统学术没有科学的看法几乎成了一般的共识，即使国内外不乏极力反对者，但至今似乎没有拿出古代学者理性思维的铁证来为他们的科学思想进行辩护。

第三节 科学家眼中的科学是什么？

据上所言，中国传统学术没有逻辑、没有科学。然而，什么是科学？我们如果不首先弄清楚什么是科学的问题，则很难对有无科学的事实作出合理而正确的判断。这里不妨先看看西方一些大科学家们是怎样认识和看待科学的：

"整个科学只不过是对日常思维的改进。"④

---

① 故季刚先生说："无论历史学、文字学，凡新发见之物，必可助长旧学，但未能推翻旧学。新发见之物，只可增加新材料，断不能推倒旧学说"，如凡谐声者皆同部。

② 吴国盛. 科学的历程. 长沙：湖南科学技术出版社，2018：9.

③ 周明之. 胡适与中国现代知识分子的选择. 雷颐，译. 成都：四川人民出版社，2005：229. 我们注意到：当"来自西方同行对中国的否定性评价"激怒了胡适的时候，"他把在中文论战著作中的观点全颠倒过来"（同见：周明之. 胡适与中国现代知识分子的选择. 雷颐，译. 成都：四川人民出版社，2005：229.）。然而胡适是怎样调节这两种观点的矛盾的，则是一个有待将来深入研究的新问题。

④ Einstein A. Physics and reality. Journal of the Franklin Institute, 1936, 221(3): 349.

"科学是一种思考方式，而不是一种知识体系。"[1]

"科学是知；工程是做。"[2]

"科学不是要搜罗一堆已知的事实，而是一种提出不同寻常的问题并以现实加以检验的方法，从而避免人们倾向于相信任何感觉良好的东西。"[3]

"理论科学地位的标准，是它的可证伪性，或可反驳性、可测试性。"[4]

"发现即是见常人之所见、想常人之未想。"［圣捷尔吉·阿尔伯特（Szent-Györgyi Albert）］[5]

"科学是由事实构成的，正如房子是用石头建造的；但科学不是事实的简单堆积，正如房子不是石头的简单堆砌。"[6]

所谓"整个科学只不过是对日常思维的改进"，可以从第一章"什么是科学"的角度来理解：科学无非是科学家将直觉的、显而易见的公认道理（亦即日常思维）进行加工"改进"的结果（科学理论）。"改进"一词不可小觑，其背后所包含的实即"一种思考方式"，亦即科学方法论。它"不是一种知识体系"（如 ChatGPT 所能），也不是用手（或机器）完成的技术或工程，而是大脑创造的"理"。"科学是知"的"知"，是"理解""理路""理论"的意思。因此，"科学不是要搜罗一堆已知的事实"，将其分类、归纳和总结，如同仓库管理员。科学是要"提出不同寻常的问题"：为什么苹果会落地？如此反常识的问题，背后却暗藏着"万有引力"。这是一个奇怪问题引发出来的巨大"发现"，即所谓"见常人之所见"而"想常人之未想"。当然，仅有"想"还不行，提出的新想法或新问题，必须"以现实加以检验"，才是科学的方法，才能"避免人们倾向于相信任何感觉良好的东西"——"苹

---

[1] Sagan C. Broca's Brain: Reflections on the Romance of Science. New York: Random House, 1986: 15.

[2] Petroski H. The Essential Engineer: Why Science Alone Will Not Solve Our Global Problems. New York: Random House, 2010: 17.

[3] Pratchett T, Stewart I, Cohen J. The Science of Discworld I. New York: Random House, 2014: 90.

[4] Popper K. Conjectures and Refutations: The Growth of Scientific Knowledge. New York: Routledge, 1962: 37.

[5] 转引自：Thomas L. Scientific frontiers and national frontiers: A look ahead. Foreign Affairs, 1983, 62(4): 966.

[6] Poincaré H. Science and Hypothesis. New York: Dover Publications, 1952: 141.

第三章 乾嘉学术的科学突破

果落地"这一自人类产生以来就亲身经历、有目共睹的"铁定"常识。千百年来我们凭借这种直感和常识构建桥梁、房屋，还不足以为信吗？然而直至有了引力说，我们才可以"避免"仅仅相信自己"感觉良好"的常识和习惯，知道了一旦挣脱"引力"，物体便不会像苹果一样"永远落地"。由此可见，科学之要旨，在乎思想与理论。

科学理论有自己的鉴定标准，它与哲学、思辨不同，亦即"它的可证伪性，或可反驳性、可测试性"。它告诉我们：并非所有的观点、看法或命题，均具上述两大属性（可证伪性和可证实性）。譬如，"万物皆可阴阳两分"这一命题如何证伪？殊难确定。这并不是说它不对，只是说如果找不到具体可以证伪和测试的方法（包括理证和例证），就不能说它具有科学的属性。事实上，凡不具"可证伪性"者，均无从反驳。有人会说："科学是真理，无须反驳。"这是对科学的误解，甚至是侮辱。科学的理论或命题，无一不具可证伪性。"可证伪"不是"已证伪"，"可反驳"不是"已驳倒"。注意这里"性"字的含义。"可证伪性"是说某一论断或命题本身具备"怎样不然则错"的内在要素。这种要素具有两种功能：第一，是反驳该说（或毁灭该理论）的根据；第二，是使之成立的重要条件。在这一程序的操作下，可反驳而驳不倒，可证伪但证不成，于是该说才"泰山不移"。所以，理论构建、科学发现的第一步工作就是要"证错"。只有证而不错，方为可信。因此，卡尔·波普尔（Karl Popper）提出的证伪理论，一直被看作科学鉴定的"试金石"。离开了"证伪"与"测试"，所谓"科学研究"就极易变为材料的收集与积累，"但科学不是事实的简单堆积"（如金字塔的砖石）。这里亨利·庞加莱（Jules Henri Poincaré）形象地把科学构建比作构筑房屋："房子不是石头的简单堆砌。"因此，科学不是简单的材料收集、发现和积累。科学是构筑房屋的"设计图"。从这个意义上说，科学家是"设计师"，是给自然"构建蓝图"的设计师。不言而喻，如果我们的科学研究只尚材料而不关心设计（理论），那么我们的研究者就很容易沦为"泥瓦匠"而非"设计师"。对个人而言，为匠为师，尚可选择；对民族而言，唯匠而无师，则势必沦为学术打工"为人造房"的被动局面。

63

总而言之，科学家们对科学的认识虽然表面看来众说纷纭，不一而足，而事实上，千条万绪可以约之为一义：科学是思想，不是技术。

第四节　语言学是科学——科学语言学

在讨论中国传统学术有无科学或乾嘉汉学是否科学的问题之前，我们有必要弄清第二个重要的观点：语言学是不是科学？传统的观点将语言学归属于人文社会科学。许国璋曾说："语言学毕竟也是人文科学的一种。"[①]然而"生成语法"诞生后的形式语言学，已经逐渐被当代学者认同为具有自然科学的属性。著名语言类型学家约瑟·哈罗德·格林伯格（Joseph Harold Greenberg）很早就指出："最近一个时期，随着生成语法的问世……语言学看来正在取得另一种可与物理学相媲美的成就，这就是找到了一套不变的关系，即规律，这种规律通常被看作所有科学的终极目标"[②]，"与旧理论相比，[生成语法学派] 不仅仅有方法上的区别，而且对语言也持有不同的观点"[③]。我国学者伍铁平先生特编著《语言学是一门领先的科学——论语言与语言学的重要性》，并指出："美国语言学家、逻辑学家和哲学家乔姆斯基提出的转换生成的思想在机器翻译、人工智能、自动机理论、心理学、模糊理论、儿童语言研究、神话学、人类学、民俗学、文学理论和西方哲学等各方面都有很大影响。"[④]形式语言学何以有如此巨大的影响？第二章里，我们介绍过罗伯特·李斯对乔姆斯基革命做出的精辟总结，其中所揭要义即可回答"乔氏理论何以有如此巨大的影响"的问题：因为乔氏把形式语言学发展成了科学。这是人类历史上的第一次，包括：第一次以语言学家的身份

[①] 许国璋. 社会语言学和唯理语言学在理论上的分歧. 语文研究, 1985, (1): 3.
[②] Greenberg J H. 语言学是一门领先的科学. 傅怀存, 译. 国外语言学, 1983, (2): 24.
[③] Greenberg J H. 语言学是一门领先的科学. 傅怀存, 译. 国外语言学, 1983, (2): 29.
[④] 伍铁平. 三论语言学是一门领先的科学//语言学是一门领先的科学——论语言与语言学的重要性. 北京: 北京语言学院出版社, 1994: 33.

第三章　乾嘉学术的科学突破

在科学理论构建模式下建立了一个有关语言的整体理论；第一次让语言学理论与物理学、化学或生物学领域的自然科学理论具有了"原理同构"的体系；第一次跳出人文社会科学的范域，让语言学理论成为<u>科学家所理解的意义上的理论框架</u>……无论还有多少第一，究其本，是第一次建立了一个有关人类自然语感的、诸多<u>定理可以派生</u>的"公理系统"。^①

什么是乔氏的"公理系统"？罗伯特·李斯从以下四个方面阐释这个系统的机制。第一，公理和定理的关系：定理是从公理派生出来的。第二，如果公理不能派生（演绎）出定理，则公理不足以成为公理。第三，公理不只可以推演出一个"定理"，它要（也必须）有派生出"诸多定理"的能力。第四，由简单的、基元性的公理和由它派生出的众多定理一起，构成有组织的体系，才成为"系统"，名之曰"公理系统"。生成句法理论便是具有这样一种特点的"语言学公理系统"。我们从本书的论证也可以看到，戴震所建立的"理必系统"同样具有乔氏"公理系统"的内在属性。研究语言≠研究语言学。事实上，理论评论家正是在这种公理系统上认同今天的语言学具有科学的属性。徐烈炯直截了当地表述了关于"生成语法学属于自然科学"的看法。^②当然，我们也应该客观地看到："从社会学和人文学方面进行的研究虽然不属于生成语法学，但并非不能称为语言学"；语言学因研究目标和方法的不同而分属人文社会科学和自然科学，因此"生成语法学与其他语言学的区别主要是学科的区别，不是学派的区别"。^③

令人瞩目的是，乔姆斯基语言学革命的 35 年以后，生成语法的前卫学者理查德·拉尔森出版了《科学句法学》一书，再度现身说法，阐释了生成语法如何成为一种新科学。其理论不仅提出了一系列人类语言属性和结构的独特问题，并且像其他自然科学一样，发明了一套严格的方法对语言进行深入的研究和探索。对比以前的结构描写语言学，科学语言学的目的是寻求对语言现象的理解，发现其中的一般规律和原则。从方法上看也与传统结构主义语言学有本

---

① Lees R B. Review of syntactic structures. Language, 1957, 33 (3)：377-378.
② 徐烈炯. 生成语法理论. 上海：上海外语教育出版社，1988：5.
③ 徐烈炯. 生成语法理论. 上海：上海外语教育出版社，1988：10.

65

质的不同：生成语法发现的规律和原则可以（也必须）通过实验进行测试。这与爱因斯坦阐释的科学方法——逻辑推演+试验测试——完全一致。

如果说罗伯特·李斯阐释了生成语法的"公理系统"的属性，那么马库斯·托马林则更具体、更明确地指出"形式语言学是形式科学的一种"的根源，就在于它的"演绎法"，亦即"从直觉上显而易见的少数几个配套的公理或假设推演出某些结论（亦即定理）来的过程"的科学方法，这是一种可以把所有科学方法统一起来的"基本科学方法"。马库斯·托马林进而强调："公理"是科学家建构的，而建构公理就是建构"演绎系统"。演绎系统"必须要能够提出一些初始假设、确定某种主要元素并从这些假设和元素中做出逻辑有效性的演绎推理"——所有"形式科学"均无不如此。这是形式科学有别于人文科学的学理标记，也是形式句法学最富代表性的一大特征。①

具言之，科学是根据"公理"演绎和构建出来的一个理论系统。只有构建这样的一个系统，才能称其为具有科学的属性。细言之，它必须含有公理-演绎法、结果（或定理）的推演；其公理-演绎系统必须包括：①建立元始公设（state initial assumptions）；②鉴定基本元素（identify primary elements）；③基于①和②的逻辑有效的推演（make valid deductive inferences from these assumptions and elements）。

正是这样理解和认识的"科学属性"让语言学跻身于当代科学的行列和领域。②正如司富珍等总结的那样："语言学可以是自然科学，这一关于语言学学科地位的认识影响非常深刻，因为它带来的是语言学研究方法、语言学向交叉学科延伸等一系列的系统变化，使得语言学作为'领先科学'的可

---

① 原文来自 Tomalin M. Linguistics and the Formal Sciences: The Origins of Generative Grammar. Cambridge: Cambridge University Press, 2006: 2-3. 此处译文参考了：马库斯·托马林. 语言学和形式科学: 生成语法之源. 司富珍, 刘文英, 译. 北京: 商务印书馆, 2018: 3-4.

② 顾钢从语言学用普适理论解释语言共性与个性、像物理和化学家一样用验证真伪的方法来构建语言学的假设，区分"证据"和"数据"之于假设验证的不同功效，以及"理想化"的本质属性等几个方面深入论证了"作为科学的语言学"，读者可参，兹不俱赘。[参见：顾钢. 我们误解了乔姆斯基吗？——《乔姆斯基》评述. 现代汉语, 2001, (1): 96-110.]

能性得到了进一步的显化和强化。"①

本书"语言学是科学"的论证就是在这种认识和前提下，发掘和阐释乔姆斯基创建的生成句法的科学性，同时也是在这种认识和前提下，理解和揭橥乾嘉汉学（陆宗达称之为"文献语言学"）的科学性。

第五节　乾嘉学术中的科学要素

有清一代以戴震为代表的乾嘉学术，陆宗达先生称之为"订误"派，谓之"以纠正旧注、创立新说为主"，这是他们的做法，而他们的目的是"发展语言文字科学""提出自己的新理论"②。在老一辈学者里，陆先生恐怕是第一位（或唯一一位）提出乾嘉皖派学者的古籍研究目的是"发展科学""提出理论"的当代学者。这是陆宗达先生后来提出的"文献语言学"的前身③，其显著特征就是"科学"思想的发明与理论的构建。陆先生所说的"发展科学"和"提出理论"可以具体概括为"理必思想和方法"的提出与建立④。

一、乾嘉之"必"的科学属性

乾嘉汉学研究中的"理必"思想是中国传统学术土生土长的科学思想。我们认为：以戴震为代表的皖派学术（不同于以惠栋⑤为代表的，"以运用

---

① 司富珍，李富强，康兴. 乔姆斯基语言学术思想在中国——简约性"神奇原则"的科学魅力. 语言战略研究，2022, (6): 83.

② 陆宗达. 训诂浅谈. 北京: 北京出版社, 1964: 11.

③ 关于什么是文献语言学及其所包括的领域和范围，参见: 冯胜利. 文献语言学——陆宗达先生秉承章黄的学术精华//北京师范大学民俗典籍文字研究中心编. 民俗典籍文字研究(第十七辑). 北京: 商务印书馆, 2016: 51-60, 272-273.

④ 冯胜利. 文献语言学——陆宗达先生秉承章黄的学术精华//北京师范大学民俗典籍文字研究中心编. 民俗典籍文字研究(第十七辑). 北京: 商务印书馆, 2016: 51-60, 272-273.

⑤ 惠栋(1697年11月18日—1758年6月27日)，字定宇，号松崖，学者称小红豆先生，江苏吴县(今苏州)人。清代学者、藏书家、校勘学家和经学家。吴派汉学的代表人，学者惠士奇之子。

科学""阐明古书"为目的的吴派），之所以在考据学（文献语言学）研究中取得巨大成就，是因为其考证工作在"综刑名、任裁断"的理性主义原则下，发明了许多现代科学概念和方法，创造了前所未有的科学理念和逻辑推理的实践和方法。粗而言之，如戴震之"《尧典》古本必有作'横被四表'者"①，段玉裁之"于音寻义，断无飞而下曰颁者"②等等。其中之"必"、之"断无"等术语的背后，有着多方面的、丰富的原理、公理和逻辑的推演。再如段玉裁之"凡谐声者皆同部"③、钱大昕之"凡轻唇之音，古读皆为重唇"④等普适性规则的"凡……皆……"所表述的，都是划时代的全称判断及由此验测得出的演绎必然。我们认为乾嘉学派在他们的训诂考据学之中自觉运用了科学的原理和方法来考证经典的真伪，发掘汉字形、音、义之间内在的逻辑条理，以此来推导、演绎，最后在语言事实中得到验证，创造了中国科学史上以文献语言学为对象的理必科学。这些精辟的思想和操作程序，都体现和渗透在他们对字词、名物和事件的考证之中。在段玉裁的《说文解字注》、王念孙的《广雅疏证》里面，我们分理爬梳、收集、整理出大量阐释理必的考据材料，以及其潜含的论证方法⑤，同时系统地揭示出这两部巨著中蕴含的科学理念和逻辑条例。下面仅以戴、段、王学术研究中的几个例子展示其"理必"思想之大概。

（一）戴震"自然推理"之"必"

日月之行，终古不变。故"交食"一事，可以验"推步"之得失。其有不应，失在立法，不失在天行。使天行有变，必不可以得其准，无从立"推步"之常法矣。⑥

自然之与必然，非二事也。就其自然，明之尽而无几微之失焉，是

---

① 戴震. 与王内翰凤喈书//戴震集. 上海：上海古籍出版社，2009：54.
② 段玉裁. 说文解字注. 许惟贤，整理. 南京：凤凰出版社，2007：868.
③ 段玉裁. 六书音均表//说文解字注. 许惟贤，整理. 南京：凤凰出版社，2007：1387.
④ 钱大昕. 十驾斋养新录. 上海：上海书店，1983：101.
⑤ 参将由北京大学出版社出版的《段玉裁、王念孙科学理念数据汇编》。
⑥ 戴震. 诗比义述序//戴震集. 上海：上海古籍出版社，2009：195.

第三章　乾嘉学术的科学突破

其必然也。如是而后无憾，如是而后安，是乃自然之极则。若任其自然而流于失，转丧其自然，而非自然也；故归于必然，适完其自然。①

人之语言万变，而声气之微，有自然之节限……人口始喉下底唇末。按位以谱之，其为声之大限五，小限各四，于是互相参伍，而声之用盖备矣……凡同位则同声，同声则可以通乎其义……疑于义者以声求之，疑于声者以义正之。②

《诗》中曰"宁莫之知"，曰"胡宁忍予"，曰"宁莫我听"，曰"宁丁我躬"，曰"宁俾我遯"，曰"胡宁瘨我以旱"。"宁"字之义，传诗者失之，以转语之法类推，"宁"之言"乃"也。凡故训之失传者，于此亦可因声而知义矣。③

由上我们看到：戴震之"必"不仅立足于自然"推步"（得出《小雅·十月之交》的历法之"必"），而且进而将"必然"和"自然"天然地合二为一：必然是自然的法则，自然乃必然之表现。这种超前的思想与概念，放到今天也是非常前卫和深刻的。从这个意义上说，戴震的理必乃自然之理必。言戴震如余英时者，似乎尚未看出这一点——"自然-必然同一说"乃戴震学理之精魂。用这一理论来看语音，必然与以往的音韵家大相径庭：不仅可以自然地从人之口腔的"自然节限"上推出发音的五大部位、四大方式④，而且进而据此推出"训诂失传"的"宁"就是"乃"，于是创获"因声求义法"。"乾嘉理必"之为独创科学，于斯可见。⑤

（二）段玉裁"演绎"之"必"

段玉裁《说文解字注》中以"必"注论者 300 余例⑥，其他常见者包括

---

① 戴震. 孟子字义疏证上·理//戴震集. 上海：上海古籍出版社，2009: 285.
② 戴震. 转语十二章序//戴震集. 上海：上海古籍出版社，2009: 106-107.
③ 戴震. 论韵书中字义答秦尚书蕙田//戴震集. 上海：上海古籍出版社，2009: 55.
④ 即唇、舌、齿、牙、喉五大发音部位和清(全清、次清)与浊(全浊、次浊)四种发音方式。
⑤ 戴震. 与王内翰凤喈书//戴震集. 上海：上海古籍出版社，2009: 54-55.
⑥ 参见：王用源，施向东，冯胜利. 段玉裁《说文解字注》科学研究方法例证. 南开语言学刊，2017, (1): 82-90.

69

"断不""断无""断知"等,其中最为典型之一者如:

《说文解字·第三卷下·又部》:"叚,饰也。从又持巾在尸下。"《段注》曰:

> 饰,各本作"拭",今依《五经文字》正。巾部曰:"饰,叚也。"彼此互训。手部无拭字。彡下云:"毛饰画文也。"聿下云:"聿,饰也。"皆即今之拭字。独于叚下改"拭",**与全书矛盾矣**。按,"拭圭"虽见《聘礼》,**必系俗改**。古者"拂拭"字只用"饰"。以巾去其尘,故二字皆从巾。去尘而得光明,故引伸为文饰之义。《司尊彝》"挩酌",大郑云:"挩拭勺而酌也。"拭,释文作饰。叚亦通用刷,刀部云:"《礼》有刷巾。"即叚巾也。①

段玉裁"理必"的形式特点有四:①公理观;②矛盾律;③归谬法;④演绎法②。

(三)王念孙"类比"之"必"

《广雅疏证》卷二上"魌,健也"下疏:

> 魌者,《玉篇》音仕交切,云:"剽轻为害之鬼也。"《众经音义》卷十二引《声类》云:"魌,疾也。"《广韵》又楚交切,云:"疾貌。"字亦作诮。《玉篇》:"诮,健也。疾也。"《淮南子·修务训》"越人有重迟者而人谓之诮",高诱注云:"诮,轻秒急疾也。"魌,曹宪音巢。各本巢字误入正文,惟影宋本、皇甫本不误。**凡健与疾义相近,故疾谓之捷,亦谓之魌,亦谓之壮,亦谓之偈,健谓之偈,亦谓之壮,亦谓之魌,亦谓之捷。健谓之夒,犹疾谓之戚也。健谓之武,犹疾谓之舞也。**卷一云:"舞、偈,疾也。"《尔雅》云:"疾,壮也。"《杂

---

① 段玉裁. 说文解字注. 许惟贤,整理. 南京:凤凰出版社,2007:207.
② 详论参见:冯胜利. 乾嘉之学的理论发明(二)——段玉裁《说文解字注》理必论证与用语札记//北京师范大学民俗典籍文字研究中心编. 民俗典籍文字研究(第二十四辑). 北京:商务印书馆,2019:23-41,270.

第三章 乾嘉学术的科学突破

卦传》云："咸，速也。"是其证矣。①

王念孙"理必"的形式特点是生成性类比推理②：

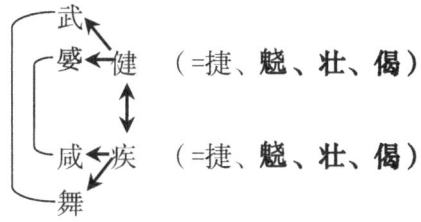

因其推证步数颇繁复，暂从略，有意者可参本书第六章③。

二、皖派之"理必"不是传统及宋元理学之"理必"

有人或疑：理必之说难道至清伊始，前无古人？当然，"理必"二字之连用，自古以来并不乏见，如：

"若欲强释，**理必**不通。"（《周易·系辞上》）

"言已弱以示其耻，言虞强以说其心。此虽无文，**理必**然也。"（《春秋左传正义·僖公二年》）

"知**其理必不**然，故先儒无作此说。"（《论语注疏》）

"以情而测，**理必**不然。"（《春秋左传正义·文公十八年》）

"准时度势，**理必**不然。"（《春秋左传正义·成公三年》）

"此与二十一年频月日食，**理必**不然……执文求义，**理必**不通。"（《春秋左传正义·襄公二十四年》）

"有高必有下，有大必有小，皆是**理必当如此**。"（《朱子语类·卷九十五》）

---

① 王念孙. 广雅疏证. 钟宇讯, 点校. 北京: 中华书局, 1983: 57.
② 详论参见: 冯胜利. 论王念孙的生成类比法. 贵州民族大学学报(哲学社会科学版), 2016, (6): 77-88.
③ 同参: 冯胜利. 文献语言学——陆宗达先生秉承章黄的学术精华//北京师范大学民俗典籍文字研究中心编. 民俗典籍文字研究(第十七辑). 北京: 商务印书馆, 2016: 51-60, 272-273.

乾嘉皖派的理必科学

上述"理必"多为短语中两个邻接成分之连文（如"理必不然/不通"等，有的甚至不一定是直接成分），而非本书所谓"理必"之"状动结构"所达之意——道理上必然。进言之，上述"理必"之"理"，乃"情理""事理""自然之理"之义，均非"逻辑推理"之"理"。故曰：乾嘉之前"理必"之"理"乃**日常道理**之"理"，与乾嘉"推理之必然"天壤之别。

当然，我们也注意到郎需瑞和张晓芒曾经指出的，从易学逻辑推理的角度来看，朱熹的推理方法是对其易学"例推"法中所体现出来的"公理意识"以及"演绎精神"的具体运用[1]。无疑，这是朱熹易学逻辑思想中值得肯定的地方，因此我们同意二位的意见。然而，正如李约瑟所提出的："朱熹的二元论与其说是不正确，不如说像是依照爱因斯坦理论而架构出世界观，却不了解牛顿地心引力和星球运动的研究。"[2]事实正如冯友兰所说："朱子之学，尚非普通所谓之唯心论，而实近于现在所谓之实在主义。"[3]樊树志也指出："西方汉学家认为，朱熹的方法论基本上是经验主义的唯理论者的方法论。"[4]

因此，尽管朱熹的易论在中国学术史上堪称最为接近公理意识的思想，但其与乾嘉"理必"之"理"相比，仍然不是自觉系统中"演绎推理"之"理必理论"。乾嘉"理必"所指的"逻辑必然"是自觉、系统的思想体系。此乃乾嘉理必之科学属性之所在。这一点，不仅不是朱熹"易论"中萌发和偶见的"公理意识"及"演绎精神"所能及，也不是乾嘉时代其他学者所能理解，甚至不是后来乃至今天学者所能知晓者。事实上，戴震同时代的很多学者对此不但不以为然，甚至颇多质疑；今天的学者很多也仍然对此不甚了了，甚或浅尝辄止并加以反对。究其因者大抵有二：一是对"科学是思想而不是技术"的观念缺乏深入理解；二是对"语言学中有科学"的当代学理认识不

---

[1] 参见：郎需瑞，张晓芒. 朱熹易学"例推"方法及对中国逻辑史研究的启示. 孔子研究，2018，(1)：75-81.
[2] 黄仁宇. 黄河青山 黄仁宇回忆录. 张逸安，译. 北京：生活·读书·新知三联书店，2001：312.
[3] 冯友兰. 中国哲学史//三松堂全集（第3卷）. 郑州：河南人民出版社，1989：531.
[4] 樊树志. 国史十六讲. 北京：中华书局，2006：153.

足。由于上述两点不足的限制（即不为所知、所解及所信），要么不了解何为形式科学，要么不了解形式语言学中之形式科学，结果自然就很难了解有清一代文献语言学中之科学要素。因此，对有清以来中国近代学术范式的真面目，也难有突破性认识和理解。正因如此，今天对汉学中的科学要素才有发覆之必要、才有发覆之意义。

三、乾嘉皖派"理性之理必"不是乾嘉吴派"存古之理必"

吴派和皖派都用"必""断无"等字，两派也都有"理必"，但是二派之"理"的意思是不同的。不同学派所用词语中，有一般的意义，也有赋予该学派系统的特殊意义，由此以显示其理论。研究乾嘉理必思想史，尤其要严格区分其理必用语的特殊意义。换言之，某字的一般意义为何，是一回事，该字在乾嘉思想系统中是何意义，则是另一回事。因此，"道不同则不相为谋"，两派学理上的巨大差别，也就造成"必"类词语意义上的天壤之别。这可以从前引顾千里《书段氏注说文后》中批评段玉裁的话里看出来。为方便读者理解，我们复引于此：

《汉书·艺文志》，"古者八岁入小学，故《周官》保氏掌教国子，教之六书谓象形、象事、象意、象声、转注、假借造字之本也"，"造字之本"一语，**必**自来小学家师师相传以至刘歆之旧说，而班书承之，**断无**可易者也。[①]

在第二章里我们指出：顾千里这里的"必"不是逻辑之"必"。他引《汉书·艺文志》所说"象形、象事、象意、象声、转注、假借造字之本也"，断言"必自来小学家师师相传"。他这个"必"的背后没有预设所以必然的"原理"。换言之，"师师相传"结果的必然原理是什么？难道凡《周官》所载，

---

① 顾广圻. 书段氏注说文后//顾千里集. 王欣夫, 辑. 北京: 中华书局, 2007: 385.

乾嘉皖派的理必科学

汉人所述，就"必然"是"师师相传"的不变结果吗？抛开汉以来传经之家法和传本之不同的事实不谈[①]，"师师相传"纵然是事实，也不是"亘古不变"的原理——师师相传的"事实"所以如此的必然性为何？必然性的原理为何？均无配套咬合之理！顾氏的这个"必"于是只能理解为原则的认定或事实的陈述，而非根据原理演绎得出的必然结果。其次，顾千里所用之"断无"，也不是段氏之"断无"。前者的"必"没有原理性的基础，其"断无"（"断无可易者也"）就成了"据实立断"归纳性的"论断"。这显然不是章太炎称"皖派"学术的"综刑名、任裁断"的科学方法论，因为这里既没有"刑名=逻辑"公理的设立，也没有定理的推演，因此是无"裁=演证+否证"而"断=武断"。前面我们分析过，"造字之本"可能"自来小学家师师相传"，《周官》保氏"教之六书"也是事实，但"师师相传"只是一种可能，不是原理的必然！"必然"是公理推演的结果，不是现象的实录和归纳。在立论面前，顾千里显然输段玉裁一筹。他的"断无可易"是"知识"的自信，而非"学理"的必然。因为没有必然的理据，所以他的结论充其量是原则的宣称。原则申述不等于逻辑推理，其逻辑真值等于零。当然，乾嘉钩沉[②]派信奉"非古莫是"，但这是原则和信条。这里无意否认这种原则和信条的意义（虽然缺少原理同时也不是定理），所要指出的是：吴派学者如顾千里所用的"必"和"断不"既不是逻辑演绎推理的"必"，也不是乾嘉皖派学者发明的"刑名裁断"的"断"。所要区分的是：逻辑推理不是价值判断，逻辑推断更不是原则的信从。原则的正确并不代表逻辑的正确和运用。这一点唯有戴震培育的乾嘉皖派学者心知肚明。

四、皖派之"必"不是清际传教士之"理"

康熙曾经说过："唯西教士能通晓科学，故国家起用彼等。"[③]然而，

[①] 详论参见：冯胜利. 上古汉语的焦点、重音与韵素的语体属性——以《论语》中的吾、我为例//北京师范大学民俗典籍文字研究中心编. 民俗典籍文字研究（第三十辑）. 北京：商务印书馆，2023：1-24.

[②] 钩沉，出于《易经·系辞传》："钩沉稽远。"意谓"提取已经消失的东西"或"使沉没的东西显露出来"。

[③] 后藤末雄. 康熙大帝与路易十四（续完）. 周景濂，译. 人文月刊，1936，(5)：17.

第三章 乾嘉学术的科学突破

众所周知：乾隆统治时期，传教士的地位非常低，影响很小。由是而言，乾嘉学术思想哪些受到西学影响还要重新审定。近日，李天纲曾撰文论戴震《孟子字义疏证》与利玛窦《天主实义》之关系，并提出戴震《孟子字义疏证》与利玛窦《天主实义》有渊源[①]。如果真有这种可能的话（仍需具体的考证而不是泛论），私意以为乾嘉训诂中的"理必"和"公理"的思想（西方学者认为中国绝无者）并非受外来的影响，而是他们从对象（文献语言）研究的求精、求密、求真（truth）的方法和目标中自然而然地发展出来（或者说是被研究对象和方法"逼"出来）的结果。戴震和王鸣盛的异见、段玉裁和顾千里的公案（见第四章第二节），充分反映了理性的**公理求真的**思想和传统的**经验求实**的学理之间路数的不同和冲突——这正是我们提出"乾嘉理必"研究的宗旨所在。

张隆溪[②]先生曾对笔者说："希腊欧几里得几何学以公理（axiom）来论证，似乎历来认为是希腊或西方思想的特征，而中国所无者。兄能从清代考据学中见出逻辑推理的论证，说明中国学术也自有其理性指向，无论是'逼'出来还是自然发展出来，都很值得探讨，有重要意义，希望能在学界引起更多人重视。"（个人间邮件交往）

五、乾嘉皖派之"理必"不尽为当时学者所理解和接受

王鸣盛在《蛾术编·光被》中说：

三十余年前，予虽与吉士往还，曾未出鄙著相质，吉士从未以札见投，突见于其集。昔乐安李象先自刻集，内有诡称顾亭林与之书，论地理，象先答以书，辨顾说为非，亭林呼为"谲觚"。今吉士札谲与否不

[①] 参见：李天纲.《孟子字义疏证》与《天主实义》//王元化主编. 学术集林（卷二）. 上海：上海远东出版社，1994：200-222.

[②] 张隆溪，瑞典皇家人文、历史及考古学院外籍院士，欧洲科学院外籍院士，香港城市大学讲座教授。

足辨，独鄙见谓郑注载《毛诗疏》者，竟未检照，而遽欲改经字，创新说为卤莽，此则吉士在地下亦当首肯。至段玉裁重刻戴《集》，仍存此文。①

显然，王鸣盛这里没有区分**小学训诂**（光，充也）和**经学训诂**（光，照耀）之不同②，更不晓得"理校"的科学学旨之所在。

戴震谓"《尧典》古本必有作'横被四表'者"③，改"光"为"横"，与段玉裁改《说文解字》古文之"上、丅"二字为"二、＝"④同出一辙，均以**求是**为旨归（而非**求古**）。前者，即使无出土文献以凿其实，仍不可否其真、否其值；后者，纵有原版或甲文可验之实，若不得其所以如此之理必，亦不足为耀。罗振玉言："段先生注《说文解字》，改正古文之'上丅'二字为'二＝'，段君未尝肆力于古金文，而冥与古合，其精思至可惊矣。"⑤段氏所以精思可惊的原因也很简单：① "**存古**"（to find the ancient reality），在戴震皖派看来，小道也；② "**真古**"（to find the truth for ancient grammar），学术之最高归宿也。

当时的学者很多都看不到这一点，尤其是吴派学者；不但不解，甚至不屑或不接受。因为这种**求是改经**的理必做法，直接威胁到存古的学理。因此，王鸣盛对戴震的这一学理路数非但不解，更画地为牢，与之分道扬镳——直言"**道不同不相为谋**"：

> 吉士为人，信心自是，眼空千古，殆如韩昌黎所谓"世无仲尼，不当在弟子列"，必谓郑康成注不如己说精也。汉儒说经，各有家法，一人专一经，一经专一师，郑则兼通众经，会合众师，择善而从，不守家

---

① 王鸣盛. 光被//蛾术编(卷四). 北京：商务印书馆，1958：73.
② 经学训诂之最简定义是"解释经文微言大义之训诂"，见拙著《理论训诂学讲义》（手稿），并参：冯胜利. 训诂的属类与体系——论经学训诂、子学训诂、史学训诂、文学训诂的独立性. 古汉语研究，2019，(3)：2-12, 103.
③ 戴震. 与王内翰凤喈书//戴震集. 上海：上海古籍出版社，2009：54.
④ 参见：段玉裁. 说文解字注. 许惟贤，整理. 南京：凤凰出版社，2007：2.
⑤ 季旭升. 说文新证. 福州：福建人民出版社，2010：41.

法，在郑自宜然。盖其人生于汉季，其学博而且精，自七十子以下，集其大成而裁断之。自汉至唐千余年，天下所共宗仰。予小子则守郑氏家法者也，方且退处义疏之末，步孔、贾后尘。此其道与吉士固大不同，**道不同不相为谋**。①

这里不但反映出当时学者的误解和不解，甚至明确表态要分道扬镳、背道而驰。然而，在反对派的意见里，从学理上看，我们却得不到任何可以启迪晚辈学术智慧的见解和论证。譬如，"吉士为人，信心自是……"是在讨论为人，与戴震的学理、学路毫无关系。更具有讽刺意义的是，从王鸣盛对戴震人品的批评中，我们反倒看出戴震的学术特长。譬如，"信心"是理必的自信（rely on rational thinking/rationalism）；"自是"有如爱因斯坦对自己相对论的评价：我的理论精美得不可能错！"眼空千古"也可以从王念孙评段玉裁《说文解字注》为"千七百年来无此作矣"来体味戴氏的学术豪情；至于"郑康成注不如己说精"这是今天学界的共识：有清一代的学术成果超过汉朝学者（古无轻唇、古无去声、古音十七部、以声音通训诂，等等，都是今天仍然位居前沿的学理思想）。这里最令人遗憾的是，王鸣盛批评戴震的不是他在学理上的失误，而是性格的偏颇。值得注意的是，被批对手有没有做人的问题是一回事，用做人方面的问题来攻击对手的学术是另一回事。事实上，用"做人不周"来抨击对方，一般是学术论战失理之后的弱者表现。从古至今，学术争论中不言而喻的规律是：论争的一方一旦从学术批评转入人身攻击，其争论本身就意味着自己在学理上已然处于劣势而沦为失败一方了，否则不会沦落至如此下乘的境地。

章学诚对戴震也多有反感，讥其"好辟宋学"②、"心术不正"③、"慧过于识而气荡乎志"④、"害义伤教"⑤等，均非学理批评，固也不与于评骘

---

① 王鸣盛. 光被//蛾术编(卷四). 北京: 商务印书馆, 1958: 72-73.
② 章学诚. 与史余村//仓修良编注. 文史通义新编新注(下). 北京: 商务印书馆, 2017: 688.
③ 章学诚. 与史余村//仓修良编注. 文史通义新编新注(下). 北京: 商务印书馆, 2017: 687.
④ 章学诚. 朱陆//仓修良编注. 文史通义新编新注(上). 北京: 商务印书馆, 2017: 128.
⑤ 章学诚. 书《朱陆》篇后//仓修良编注. 文史通义新编新注(上). 北京: 商务印书馆, 2017: 133.

戴氏学术之列。从当时反对派的批评中我们不仅看到"不废江河万古流"的真理的力量，同时看到"河道改向"颠覆性的反应。

六、皖派之"理必"不为后来学者所理解和接受

不仅当时，即使后代以至今天的学者，对戴震"理必之学"的理解仍然不够深入，甚至还没有提出或接触到。因此，尽管人人都承认戴震的学问精深，但对其学问后面的学理，仍有误解者。譬如前文提到的倪其心先生论戴震"横被四表"者即是（兹具引如下）：

> 从校勘的考证看，孔安国解"光"为"充"，郑玄疏为"光耀"，并无异文，也没有底本的是非问题。汉及后世作文用典，未必用经典原文，也可能用假借字，因而可为旁证，未足确证。也就是说，戴震自信订正了《尚书》的一个错字，是不能成立的。①

应该注意的是，"光被四表"是不是"横被四表"是一回事（戴震认为不是），《尧典》古本有无（出土或新发现的文本）的确证则是另一回事。此其一。文字通假和蜕变的例证有无是一回事（桄→光，至今没有例证），字句原意为何是另一回事（"光被四表"的"光"原意应该是"充斥"而不是"光耀"，戴震之本意在于揭示原文之意）。此其二。因此，如果说《尧典》原文字句的原意不是郑玄所常用的**经学训诂法**而得的"光=光耀"②、而是《尔雅》所记录的"光=充"的话，那么，戴震订正的《尚书》的这个错字（=错词），实乃发千载之覆，而倪氏没从戴氏本意出发（揭示"错词"而兼及"本字"）而驳戴"无异文"之证，并断言戴说在学理上"是不能成立的"③。更有甚者，胡适则将段氏之"理校"之"理"错误地理解为"理

---

① 倪其心. 校勘学大纲. 2版. 北京：北京大学出版社，2004: 310.

② 参见：冯胜利. 训诂的属类与体系——论经学训诂、子学训诂、史学训诂、文学训诂的独立性. 古汉语研究，2019, (3): 2-12, 103.

③ 不仅如此，倪氏也无法否认戴震解决了为什么《尧典》的"光"义为"斥"的古训。

想"（ideal），而非"理据"之"公理"、"原理"或"推理"：

> 没有古本，只好理校，以理想来推校，无论怎样聪明的人，没有法子校出大的错误。①

这里虽然没有直言段氏，但"理校"是段氏的发明，而"理校"绝不是"空校"。更何况段氏之"理"是以原理为根据、为基础的，也绝不是"以理想来推校"。

可见，在很多情况下，因为是后人的不解或误解（如果不是妄解），才导致他们在评论戴震、段玉裁、王念孙时，成为钱大昕（字晓徵）如下训诫的对象：

> 古人本不误，而吾从而误驳之，此则无损于古人，而适以成吾之妄。王戎甫、郑渔仲辈皆坐此病，而后来宜引以为戒者也。②

这不仅是钱晓徵警告"后来宜引以为戒者"，更是当代人尤其要"引以为戒者也"。

第六节　乾嘉汉学理性传统的继承与终结

一、乾嘉理性科学的发源与发展

乾嘉理性科学发源于戴氏之**理必**，发展为段氏之**理校**及王氏之**理训**，简示如下。

（一）戴震的**理必**

《尧典》古本**必**有作"横被四表"者。横被，广被也……溥遍所及

---

① 胡适. 水经注考//颜振吾编. 胡适研究丛录. 北京：生活·读书·新知三联书店，1989：322.
② 钱大昕. 答王西庄书//潜研堂集. 吕友仁，标校. 上海：上海古籍出版社，1989：636.

> 曰横……"横"转写为"枕",脱误为"光"。追原古初,当读"古旷反",庶合充霈广远之义……仆情僻识狭,以谓**信古而愚,愈于不知而作,但宜推求,勿为株守**。①

这里的"必有"论证,是戴氏"理必"思想的典型代表;而其所以可"必"(逻辑的必然,而非常理的因果)的判定,是通过"推"(推理)和"求"(考证)之"演绎+核实"的操作程序,才能得到的结果。

(二)段玉裁的**理校**

> 夫校经者,将以求其是也。审知经字有讹则改之,此汉人法也。汉人求诸义而当改则改之,不必其有佐证。自汉以下,多述汉人,不敢立说擅改,故博稽古本及他引经之文,可以正流俗经本之字者,则改之。②

戴氏开理必先河,段、王是实践者。这里段氏"求是"二字之内含,实可窥见其师说之精蕴。首先,"求"即戴氏之"推求"(infer),"是"即"真相"之谓(truth)。校勘古籍文献语言,在"审知"经义合理而真谛所在,当改则改,不需其他佐证。这是典型的"校勘理必说"。对段氏的这种理必判断若不查其"推求"之法与"是"的目标,自然就有武断甚至暴虐的责斥。事实上,段氏的"求是校勘"不是信口开河、毫无根据的妄断。

他以经义为圭臬("求诸义"),推求为工具,其所用"当"字乃裁断结果,"改"是结果的"操作"。而所谓"不必佐证"者,谓不必他本(=传本)定是非。当然,后代"博稽古本及他引经之文"产生的异文,则可以根据理校定本"以正流俗经本之字"。段氏校勘,已经注意到早期传本和后代版本的不同③,他理校的背后是一套有根据、有方法、有目标的推证运作。

然而正如陈垣所云,理校法既是最高明的,也是最危险的。这不难理解,

---

① 戴震. 与王内翰凤喈书//戴震集. 上海: 上海古籍出版社, 2009: 54.
② 段玉裁. 答顾千里书/经韵楼集. 钟敬华, 校点. 上海: 上海古籍出版社, 2008: 300.
③ 参: 冯胜利. 上古汉语的焦点、重音与韵素的语体属性——以《论语》中的吾、我为例//北京师范大学民俗典籍文字研究中心编. 民俗典籍文字研究(第三十辑). 北京: 商务印书馆, 2023: 1-24.

因为理校用的是演绎，而演绎不是所有人都能达到的、是要有功底的（吉川幸次郎论黄季刚演绎发明法）。因此，没有严格的逻辑思维和训练，演绎很容易变成臆想之谈而坠入危险的"臆断"泥坑。其实，这也正是段氏屡遭诟病的原因之一。尽管有袒护段氏者亦曰：许慎原书流传下来完整本子，最早者乃二徐之《说文》，故段氏所改者二徐《说文》，而非许慎原本。事实上，对段氏而言即使原本也不免有误。因此，在事实和逻辑的支持下，他可以理直气壮地改正它，从而折衷为定本。原因很简单，段氏校勘之旨在"求是"，而非"存古"。譬如，一无版本依据，段氏径改许慎《说文》中之"义"为"意"者，不止一处。如：

《说文解字》："卓，高也。早匕为卓；匕卪为卬，皆同义。"①

《段注》："**早匕为卓**。此上当有'从匕早'三字。匕同比，早比之，则高出于后比之者矣……**'意'旧作'义'，今正**。此与凡云某与某同，意同也。"②

《说文解字》："丞，翊也。从廾从卪从山。山高，奉承之义。"③

《段注》："**'义'，当作'意'，字之误也**。"④

段氏何以如此"武断"？因为在他发现、发展与发明的许慎造字理论中，"意"与"义"的概念截然不同，不容相淆。因此，无论是传抄讹误，还是前人误解或错改（包括许慎自己的笔误），凡把"意"错为"义"者，都一律予以改正，以晓谕世人。他的根据是：在许慎的解文析字的理论系统中，"义"指"词义"，"意"指"造字的意图"，二者分属两个不同的概念范畴。段氏对许慎"意"字的所指和定义，不仅心领神会，而且发展成说，其严格的态度和做法，体现了他乾嘉理性主义思维的高度自觉⑤。

---

① 许慎. 说文解字. 陶生魁, 点校. 北京: 中华书局, 2020: 261. 按，《说文》各版本"卓"下皆言"同义"，而非段氏断然改之为"同意"。

② 段玉裁. 说文解字注. 许惟贤, 整理. 南京: 凤凰出版社, 2007: 675-676.

③ 许慎. 说文解字. 陶生魁, 点校. 北京: 中华书局, 2020: 88.

④ 段玉裁. 说文解字注. 许惟贤, 整理. 南京: 凤凰出版社, 2007: 186.

⑤ 冯胜利. 乾嘉"理必"与语言研究的科学属性. 中文学术前沿, 2015, (2): 89-107.

（三）王念孙的**理训**

如果说戴震发明了"理必"，段玉裁发展为"理校"，那么王念孙的推阐则在"理训"之发明——用推理的方法训释古代词义。换言之，王氏利用类比原理所推出的意义（而不仅仅是用古人的成训）来训释和覈实词义。请看《广雅疏证》卷一上"奄，大也"下的注疏：

> 奄者，《说文》："奄，大有余也。从大申。申，展也。"《大雅·皇矣》篇"奄有四方"，《毛传》云："奄，大也。"《说文》："俺，大也。"俺与奄亦声近义同。大则无所不覆，无所不有。故大谓之帙，亦谓之奄；覆谓之奄，亦谓之帙；有谓之帙，亦谓之抚，亦谓之奄。矜怜谓之抚掩，义并相因也。①

上面王氏《广雅疏证》的"奄，大也"条，向我们透露出一条与世人对王氏"经典纯熟""言必有据"的印象截然不同的信息：王氏竟自造词义，而一无实据。

请看我们为上面王氏训诂找到的出处（有无古人成训者）：

> 奄，大也。《大雅·皇矣》"奄有四方"《毛传》。
> 帙，大也。《小雅·巧言》"乱如此帙"《毛传》。（《尔雅·释诂》）
> 奄，抚也。《大雅·韩奕》"奄受北国"《毛传》。
> 奄，覆也。《鲁颂·閟宫》"奄有龟蒙"郑玄笺。
> 帙，覆也。《说文·巾部》《仪礼·士丧礼》郑玄注。
> 帙，有也。《尔雅·释诂》。
> 抚，有也。《广雅·释诂》；《礼记·文王世子》"君王其终抚诸"郑玄注："抚犹有也。"。
> **奄，有也**。前人无此成训。

---

① 王念孙. 广雅疏证. 钟宇讯, 点校. 北京：中华书局，1983：6.

不难看出，王氏所谓"有谓之帆，亦谓之抚，亦谓之奄"中所依据的"奄，有也"之训，并不见于古注。不见古注何以王氏仍然说"奄"有"有"义，且加以推演并将其收入类比系列之中？无疑，这是从"大则无所不覆，无所不有"（王氏的概括）的"义通原理"上据理而推出的结果：因"抚、奄"均有"大"义（据前人成训），又因"大则无所不覆，无所不有"，所以"抚""奄"亦有"有"义（理推所得）。这就是我们在《广雅疏证》中发现的"理训"——根据生成类比机制推出的"理必词义"，对上古词汇的同源义素进行"义源系统"的阐释。这足以改变人们对王氏训诂的一般印象：王氏《雅》训，并不永远恪守古注家之成训，而旨在根据词汇同义、同源及其左右、上下的衍生关系进行"语义同源"的谱系构建。构建"源义谱系"不但离不开"理训"，而且"理训"正是其同源义谱的一大成果。从我们"研究对象出方法"的原理上看，王氏之"理训"，如同其师戴东原、其同门段玉裁，也是"理必"思维促生的一支奇葩。由此可见**皖派学者"理性"范式的学术取向——以理性为学术圭臬。**

二、乾嘉汉学理性传统的继承与取替

章太炎的"主观之学"（rational approach）和黄侃的"发明之学"（to discover new understandings and new principles）都是从继承乾嘉理必思想发展而来的"理性主义"的价值取向。[①]吉川幸次郎在转述黄侃先生之什么是中国学术的精华时说："黄侃说过的话中有一句是：'中国学问的方法：不在于发现，而在于发明。'"他认为："[考证学]不只是归纳，也用演绎。演绎是非常有难度的，必须对全体有通观的把握。绝不是谁都有能力这样做的"，而且"认识到中国学问确实是需要功底的"[②]。由此可见，乾嘉的精华是**理性主义的发明**。

[①] 参见：冯胜利. 王念孙"生成类比逻辑"中的必然属性及当代意义. 励耘语言学刊, 2018, (1): 1-26; 冯胜利. 论黄侃的"发明之学"与傅斯年的"发现之法". 励耘语言学刊, 2018, (2): 1-21.

[②] 吉川幸次郎. 留学所得收获//我的留学记. 钱婉约, 译. 北京：光明日报出版社, 1999: 79-80.

然而，五四以后理性主义的学术范式则被**资料主义的发现**所取代。傅斯年曾宣言式地号召：

  一分材料出一分货，十分材料出十分货，没有材料便不出货。①

在这一学术方向的指导下，乾嘉的理性发明，就被资料主义的材料与现象的发现所取替。当然，傅斯年带有意识形态而非纯学术的评价就更将章黄之学打入"冷宫"。譬如，他说："章氏［炳麟］在文字学以外是个文人，在文字学以内做了一部《文始》，一步倒退过孙怡让，再步倒退过吴大澂，三步倒退过阮元。"②用"文人"而非"学者"指称章太炎，是从学术上贬损之；用"倒退"而非"科学"来定位他的学术，则是从意识形态和政治上驱逐之，其结果章黄学术不被误解以至边缘化，倒是奇怪的事了。

胡适与傅斯年遥相呼应，在推重陈垣的校勘方法时对乾嘉的**推理校勘**做了一次时代的清算。他在《〈元典章校补释例〉序》③中评价陈垣的校勘成果时，一方面盛赞"援菴［陈垣］先生是依据同时代的刻本的校勘，所以**是科学的校勘**，而**不是推理的校勘**""是中国校勘学的第一次走上**科学的路**"，一方面批评"王念孙、段玉裁用他们过人的天才与功力，其最大成就只是一种**推理的校勘学**而已"。言外之意："核实"才是科学，"推理"不是科学。这就自然而然地把中国传统的理必推理和公理-演绎一脚踢出科学的大门之外。

然而，傅斯年（包括胡适）也许没有意识到他（们）说的"一分资料出一分货"（包括胡适的"实证之法"）将引导出一个怎样与理性思维背道而驰的学术取向，但这一点却让当时已被边缘化的章氏嫡传黄季刚一语道破：乾嘉以来的中国学术尚"发明"学术取向，现在被"发现"之学连根拔掉（取替）。"发明"与"发现"这不是两个词的对立使用，本身就是季刚先生的一个"发明"。"发现"是手眼的结果，"发明"是思维的产物。用"手眼

---

① 傅斯年. 历史语言研究所工作之旨趣. 中央研究院历史语言研究所集刊, 1928, 1(1): 8.
② 傅斯年. 历史语言研究所工作之旨趣. 中央研究院历史语言研究所集刊, 1928, 1(1): 4.
③ 胡适. 《元典章校补释例》序//陈垣. 校勘学释例. 北京: 中华书局, 2016: 1-14.

学术"取代"思维创造"，不能不说这是傅斯年、胡适等因势掀起的学术转向，百年来已铸成近代中国学术的一个坚固的范式或定式思维。赵元任先生的"说有易说无难"（参第九章）、王力先生的"主观演绎"（参第九章）、钱钟书的"木石砖瓦"（参第九章），都可以看作这一学术大潮下的共鸣和回响。

乾嘉汉学理性传统的学术理路，经五四文化运动之涤荡以后，一蹶而不振。今天我们的学术仍饱受着"**发明之学替矣**"的苦果——古典文论学界发出的声音，可谓直言不讳：

> 如果以陈钟凡先生于1927年出版第一部《中国文学批评史》为标志，中国文论学科的建立已有九十年的历史。在中学与西学之间、古与今之间、道问学与尊理论之间，一直是摇摆晃荡而行……现在的瓶颈是，有两个相反的趋势：一方面是越来越强的文化自信，另一方面是不见其强的理论解释力；一方面是越来越多的声音要"祛西方化"，另一方面是越来越多的研究进去而不能出来，不能告诉我们"破"了西方之后要"立"我们的什么东西。中国文论这门学科的特殊性，即是它不仅是作为一项"遗产"，不只可供深入探索历史的真相，同时也是一项"资源"，可充分发挥理论的效用，通古今、衡新旧，解释现象、建构文本，因而有理由在后一方面，再作新的探索。[①]

上文系笔者2017年9月蒙胡晓明先生所邀参加"古今中西之争与中国文论之路"国际学术研讨会邀请函的部分内容，录之于此意在说明"相反趋势的瓶颈"并不限于古典文论，中国学术的今天似乎其他领域均有同感。譬如何九盈先生就曾经慨叹道：

> 中国的语言学一直未能登上最高峰……中国没有产生一个具有世界影响的语言学理论家，也没有一部具有世界影响的语言理论著作。恐怕不

---

① 可参考"古今中西之争与中国文论之路"国际学术研讨会议程。https://www.sohu.com/a/193546436_771885. 笔者感谢胡晓明先生的允准将邀请信部分内容转录于此。

仅语言学界如此，其他人文学科似乎也很难说谁的理论体系在世界范围内产生了巨大影响（孔老夫子不算，因为他是古人），登上了最高峰。①

我们前贤开创了"所贵乎学者，在乎发明"的局面，而我们今天面对的则是有自信而无发明（=规律的发明与理论的构建）的学术境况，这就不能不让我们困惑和质疑：今天的学术到底丢失了什么？

要之，本章之旨，意在说明乾嘉时代的学术创造了史无前例的科学突破，其成果不仅说明中国学术不是没有自己的科学思想、不是没有自己的理性思维（如开篇所引内森·席文、胡适等所持者的观点），同时也向学界提出乾嘉文献语言的研究所"推尚发明"的学术理路，经五四文化运动之涤荡而一蹶不振的思考。正因如此，反思季刚先生"今发见之学行，发明之学替"的**学术范式转型**之慨叹，对今天来说，就更具特别之意义。

---

① 何九盈. 中国现代语言学史. 广州：广东教育出版社，1995: 5.

第四章　再论皖派学理中的"理必""理校""理训"

皖派学理的真谛胡小石先生揭举得最到位。他说："……治学用论证法……这才是清学。"[1]有清三百年学术史让他六个字概括无余：治学用论证法。当然，很多人不会同意这一简单甚至几乎武断的概括，但这正是本书所要发明揭举的：乾嘉学术之真谛，就在于斯。可惜的是至今我们还没有看到（希望是我们的局限）第二个讨论"乾嘉论证法"的学者。[2]这说明学界对乾嘉真谛还没有统一的认识，这就更需要我们揭举并阐释之。

首先，乾嘉论证法不是简单的考证和归纳[3]，其中所包含的丰富学理内容就是本书各章所揭示的"理必科学"论证法。其次，要言而之，它由"公理、原理、推理、预测与验证"等演绎方法所组成并借此发现新的事实、发明新的规律。因此，什么是"清学"？胡小石先生说是"论证法"。什么是"论证法"？乾嘉论证法就是戴震发明而我们揭举的"理必论证法"。什么是

---

[1] 胡小石. 胡小石先生追悼季刚先生讲辞//张晖编. 量守庐学记续编：黄侃的生平和学术. 北京：生活·读书·新知三联书店，2006：21-22.

[2] 也有的学者，如李开的《简论戴震对乾嘉语言解释学的建树》，则是对戴震学术的一个侧面研究，而不是乾嘉皖派学理的整体属性的判断和揭举。［参见：李开. 简论戴震对乾嘉语言解释学的建树. 学术月刊，1990，(11)：49-51.］

[3] 参：郭康松. 清代考据学研究. 武汉：崇文书局，2001：137-171.

理必？简言之即"道理（而非事实）上的必然"，具言之就是"用推演论证得出逻辑必然"。我们还可以进而定义它为：凡用逻辑推演之理必方法治学者为"理必之学"，凡研究"理必之学"中"理必之法"者为"理必研究"。然而，"论证法"或"理必论证法"怎么存在，在哪儿存在？胡小石只给了我们一个"命题"，既没有对"论证法"加以定义，也没有给我们具体的解释和范例，更没有指出"论证法"赋有科学属性。因此，他提出之后便悄然无声，无法让来者发扬与继承。然而，根据我们现在的研究，乾嘉论证就是乾嘉理必。我们不仅给出了严格的定义及其属性、方法和科学意义，而且发掘出了不同类型的"理必"实践和成果。本章即从该学派的三位杰出创始人的理必学术中，分别展示其独绝的发明与贡献：①戴氏的"**理必**"奠基；②段氏的"**理校**"发明；③王氏的"**理训**"创造。在我们的乾嘉理必学术史里，理必科学不仅存在于乾嘉学术的各个领域和学科之中，而且传承到后来的章黄之学。因此，理必既是清人的创造，也是章黄的传承（参本书第七、第八章）；既是前人发明的思想与方法，也是后代发现、继承和发展的理论和工具。

第一节　戴震"理必"的逻辑结构

在中国学术史上，清朝学术研究中的一个重要空白就是为什么"清学[①]=论证法"。我们不妨称之为"**胡小石命题**"。继胡小石提出这个命题后，迄今没有接续者和关注者。当然，我们也注意到很多学者讨论乾嘉学术时经常提到他们的逻辑归纳和论证，譬如郭康松就在《清代考据学研究》第六章中专辟"逻辑论证法"一节（第一节）讨论[②]。然而，论者一般都只从清朝的学术中蕴含着和使用过逻辑论证法的角度讨论他们的考据学，并未从"清学=论证法"或"论证法=清学"的高度揭举清学和论证法（不只归纳和概括，更

[①] 严格说这里的"清学"指"皖派学术"，虽然也包括吴派。
[②] 郭康松. 清代考据学研究. 武汉：崇文书局，2001: 138-156.

第四章　再论皖派学理中的"理必""理校""理训"

重要的是他们创造的"理必科学")的"同一关系"(不是清学之方法,而是其见识和理论)。因此,"胡小石命题"仍然可以看作是一个迄今无人问津的空白。与之相仿,曹聚仁的"清人=科学家[①]"也没有人给以应得的重视和认真的回答。我们不妨称之为**"曹聚仁命题"**。当然,很多学者如胡适、梁启超、张秉伦等均曾深入论及清儒的科学贡献,但他们都没有明确提出曹聚仁那样直截了当的命题:"假如他们[王氏父子]研究的对象是自然科学的话,他们便是达尔文、法布耳那样的科学家了。"[②]前人没有把他们当作语言学科学家(如乔姆斯基、拉波夫等西方语言科学家),所以只看到他们在处理具体问题时的科学手段或方法,没有看到他们的整体学术科学思想和理论。西方人路德维希·比勒尔(Ludwig Bieler)说得好:"方法(其使用之时),只可以引导思想而不能产生思想。"[③]不仅如此,他还一语破的地说:"方法将永远无法取代识见。"以往说的乾嘉学术的考证学只是方法,而"理必科学"才是他们的思想和见识。从这个意义上说,"曹聚仁命题"仍然可以看作是一个迄今无人问津的空白。而我们所以谓之空白的更重要的原因是,这两大命题可以自然而然地合而为一:在乾嘉学术理论系统里,其理必科学的思想革命,迄无揭举。本章即力图填补这一空白:先从戴氏的"理必奠基"上发凡此学,继从段氏"理校"和王氏"理训"上恢拓之。

戴震发明的"理必"思想,奠基于《尚书·尧典》中"光被四表"的"光"字词义。我们知道,《尧典》原文是"光被四表,格于上下",郑玄解之为"尧德光耀及四海之外,至于天地"。但是《孔传》说"光,充也",不是"光耀"的意思。戴震于是发现《孔传》与孙炎本《尔雅》相合。他综合了诸方证据,提出一个前无古人的论断:"《尧典》古本必有作'横被四表'者。"[④]这就是我们所说的"理必绝唱"的第一首,其论证之详、功底之深、推演之密,

---

[①] 这里的"清人"指清代皖派学人,当然也包括吴派学者。
[②] 曹聚仁. 中国学术思想史随笔(修订本). 北京:生活·读书·新知三联书店,2012:287.
[③] Bieler L. The Grammarian's Craft: A Professional Talk. Folia: Studies in the Christian Perpetuation of the Classics, 1948, 10(2):32.
[④] 戴震. 与王内翰凤喈书//戴震集. 上海:上海古籍出版社,2009:54.

可谓理必论证的第一次。为此,我们下面详加阐释和疏证。

一、"光被四表"必有作"横被四表"者①

我们先看文献材料。

《尚书·尧典》:"光被四表,格于上下。"孔安国《传》:"光,充;格,至也……名闻充溢四外,至于天地。"②郑玄《注》已佚,今存于《毛诗正义》中。《周颂·噫嘻》:"噫嘻成王,既昭假尔,率时农夫,播厥百谷。"《郑笺》引:"光被四表,格于上下。"③孔疏云:

> "光彼四表,格于上下",《尧典》文也,注云:"言尧德光耀及四海之外,至于天地。所谓大人与天地合其德,与日月齐其明。"④

郑玄解之为"尧德光耀",伪孔解之为"充"。汉唐以下,多无异议,各尊所闻。如程颐云:"先儒训光作充,光辉照耀乃充塞也,其实一义。"⑤盖糅合两家之义。又如林之奇解此句,引曾氏曰"'光被四表',则与日月合明,而照临之功无不被;'格于上下',则与天地同流,而覆载之功无不及",林之奇论曰"此说尽之"⑥,则全从郑义。至朱熹则另辟蹊径,训之为"显":"光,显;被,及……言其德之盛如此,故其所及之远如此也……至于'被四表''格上下',则放其勋之所极也。"⑦其为蔡沈《书经集传》所袭用⑧。

---

① 本节内容基于:王利,冯胜利. 戴震"横被四表"说的学理探讨//北京师范大学民俗典籍文字研究中心编. 民俗典籍文字研究(第二十四辑). 北京:商务印书馆,2019: 42-55. 略有增补.
② 阮元校刻. 十三经注疏. 北京:中华书局,2009: 249.
③ 阮元校刻. 十三经注疏. 北京:中华书局,2009: 1274.
④ 阮元校刻. 十三经注疏. 北京:中华书局,2009: 1275.
⑤ 程颢,程颐. 河南程氏经说(第2卷)//二程集. 王孝鱼,点校. 北京:中华书局,2004: 1035.
⑥ 王应编. 儒藏(精华编一四). 北京:北京大学出版社,2014: 19.
⑦ 朱熹. 杂著·尚书//朱杰人,严佐之,刘永翔主编. 朱子全书(第23册)·晦庵先生朱文公文集(第65卷). 合肥:安徽教育出版社,2002: 3155.
⑧ 蔡沈. 书经集传(第1卷)//四库全书(第58册). 台北:台湾商务印书馆,1983: 4.

第四章 再论皖派学理中的"理必""理校""理训"

　　此后大致为朱熹、蔡沈之说所掩，直至清编修《钦定书经传说汇纂》，仍用蔡《传》，尊朱熹之义[①]。清代前期，学者于此无甚发明，即有之亦鲜有声闻。如顾炎武考"横"古音黄，又音光，去声则古旷反，所引例证皆为后世学者习知习用，或因未以之释读"光被四表"，故不为后学重视[②]。又如姚范考《汉书·王莽传》"昔唐尧横被四表"，引何焯《义门读书记》云："横读如横门之光。"方东树案曰："横、桄、光音义同，何语疑有脱误。"[③]今何焯书不载此条[④]，当是方东树重编时所加[⑤]。何焯"横读如光"之义，既不载其《读书记》刻本[⑥]，又至道光间夹杂于姚范《笔记》[⑦]，则其于乾嘉学林一无影响。

　　历史等待着戴震的新解。我们下面将看到，真正有所发明，并且系统论述，辟为理必之始者，当是戴震[⑧]。乾隆十七年（1752 年），戴震《屈原赋注》成书十二卷。《九歌·云中君》："览冀州兮有余，横四海兮焉穷。"戴注云："极中国四海，在其览观横被之内，令人思之弥劳也。郑康成注《礼记》云：'横，充也。'"[⑨]与其《屈原赋注初稿》基本相合[⑩]。《屈原赋注·音义上》又云："横，古旷切。"[⑪]戴震对"横被"音（"古旷切"）、义（"充也"）之理解，奠定此后之发明。

[①] 王顼龄等编. 钦定书经传说汇纂(第 1 卷)//四库全书(第 65 册). 台北: 台湾商务印书馆, 1983: 448.
[②] 顾炎武. 唐韵正卷五//音学五书. 北京: 中华书局, 1982: 275-276.
[③] 姚范. 援鹑堂笔记(第 26 卷)//《续修四库全书》编纂委员编. 《续修四库全书》(子部第 1148 册). 上海: 上海古籍出版社, 1995: 653.
[④] 何焯. 义门读书记(第 20 卷). 崔高维, 点校. 北京: 中华书局, 1987: 345.
[⑤] 详见: 王晓静. 《援鹑堂笔记》版本考. 西南交通大学学报(社会科学版), 2013, 14(3): 20-24.
[⑥] 何氏《义门读书记》, 有乾隆十六年(1751 年)初刊本六卷(含《春秋》三传、《汉书》、《后汉书》、《三国志》), 乾隆三十四年(1769 年)蒋维钧编刻本五十八卷等。详见《义门读书记》的《点校说明》第 2 页。(何焯. 义门读书记. 崔高维, 点校. 北京: 中华书局, 1987: 2.)
[⑦] 姚范. 援鹑堂笔记(第 26 卷)//《续修四库全书》编纂委员编. 《续修四库全书》(子部第 1148 册). 上海: 上海古籍出版社, 1995: 653.
[⑧] 详见: 冯胜利. 乾嘉"理必"与语言研究的科学属性. 中文学术前沿, 2015, (2): 89-107; 冯胜利. 论黄侃的"发明之学"与傅斯年的"发现之法". 励耘语言学刊, 2018, (2): 1-21.
[⑨] 戴震. 屈原赋注//张岱年主编. 戴震全书(三). 合肥: 黄山书社, 1994: 631.
[⑩] 戴震. 屈原赋注初稿//张岱年主编. 戴震全书(三). 合肥: 黄山书社, 1994: 563.
[⑪] 戴震. 屈原赋注卷十//张岱年主编. 戴震全书(三). 合肥: 黄山书社, 1994: 741.

二、戴震"光被四表"说之缘起

乾隆十九年（1754年），戴震"策蹇至京师"，结识新科进士纪昀、王鸣盛、钱大昕、王昶、朱筠诸"馆阁通人"[①]。翌年乙亥（1755年）秋，王鸣盛客官京师，撰写《尚书后案》[②]。戴震偶然过访，读其《尧典》注，为之论"光被四表"之"光"当作"横"，并引《尔雅》"光，充也"；退后，戴震"以为此解不可无辨，欲就一字见考古之难，则请终其说以明例"，故作《与王内翰凤喈书》[③]，为之详细阐明"光被"乃"横被"之误[④]。不过，王鸣盛于戴震谢世十多年后方有回应[⑤]。

此后，戴震就此问题与友朋反复讨论，并将其说修订后写入《尚书义考》。据《与王内翰凤喈书》之戴氏后记得知，丁丑（1757年）仲秋，钱大昕、姚鼐为之举二证；壬午（1762年）孟冬，族弟戴受堂又举二证。乾隆四十三年（1778年），戴震逝世后，孔继涵刊刻《戴震遗书》（世称"微波榭本"），其中《东原文集》收录此文，于戴氏后记之后又附有洪榜所举之证，戴震生前当未曾获知；乾隆五十七年（1792年），段玉裁重新编校戴氏《东原文集》（世称"经韵楼本"），于洪榜所举例证之后，段氏又附一证[⑥]。至此，距离戴、王二人讨论"光被四表"问题已接近四十年。

下面我们细考"光被"必"横被"之误。在分析戴震之说前，需要最先说明的是，微波榭本、经韵楼本《戴氏文集》所收《与王内翰凤喈书》皆有脱漏，而阙文幸存于王昶《湖海文传》与王鸣盛《蛾术编》中。但经韵楼本成为后世定本，今通行本如1980年赵玉新点校本、1980年汤志钧点校

[①] 钱大昕. 戴先生震传//潜研堂集. 吕友仁, 标校. 上海: 上海古籍出版社, 1989: 711.
[②] 据王鸣盛《尚书后案》序，此书草创于1745年。王鸣盛. 尚书后案//《续修四库全书》编纂委员会编. 续修四库全书(经部第45册). 上海: 上海古籍出版社, 1996: 4.
[③] 王鸣盛字凤喈，时任翰林院编修。
[④] 戴震. 与王内翰凤喈书//戴震集. 上海: 上海古籍出版社, 2009: 53-54.
[⑤] 其中内情详见: 王利. 戴震《与王内翰凤喈书》真伪考//香港中文大学中国语言及文学系编. 明清研究论丛(第2辑). 上海: 上海古籍出版社, 2015: 329-348.
[⑥] 戴震. 与王内翰凤喈书//戴震集. 上海: 上海古籍出版社, 2009: 53-54.

第四章　再论皖派学理中的"理必""理校""理训"

本以及1994年《戴震全书》本、1997年《戴震全集》本，均以之为底本，皆因其旧，阙文遂晦而不彰。下文引述以经韵楼本为准，必要时再作具体说明。

戴震的论述主要分为三步：第一步，光与桄；第二步，桄与横；第三步，光、桄与横。而最初的突破在于《孔传》与《尔雅》相合上，其云：

> 汉唐诸儒，凡于字义出《尔雅》者，则信守之笃。然如"光"字，虽不训，靡不解者，训之为"充"，转致学者疑。诂训之体，远而近之，不废近索远。蔡仲默《书集传》"光，显也"，似比近可通，古说必远举"光、充"之训何欤？[①]

戴震认为汉唐诸儒解经，凡与《尔雅》相合者，皆笃信不疑[②]。至于"光"字，虽不作解释，也没有不理解的，《孔传》解之为"充"，反而令人生疑。训诂体例，若能以本义解之，绝不会废而取引申假借义。至于蔡《传》解之为"显"，看似浅近可通，但古注为何要舍近求远而取"光、充"之解呢？戴震自设疑问而引法如下逐步推论。

三、戴震"光被四表"说之理必结构

（一）光与桄

戴震云：

> 《孔传》："光，充也。"陆德明《释文》无音切。孔冲远《正义》

[①] 据王鸣盛《蛾术编》补(王鸣盛.蛾术编(上).顾美华,整理标校.上海：上海书店出版社,2012:67.)。王昶《湖海文传》作："诂训之体，远而近之，不几废近索远。"［戴震.与王编修凤喈书//王昶辑.湖海文传(卷四十).《续修四库全书》编纂委员会编.《续修四库全书》(集部第1668册).上海：上海古籍出版社,2002: 736-737.］

[②] 戴震治经犹重《尔雅》，如其《尔雅注疏笺补序》云："《尔雅》，六经之通释也。援《尔雅》附经而经明，证《尔雅》以经而《尔雅》明。"（戴震.尔雅注疏笺补序//戴震文集.赵玉新,点校.北京：中华书局,1980: 45.）

93

曰："光、充，《释言》文。"①

首先引孔疏，指出《孔传》"光，充也"条出自《尔雅·释言》，并非《孔传》杜撰。是时，阎若璩、惠栋诸家辨伪古文、伪《孔传》，学界已然有舍伪孔而尊郑玄之风气。故戴震先言其说本诸《尔雅》，盖所来有自，非尽伪也。又云：

> 据郭本《尔雅》："桄、颎，充也。"注曰："皆充盛也。"《释文》曰："桄，孙作光，古黄反。"用是言之，光之为充，《尔雅》具其义。②

《尔雅》孙炎本作"光"，而郭璞本作"桄"，由此可得光、桄不仅意义相同（皆训为充），而且在字形上更有关联。戴氏又云：

> 虽《孔传》出魏、晋间人手，以仆观此字据依《尔雅》，又密合古人属词之法，非魏、晋间人所能。必袭取师师相传旧解，见其奇古有据，遂不敢易尔。③

根据上面的两条论证，戴震推断《孔传》"光，充也"之说不仅合理，而且来源有自，可以据信。以下便论证何谓"密合古人属词之法"，何谓"师师相传旧解"。

（二）桄与横

戴震云：

> 自有书契已来，科斗而篆籀，篆籀而徒隶，字画俯仰，浸失本真。④

---

① 戴震. 与王内翰凤喈书//戴震集. 上海：上海古籍出版社，2009：53.
② 戴震. 与王内翰凤喈书//戴震集. 上海：上海古籍出版社，2009：53.
③ 戴震. 与王内翰凤喈书//戴震集. 上海：上海古籍出版社，2009：53-54.
④ 戴震此说盖延续汉人以来关于文字演变之误说（特别是许慎《说文解字叙》，直至王国维作《战国时秦用籀文六国用古文说》（1959）诸文方才廓清。汉人不识"壁中书"之字，以为是早于篆籀之殷周"古文"，实际为战国时六国文字。

第四章 再论皖派学理中的"理必""理校""理训"

《尔雅》"桄"字，六经不见。①

在第一步找到"桄"与"光"的关系之后，便应自"桄"入手。由于戴震于《十三经注疏》"能全举其辞"②，所以他可以断言六经中无"桄"字。则其音义为何，六经中是否有近似字（或有其"词"）？故继之云：

《说文》："桄，充也。"孙愐《唐韵》："古旷反。"《乐记》："钟声铿，铿以立号，号以立横，横以立武。"郑康成注曰："横，充也，谓气作充满也。"《释文》曰："横，古旷反。"《孔子闲居篇》："夫民之父母乎，必达于礼乐之原，以致五至而行三无，以横于天下。"郑注曰："横，充也。"疏家不知其义出《尔雅》。③

六经无"桄"字，但"桄"载于《说文》，其义与《尔雅》同，其音则载于孙愐《唐韵》，作"古旷切"（戴震作《屈原赋注》时已知晓）。考证出"桄"之音、义与"光"之音、义不同，实即通过"光"考出了有"充"义读"古旷反"的另一个词。以这一步为基础，此后论证才成为真正的转折点。戴震发现《礼记·乐记》《孔子闲居》两条郑注皆作"横，充也"，而《释文》载其音亦皆作"古旷反"。不难看出，"桄""横"二字，音、义俱同。故云：

[古字盖横、桄通。《汉书》"黄道"为"光道"，则又古篆法黄（炗）、炗（芡）近似故也。六经中用横不用桄。]④《尧典》古本必有作"横被四表"者。

古字"横"与"桄"相通，二字皆从木部，即"黄""光"相通也，举《汉书·天文志》"黄道，一曰光道"为证。《说文·黄部》："黄，地之色也。从田从炗，炗亦声。炗，古文光。"⑤可知"黄"本即从"光"得声。

---

① 戴震. 与王内翰凤喈书//戴震集. 上海：上海古籍出版社，2009：53-54.
② 段玉裁. 戴东原先生年谱//戴震文集. 赵玉新，点校 北京：中华书局，1980：216.
③ 戴震. 与王内翰凤喈书//戴震集. 上海：上海古籍出版社，2009：54.
④ 据《蛾术编》补。[王鸣盛. 蛾术编(上). 顾美华，整理标校. 上海：上海书店出版社，2012：68.]
⑤ "从田从炗，炗亦声"，段玉裁改作"从田炗声"，见：段玉裁. 说文解字注. 许惟贤，整理. 南京：凤凰出版社，2007：1212.

戴震进而关注二字之字形：黄之古文为⿱八天，光则作⿱八火及⿱八光，是二字字形相近而易混。于是戴震综合词音和字形，明确提出自己的断言："《尧典》古本必有作'横被四表'者。""必有"二字说明戴震并未否认作"光被"之版本意义，但一定还有另作"横被"的古本存在。

（三）光、桄与横

戴震又云：

> 横被，广被也。正如《记》所云"横于天下""横乎四海"是也。①

戴震提出"横被四表"之后，首先对"横被"进行解释。"横被"即广被之义，举《礼记·孔子闲居》"横于天下"、《礼记·祭义》"横乎四海"为证。戴震此处发明度越前贤，后来学者泛言"光""横""广"同音假借，不烦改字，无不由此启发而得也（但均忽略了戴氏这里阐明的是两个"词"）。戴氏随之又云：

> "横四表""格上下"对举。溥遍所及曰横，贯通所至曰格。四表言被，以德加民物言也；上下言于，以德及天地言也。《集传》曰"被四表，格上下"，殆失古文属词意欤？②

戴震认为《尧典》古本必有作"横被"者，其义为"广被"，疏通字形、字义之后，便将这一"新词"带入经文以作验证：尧德普遍所及于四海之人民，贯通所至于天地之上下。并用归谬法重新审查蔡《传》，若如朱、蔡所谓"被四表，格上下"，则不合古文属词之意矣，故当以"横四表""格上下"对举。此即前文所云"密合古人属词之法"。此可视为"戴氏句法考证法"。

最后，戴震便解释何以古本有作"横"而今本却作"光"，云：

> "横"转写为"桄"，脱误为"光"。追原古初，当读"古旷反"，

---

① 戴震. 与王内翰凤喈书//戴震集. 上海：上海古籍出版社，2009: 54.
② 戴震. 与王内翰凤喈书//戴震集. 上海：上海古籍出版社，2009: 54.

第四章　再论皖派学理中的"理必""理校""理训"

庶合充霸广远之义。而《释文》于《尧典》无音切，于《尔雅》乃"古黄反"，殊少精核。①

"横"与"桄"音（古旷反）、义（充也）俱同，且"黄""光"音形相近而易混，故"横"可转写为"桄"，而六经不用"桄"，盖又脱误为"光"字。如《尔雅》，郭璞本作"桄"，而孙炎本作"光"，是"桄"脱误为"光"之版本证据。故而《尧典》古本"光被四表"当作"横被四表"，"横"为"充霸广远之义"。

纵览戴震论证之始末，由《孔传》"光，充也"与孙炎本《尔雅》相合得到启发，又从《尔雅》孙炎、郭璞两本"光""桄"之不同，考证出"桄"与"横"相通，因此得出"《尧典》古本必有作'横被四表'者"的论断；随后进行语义验证——"横被"为"广被"之义；又进行句法验证——"横四表"与"格上下"属词对举之法；最后，解释"横被"为何会变为"光被"，乃是"横"转写为"桄"，又误脱木旁所致。

如上所示，戴震整个论证，逻辑清晰，结构严密，系统完整，今试将其论证结构分析如下②。

1. 发现问题——义训矛盾

光本是常见字，不需解释也足以通晓，何以古训为"充"与常训矛盾呢？

"然如'光'字，虽不训，靡不解者，训之为'充'，转致学者疑……蔡仲默《书集传》'光，显也'，似比近可通，古说必远举'光、充'之训何欤？"此可见戴震发现矛盾和问题的敏感性，显示其思维的严密性。

2. 建立原则

戴震每做论断，必定以申明原则为前提："汉唐诸儒，凡于字义出《尔

---

① 戴震. 与王内翰凤喈书//戴震集. 上海：上海古籍出版社，2009：54.
② 段玉裁在其《说文解字注》中将戴震这种理必思想及推理方法发挥得淋漓尽致，详见如下等系列论文：冯胜利. 乾嘉之学的理论发明（一）——段玉裁《说文解字注》语言文字学理论阐微//北京师范大学民俗典籍文字研究中心编. 民俗典籍文字研究（第二十三辑）. 北京：商务印书馆，2019：2-23，285；冯胜利. 乾嘉之学的理论发明（二）——段玉裁《说文解字注》理必论证与用语札记//北京师范大学民俗典籍文字研究中心编. 民俗典籍文字研究（第二十四辑）. 北京：商务印书馆，2019：23-41，270.

97

雅》者，则信守之笃"（古人训释规律）；"诂训之体，远而近之，不废近索远"（训诂以本义优先，引申假借义次之）；"古人属词之法"（两句对举，语法对应）。

3. 论证一：由"光"发现"桄"字

《孔传》"光，充也"与《尔雅》相合；孙炎本作"光"，郭璞本作"桄"；则"光"与"桄"意义相同，字形相近（版本异文）。

4. 论证二：由"桄"发现"横"字

"《尔雅》'桄'字，六经不见"；"桄"与"横"音（古旷反）、义（充也）俱同，形相近（光、黄近似），"古字盖横、桄通"。"六经中用横不用桄。"

5. 结论必然

"《尧典》古本必有作'横被四表'者。"

6. 验证一——语义层面

戴震并无版本支持，故得出结论后做出一系列验证。首先从语义层面将"横被"释为"广被"，"广"有充扩之义，也是动词，同时提供旁证："《记》所云'横于天下''横乎四海'"，"横"均训"广"也。

7. 验证二——语法层面

戴震认为"横-格、被-于、四表-上下"均一一对应，词性、功能相同："'横四表''格上下'对举。溥遍所及曰横，贯通所至曰格。四表言被，以德加民物言也；上下言于，以德及天地言也。"

8. 归谬演绎

验证后立即回斥误说："《集传》曰'被四表，格上下'，殆失古文属词意欤？"依《集传》解读，一则"光"字无着落；二则"于"字失其位。与古人的语感大相径庭。此用句法验证之。

9. 词义、经义重申

戴震又带入《尚书》经文上下语境之中，认为经文本义当作"横被"：

第四章 再论皖派学理中的"理必""理校""理训"

"追原古初,当读'古旷反',庶合充霩广远之义。"

10. 理念发明

戴震最后提出自己的治学理念:"信古而愚,愈于不知而作,但宜推求,勿为株守。"①这话非常之重:尊信古书但不思考,比不懂而大放厥词还有过之(还不如)!所以他告诫:不要墨守成规。怎么办呢?这就是他发明的理必学路:但宜推求——唯有用严格的逻辑方法推求才是正路。这后半部分就是章太炎先生给皖派总结的"综刑名、任裁断",也是太炎先生自己的座右铭:"学问之事,终以贵乡先正东原先生以为圭臬耳。"②

四、戴震的后续补证及理必精蕴

事实上,"光被"与"横被"分属不同系统。如戴氏后记所云,乾隆二十二年(1757年)仲秋,钱大昕为之举一证:《后汉书·冯异传》永初六年(112年)安帝诏"横被四表,昭假上下"。姚鼐又为之举一证:班固《西都赋》"是故横被六合,三成帝畿"(《后汉书·班固传》)。乾隆二十七年(1762年),族弟戴受堂为之举二证:《汉书·王莽传》"昔唐尧横被四表",王子渊《圣主得贤臣颂》"化溢四表,横被无穷"(《汉书·王褒传》)。四条书证皆在《汉书》和《后汉书》中。

戴震在得到友人举证后,便对其说进行修订,大约在壬午、癸未年间(1762—1763年)将之写入《尚书义考》。《尚书义考》系戴震未成书之一种,原定二十八篇,最后只成《虞书》一篇(二卷),但是书《义例》堪称详备,且从已成的二卷来看,于经文异同考订,一丝不苟,博采汉宋,折中去取③。大约可见,此书应该是戴震著述计划中《尚书》学定论之作。《义考》乃为经作注,故其论证体例又有不同。略述如下。

---

① 戴震. 与王内翰凤喈书//戴震集. 上海: 上海古籍出版社, 2009: 54.
② 章炳麟. 章炳麟论学集. 北京: 北京师范大学出版社, 1982: 349.
③ 戴震. 尚书义考说明//张岱年主编. 戴震全书(一). 合肥: 黄山书社, 1994: 3-4.

经文"光被四表，格于上下"，小字注曰：

"光"，当从古本作"横"，《尔雅》《说文》并作"桄"。①

先提出异文，后又引《尔雅》（附《孔传》）及孔疏，然后才是案语。戴氏先举钱大昕诸人所举四证，说明汉人作"横被"之例；后引《尔雅》《说文》之"桄"字，云：

盖古字"桄"与"横"通用，遂讹而为"光"。②

仍用字形讹误说，与前相同。此后便对"横，充"之义作解，引《礼记》及《郑注》，随之申明伪《孔传》"应是袭汉人旧解经之文义"，并串讲经义曰：

"横四表""格上下"对举，充盛所及曰横，贯通所至曰格。四表有人民，故言"被"。上下谓天地，故言"于"。③

以上之论述，大致皆由《与王内翰凤喈书》删减而来。末尾一段，则有所增补：

《诗·周颂·噫嘻》篇《郑笺》举"光被四表，格于上下"二语，疏引注云："言尧德光耀及四海之外，至于天地。所谓大人与天地合其德，与日月齐其明。"此所谓注，或马、郑、王之注，然以光为光耀，则汉时相传之本亦自不一。蔡氏沈云"光，显也"，又以"被四表，格上下"对言之，失古人属辞之意。④

在《与王内翰凤喈书》中，戴震多针对蔡沈《集传》而发，并未提及《噫嘻》疏所引的《尚书注》，于此则一并讨论。戴震尚未能确定为谁家之注，

---

① 戴震. 尚书义考(第1卷)//张岱年主编. 戴震全书(一). 合肥：黄山书社，1994：22.
② 戴震. 尚书义考(第1卷)//张岱年主编. 戴震全书(一). 合肥：黄山书社，1994：22.
③ 戴震. 尚书义考(第1卷)//张岱年主编. 戴震全书(一). 合肥：黄山书社，1994：23.
④ 戴震. 尚书义考(第1卷)//张岱年主编. 戴震全书(一). 合肥：黄山书社，1994：23.

第四章 再论皖派学理中的"理必""理校""理训"

故泛言"或马、郑、王之注"[①];又云"汉时相传之本亦自不一",则据《噫嘻》疏所引汉人注,证明当时相传之本亦有作"光被"者。此与"《尧典》古本必有作'横被四表'者"可前后照应,前说论断"横被"之必然存在,待友人为之举证后,又见汉注"以光为光耀",则肯定汉时相传之本自不同,一义也。即戴震认为"光被""横被"皆是汉人所传之本。

可见,《尚书义考》之论证似不如《与王内翰凤喈书》之绵密谨致,然补入郑玄"光耀"之注,汉宋之说,皆有交代,其缜求是之意更为显明——汉世"光""横"皆有传本,而以义言之,当以"横"为是,则可视为戴震"光被四表"说之定论。当然,《尚书义考》为未竟之书,不如《与王内翰凤喈书》流传深远,故自乾嘉诸儒以迄近世学人,引戴说多以《与王内翰凤喈书》为准,显然并不周全。戴震在《与王内翰凤喈书》末尾有云:

> 仆情僻识狭,以谓信古而愚,愈于不知而作,但宜推求,勿为株守。例以"光"之一字,疑古者在兹,信古者亦在兹。

戴氏所谓"疑古者""信古者",在当时,学界一般疑伪孔与信汉儒。但戴震的意见至今仍有现实意义(对近代疑古派而言)。戴氏疑伪孔,亦信伪孔;信汉儒,亦疑汉儒。其裁断根据就是"但宜推求,勿为株守"八字,其中的"宜推求"就是他的论证法,就是他的"理必法":从《孔传》"光,充也"与《尔雅》"桄,充也"相合且音"古旷反"而推导出唯"横"字可当"充"义(所谓"必有作'横'者")。由此可见,裁断"疑古"与"信古"者重在理必。其论证核心,盖有二焉。首先,因为"光"一定要读"古旷反"才能"庶合充霈广远之义",才能解决它的音义关系问题。换言之,这里要解决的是语言的问题(不只是简单的校勘或传本、家法的不同[②])。唯有如此才可以言"必"!他最初的疑问在于:读为"古黄反"

---

① 今案:此时辑佚尚未成风气,于马融、郑玄、王肃三家《书注》之辨析亦未深入,在《四库全书》开馆纂修,特别是王鸣盛《尚书后案》刊行后,其学方渐成熟。

② 有关"传本"的最新概念,参:冯胜利.上古汉语的焦点、重音与韵素的语体属性——以《论语》中的吾、我为例//北京师范大学民俗典籍文字研究中心编.民俗典籍文字研究(第三十辑).北京:商务印书馆,2023:1-24.

的"光"如何有"充"义。最后发现"充"义所对应的字（=词）当是"古旷反"的"桄""横"二字。这种以义正音之法，就是他所说的"疑于义者以声求之，疑于声者以义正之"①的"语言之学"。

其次，若读"古黄反"，即作"被四表""格上下"，"被""格"为动词，则"光V……"与"V于……"两句就无法匹对。而若读为"古旷反"作"横"，则"横""格"均为动词，"被""于"为"同动词"（co-verb），"四表""上下"为名词，两句便一一对应。这就是戴震"'横四表''格上下'对举……《集传》曰'被四表，格上下'，殆失古文属词意欤"的句法分析。因此，要符合"充霈广远之义"必须读为"古旷反"，这是从语法角度得出所以如此之"法"（=必的前提）。故王引之叹云"其识卓矣"！如与同时代其他学者对比，戴氏超越时代之特质就在一个"必"字之上。纵观近三百年之学术脉络，可见戴震发皇理必之学于前，而謦欬回响于后，几代学人大都沿着戴震启示之方向进行研究，绵延不绝以至于今。余英时有云："盖晓征虽博雅，毕竟所为者只是抬轿子的学问；而东原治学则贵精而不务博，以闻道为归宿，这才是坐轿子的学问。"②其实，在我们看来，戴震心目中所骄傲的、所向往的，是他的"理必之学"，或如太炎先生所说，是政务官（统管事务的大脑），而不是事务官（办事的手足）③。

第二节　段玉裁的"理校"发明

段玉裁是乾嘉理必之学的第二代传人，或第二代创始人。他著名的"理校法"在校勘学和历史学界，无人不晓，影响极大。当然，也毁誉参半。陈垣先生虽然极推崇之，也特别指出非训练有素则极易陷入危险臆断的泥坑。其实，这与天体物理学的科学演绎法一样，虽然理必具有极大预测威力可以

---

① 戴震. 转语十二章序//戴震集. 上海：上海古籍出版社, 2009: 107.
② 余英时. 论戴震与章学诚. 清代中期学术思想史研究. 北京：生活·读书·新知三联书店, 2012: 118.
③ 详见：章太炎. 清代学术之系统//章太炎, 刘师培, 等. 中国近三百年学术史论. 罗志田, 导读. 徐亮工, 编校. 上海：上海古籍出版社, 2006: 33.

第四章　再论皖派学理中的"理必""理校""理训"

构建人们无法看到的"黑洞",但若无长期的验证的证实,不是被认作谬论(如提出黑洞存在的初始遭遇),就是最终被推翻(如宇宙恒定理论)。段氏的**理校**也一样,虽然从方法论上他具有**理性科学**的特点,但这并不保证任一使用者都能成功,而且如应用不当则会犯错误。但对学理来说,这是使用问题;对科学家来说,有没有用科学的头脑提出具有学理性的发明才是问题的关键。段玉裁的校勘学恰是如此,他提出的"理校",非理性思维者不能接受。

凡校书者,欲定其一是……故有所谓宋版书者,亦不过校书之一助,<u>是则取之,不是则却之</u>。宋版岂必是耶?故刊古书者,其<u>学识</u>无憾,则折衷为定本,以行于世,如东原师之《大戴礼》《水经注》是也。①

在第三章里我们指出,段氏"刊古书者,其学识无憾,则折衷为定本,以行于世",此中"**学识**"实含两层意义——"学"指"当下的知识系统","识"指"分析断识";"无憾"则指"没有矛盾、合乎逻辑"的判断结果,亦即戴震所谓的"十分之见"。在上面的基础上得出最佳选择和结果的过程,即"折衷"。段氏用这种方法得出一个令吴派(以至今天)学者瞠目的结果:"宋版岂必是耶!"段氏校勘屡遭诟病,且责之为偏执武断、妄改古书者,多出于此。然而,对段氏而言,"凡校书者,欲定其一是",这里的"是"不是实际如何之"实是",而是应该怎样"理是"。因此,即便是"宋版书者,亦不过校书之一助"耳。"校勘",段氏追求的是"理必"而不是"纸必"。故此,即使是宋版纸上之"必",若不是内容之<u>学理</u>之"必"与版本<u>勘理</u>之"必",则可断然"<u>是则取之,不是则却之</u>",以至于断言"凡若此类,不必有证佐而后可改"②。这是他逻辑的必然,而非他行为的武断。在段氏校勘学里,只要有逻辑的支持,他就毫不犹豫地改而正之,折衷为定本。这就是为什么段玉裁在校释《郑注》"二名不徧讳"时(详论参见本章第二节),不仅理定为"'不偏谓二名不一一讳也。'<u>文理必如是</u>,各本夺上'不'字",而且他还把"理校"

---

① 段玉裁. 答顾千里书//经韵楼集. 钟敬华, 校点. 上海: 上海古籍出版社, 2008: 300.

② 段玉裁. 二名不偏讳说//经韵楼集. 钟敬华, 校点. 上海: 上海古籍出版社, 2008: 273. 参本书第四章和第九章的相关论证。

乾嘉皖派的理必科学

进而推向极端，说："凡若此类，不必有证佐而后可改！"①如此武断，与爱因斯坦的"我的理论精美得不可能错！"实出一辙。然而，没有人说爱因斯坦武断和狂傲，尽管他的理论不无失误。其何以然哉？究其实，是他们理必科学本身的价值所在。段氏在追求"理必"的目标上，与科学家的理念是一致的；他的校勘，旨在"求是"而非"存古"。因此，虽无实据，段氏也据理纠误。前面我们看到他径改许慎《说文》之"义"为"意"者，即是一例。这里不妨重温他的论证如下：

《说文解字》："卓，高也。早匕为卓；匕卪为卬，皆同义。"②
《段注》："**早匕为卓**。此上当有'从匕早'三字。匕同比，早比之，则高出于后比之者矣……**'意'旧作'义'，今正**。此与凡云某与某同，意同也。"③
《说文解字》："丞，翊也。从廾从卪从山。山高，奉承之义。"④
《段注》："**'义'，当作'意'，字之误也**。"⑤

我们虽然没有汉代《说文》原本的"实证"，但段氏发现、发展并发明了许慎造字理论中的"意"与"义"两个概念系统的不同和对立。在许慎的文字学理论中，"义"不等于"意"，"词义"也不等于"字意"。段氏对"意"字的所指和定义（造字意图）心领神会，且发展成说——这就是他的"理"。因此，无论是传抄讹误，还是前人误解或错改（包括许慎自己的笔误），凡是当为"意"而误为"义"处，均予勘正。显然，他要"复原"《说文》的是许慎的"学理"，而不是或不仅仅是《说文》的"原貌"（当然最后的校勘结果是"理想的版本"，或谓之"理想的原貌"）。段氏理校高出吴派一筹的，就是要通过恢复古书"原貌原版的样貌"来达到复原古人"原理"的目

---

① 段玉裁. 二名不偏讳说//经韵楼集. 钟敬华, 校点. 上海: 上海古籍出版社, 2008: 273.
② 许慎. 说文解字. 陶生魁, 点校. 北京: 中华书局, 2020: 261. 按, 《说文》各版本"卓"下皆言"同义"，而非段氏断然改之为"同意"。
③ 段玉裁. 说文解字注. 许惟贤, 整理. 南京: 凤凰出版社, 2007: 675-676.
④ 许慎. 说文解字. 陶生魁, 点校. 北京: 中华书局, 2020: 88.
⑤ 段玉裁. 说文解字注. 许惟贤, 整理. 南京: 凤凰出版社, 2007: 186.

第四章　再论皖派学理中的"理必""理校""理训"

的。显然，没有"理校之法"就达不到这层赋有哲理的校勘高度。这无疑体现了段氏乾嘉理性主义思维的高度自觉。[1]

下面的例子更说明段氏理必之法的方方面面。《段注》改形声为会意者达 20 余例。如《说文解字注·第五篇上·虎部》："虢，虎所攫画明文也……从虎寽。"《段注》曰："各本衍声字。今正。"为什么要"正"？因为"寽在十五部。虢在五部。非声也"[2]。

更有甚者，《段注》改正反切下字以厘正古音归部者，竟达 60 多处。如《说文·六上·木部》"枓"字，大徐本曰："勺也，从木从斗。"《段注》："铉本作'从斗'，非也"[3]，改为"斗声"。对段氏来说，凡学理所不容者则必改无疑。有趣的是，后来发现的唐写本《说文》木部残卷，其所存"枓"字，正作"斗声"。[4]足见段氏理必（"任裁断"）之"理校"预测威力。

另一充分显示段氏"理校"思想和能力者，是他和顾千里在《礼记·曲礼》"二名不偏讳"是"偏"还是"徧"（遍）的争论上，表现和创造出的有清一代学术史上的一大公案——段氏的"理校"结论和顾氏的"存古"结论，针锋相对，水火不容。

下面先简述段氏"二名不偏/徧讳"的理校原理[5]，然后考察他如何在"理必思想"指导下进行古代的语法分析（"理校语法"）以及如何不同于顾氏在"存古思想"驱使下从事的语法分析（"存古语法"）。段、顾二人的语法分析因目的不同（用语言文字组构规则之法证明古籍用词之异 vs.用存古思想保有版本之原貌），导致其训释方式、方法和结论也判然有别：段氏之理校语法极具科学属性及跨时代学术特色；而顾氏之存古语法则反映出他的古本意识及其保存古代文化的求实精神。

---

[1] 参见：冯胜利. 乾嘉"理必"与语言研究的科学属性. 中文学术前沿, 2015, (2): 89-107.
[2] 段玉裁. 说文解字注. 许惟贤, 整理. 南京: 凤凰出版社, 2007: 373.
[3] 段玉裁. 说文解字注. 许惟贤, 整理. 南京: 凤凰出版社, 2007: 459.
[4] 莫友芝. 唐写本说文解字木部笺异//《续修四库全书》编纂委员会编. 续修四库全书(经部第 227 册). 上海: 上海古籍出版社, 1996: 223.
[5] 本节内容基于：刘丽媛, 刘璐, 冯胜利. 段玉裁《二名不徧讳说》中的理必语法//北京师范大学民俗典籍文字研究中心编. 民俗典籍文字研究(第二十四辑). 北京: 商务印书馆, 2019: 56-71. 收入本书时略有修订。

《礼记·曲礼》中的"二名不偏讳"是"不偏讳"还是"不徧(遍)讳",自古聚讼纷纭,莫衷一是。段玉裁主张后者,同时代的顾千里则对"偏/徧"持完全相反的观点。我们认为:段玉裁的理必之学渊源有自,规模宏大,值得分科研究,譬如其音韵学、说文学、训诂学、经学、校勘学等,不一而足。而他与吴派之学的不同,严格地说,不是差异而是性质的不同。段氏的思想秉承戴震的刑名裁断,而吴派从王鸣盛到顾千里,宗尚的都是保古存实;前者为"理必"(以刑名为圭臬),后者为"事必"(以存古为依归);理念的些微差异将导致结果的天壤之别。但"理必"是中国学术史上的一个巨大的飞跃,是逐渐才被发现和理解的中国思想史上的理性主义(rationalism)的突破。为具体说明段氏的"理校"实践,我们不妨仔细分析他是怎样"治学用论证法"的。

我们先看《礼记·曲礼》原文的解读及语法:

《礼记·曲礼上》:"礼,不讳嫌名。二名不**偏**讳。"①

东汉郑玄注:"偏,谓二名不一一讳也。孔子之母名'徵在',言'在'不称'徵',言'徵'不称'在'。"②

唐孔颖达疏:"'不偏讳'者,谓两字作名,不一一讳之也。孔子言'徵'不言'在',言'在'不言'徵'者,案《论语》云'足,则吾能徵之矣',是言'徵'也;又云'某在斯',是言'在'也。"③

为了区分注家是在说解经意,还是在做语法分析(或根据语法分析解释经义),我们提出注释古代典籍时的三个层面(或层次),分列如下:①说解经文原意;②注家用相近的语法解读;③注家用经文时代的语法解读。这三个层面可用来判定不同学者对经文研究的不同层次,具之如下。

经文原意(即经文的意思)可用不同的说法、不同的语法,甚至不同的语言来说明和阐释之,名之曰"**经文说解**"。判定"说解"正误的标准,是

---

① 阮元. 礼记正义//十三经注疏. 北京: 中华书局, 2010: 2707.
② 阮元. 礼记正义//十三经注疏. 北京: 中华书局, 2010: 2707.
③ 阮元. 礼记正义//十三经注疏. 北京: 中华书局, 2010: 2708.

第四章 再论皖派学理中的"理必""理校""理训"

看其符合经文原意与否，只要符合经文的意思，都可以作为经文意思的解释。然而，"注家用相近的语法解读"则不然。**语法解读**需要用原文的语法来转说（paraphrase）经文的意思。因此，解读反映了注释家对原文句法的理解和认识，其正误的标准是看其解读合不合经文的语法和经意。这一点很重要，因为合乎语法和经意的解读不一定就是正确的解读。最后，解读还要遵循"时代原则"，亦即注释家解读的语法的时代。具言之，注释家不能用后代的语法改读前代的经文。

下面我们就根据解读的这三个层次，全面分析上面的经文和解读。

一、经文原意的说解及语法解读

首先，"礼，不讳嫌名"的"嫌名"是指字异而音同的字（如丘与区），"不讳嫌名"的意思是音同字异的词不讳。此处前贤观点一致，故不赘。

其次，关于"二名不偏讳"的争论颇多，主要集中在是"偏 piān"还是"徧 biàn"的问题上。清代学者卢文弨（《钟山札记》卷三"二名不偏讳"条）[①]、顾千里（《抚本〈礼记〉郑注考异》）、沈涛（《铜熨斗斋随笔》卷二"偏讳"条）、俞樾（《群经平议》），均认为字当作"偏"，词义为"单、偏有其一"。南宋毛居正（《六经正误·礼记正误·曲礼上》）、岳珂（《刊正九经三传沿革例》）、清代的何焯（《义门读书记》卷三七《河东集下》"准《礼》二名不偏讳"条）、阮元（《十三经注疏校勘记》）、段玉裁（《二名不徧讳说》）、王念孙（《读书杂志·卷七墨子第二》"偏"条），皆认为本字当为"徧"，词义是"都"。[②]这是历史上两派分歧之要点所在。

学者们对经文原意进行的说解，一般会采用段落性的语言，对于同一句经文从不同角度、用不同方法进行说解，其目的是帮助读者理解经文大意。如：

（1）a. 毛居正（《六经正误·礼记正误·曲礼上》）：此义谓二字

[①] 卢文弨. 钟山札记//陈东辉主编. 卢文弨全集(第七册). 杭州: 浙江大学出版社, 2017: 247.
[②] 此训又见: 颜师古. 匡谬正俗疏证. 严旭, 疏证. 北京: 中华书局, 2019: 313.

为名，同用则讳之，若两字各随处用之，不于彼于此一皆讳之，所谓"不偏讳"也。①

b. 同时言："徵在"不同时言（言一则可）；分别言：言徵时不言在，言在时不言徵。总之，只要"徵在"不同时言，其他情况都不讳。

（1）a 中以"同用"与"分用"的避讳规则说解经文；（1）b 的说解中加入用例，在分述"同时言"与"分别言"的情况后，进一步概述避讳规则。

在说解的层次之上，"注释家"还可以进一步做出语法分析，即依据个人所理解的经意说明经文语言组织的可能性。对于"二名不偏讳"，注释者就可以给出以下多种表述：

（2）a. 二字不独讳一字。（毛居正）
b. 二名则偏讳。（段玉裁）
c. 二名不一讳。（段玉裁）

注释家可以用几乎一致的语言材料（相同的动词、论元、副词等）来组句，帮助读者理解经文的语法，但是这些表述是否符合经文的语法原意，要用经文时代的语法进行严格的测试，这也就是我们说的第三个层次"用经文时代的语法解读"。

二、经文时代的语法

"用经文时代的语法解读"这一做法的重点，是从经文时代的语法规则出发，把不同词汇代入经文原文，判断是否符合经意。当然，如果注释家没有用经文时代的语法来解读经意，研究者必须用历时句法学的规则说明其"句法误读"的失误所在。下面即以否定句中的"偏"和"徧"为例说明之。

首先，关于句子的否定。从逻辑上来说，如果一个命题是 p，那么其真

---

① 转引自阮元校刻. 十三经注疏. 北京：中华书局, 2009: 2716.

第四章　再论皖派学理中的"理必""理校""理训"

值的否定就是¬p，¬p说明否定算子的整个辖域是p。但是从汉语的语言事实而言，真正被否定的只是否定辖域中的一个成分[①]。吕叔湘曾指出："否定句也常常有一个否定的焦点。这个焦点一般是末了一个成分，即句末重音所在（即除去语助词，人称代词等）。但如果前边有对比重音，否定的焦点就移到这个重音所在。"[②]徐杰、李英哲也提出："否定中心的选择取决于独立于否定本身的焦点选择。"[③]否定的这一法则古今皆通，范围副词在否定句中都会成为句子的焦点，获得否定解读，如：

（3）"不+总括性范围副词+VP"，总括性范围副词被否定

a. 且两雄**不俱立**，楚汉久相持不决，百姓骚动，海内摇荡，农夫释耒，工女下机，天下之心未有所定也。（《史记·郦生陆贾列传》）

b. 凡法事者，操持不可以不正。操持不正，则听治不公；听治不公，则治**不尽理**，事**不尽应**。（《管子·版法解》）

c. 尧不诛许由，唐民**不皆巢处**；武王不诛伯夷，周民**不皆隐饿**；魏文侯式段干木之间，魏国**不皆闭门**。（《论衡·非韩》）

上引三个用例中，否定副词的否定对象都是总括性范围副词，"［不俱］立＝［不都］立＝［部分］立"，"［不尽］理＝［不完全］理＝［部分］理"，"［不皆］闭门＝［不都］闭门＝［部分］闭门"，否定副词的否定对象不是谓语动词，即"两雄不俱立""治不尽理""魏国不皆闭门"中没有"两雄不立""治不理""魏国不闭门"的解读。

有学者或许会认为，"魏国不皆闭门＝魏国部分不闭门"，这样"不"就否定谓语动词，但是这样的改说更改了句子的主语，"魏国"改为"魏国

[①] 参见：吕叔湘. 疑问·否定·肯定//吕叔湘文集(第三卷)·汉语语法论文续集. 北京：商务印书馆，1992：522；徐杰，李英哲. 焦点和两个非线性语法范畴："否定"、"疑问"//李英哲. 汉语历时共时语法论集. 北京：北京语言文化大学出版社，2001：72；袁毓林. 论否定句的焦点、预设和辖域歧义. 中国语文，2000，(2)：99-108.

[②] 吕叔湘. 疑问·否定·肯定//吕叔湘文集(第三卷)·汉语语法论文续集. 北京：商务印书馆，1992：522.

[③] 徐杰，李英哲. 焦点和两个非线性语法范畴："否定"、"疑问"//李英哲. 汉语历时共时语法论集. 北京：北京语言文化大学出版社，2001：72.

部分（人）"并不能解读出与原文一致的语法，所做出的等值运算也只是意义上与文意大致相同（而不是精确的等值结果）。

（4）"不+限定性范围副词+VP"，限定性范围副词被否定
  a. 四月阳虽用事，而**阳不独存**；此月纯阳，疑于无阴，故亦谓之阴月。（《西京杂记·卷五》）
  b. 故人**不独亲其亲**，**不独子其子**。使老有所终，壮有所用，幼有所长，矜寡孤独废疾者皆有所养。（《礼记·礼运》）

即使是现代汉语中已经成词的"偏食""偏爱"，在被否定时，仍然是副词获得否定语义解读，如：

（5）现代汉语的例证
  a. 她**不偏食**，什么都吃。
  b. 家里俩孩子，父母**不偏爱他们**，什么东西都一人一份。

"偏食"在被否定时表示"'不偏'食=皆食≠不食某一些食物"；"偏爱"在被否定时表示"'不偏'爱=皆爱≠不爱某一个孩子"。

由此，在上古句法中，无论是"偏"还是"徧"（遍），它们最自然的用法是范围副词，当被"不"否定时，获得否定语义解读，如：

徧的句法语义解读：二名不徧讳

二名不徧讳 = 二名 [不徧$_{都}$] 讳 = 二名徧讳
二名不徧讳 ≠ 二名不 [徧$_{都}$讳]（二名讳其一，二名皆不讳）

"徧"为总括性范围副词，表示"皆、都"，语义指向"二名"。"徧"被否定，得出"不都避讳"（不都讳就是部分避讳）的语义解读，与经意的避讳事实相符。

"偏"的句法语义解读1：二名不偏讳

二名不偏讳 = 二名 [不偏] 讳 = 二名皆讳
二名不偏讳 ≠ 二名不 [偏讳]（二名皆不讳，二名皆讳，二名偏讳其一）

第四章　再论皖派学理中的"理必""理校""理训"

"偏"作为限定性范围副词，表示"单、独、只"，语义上限定"二名"。"偏"被否定，得出"不单讳"（不单个就是全部）的意义解读。结果这句话的意思就是"二名都讳"，与经意不符。这也是段玉裁坚持改"偏"为"徧"的句法原因。

三、经文用词（"偏、徧"）之语法难题

经文中"偏"和"徧"的关键且难解之处是：前贤既知"偏""徧"词义之不同，又何以能在"二名不偏/徧讳"中解出相同的经意？此其一。其二，在解经时哪种句法结构可以解读出前人的分析？

具体而言，卢文弨在《钟山札记》中从经意上解作"二字皆在所讳中。但偏举其一，则不讳耳"[①]，意思是"两个字都需要避讳，但二名单举一名的时候不避讳"，隐含着的意思是"二名同在的时候避讳"，于是与经意相符。卢氏经意的说解虽然无误，但是如何从"二名不偏讳"这句原话中解读出这个意思呢？如果我们为这一说解找到它的语法根据，就只能是将"偏"放在时间状语的句法位置上，把原话改为"二名偏不讳"（单说一个字的时候不讳），但是这一解法显然犯了改变原文和改变语法的错误。具言之，其误有二：

第一，把原文的［不偏+讳］变成了［偏+不讳］，不仅改变了词序，而且改变了否定的对象：将否定的对象由"偏"改换为动词"讳"。

第二，将表示范围的副词"偏"放在了时间状语的位置上，制造出第三种解读：

"偏"的句法语义解读 2：二名不徧讳

二名不偏讳=偏举其一则不讳

"偏"必须在一个时间状语的位置上，卢氏的解读才能与经意相符，否则根本无法使句子"二名不偏讳"符合避讳规则。

[①] 卢文弨. 钟山札记//陈东辉主编. 卢文弨全集(第七册). 杭州：浙江大学出版社, 2017: 247.

由上文的句法分析可知，"不偏讳"只能做出句法语义解读2，亦即"偏举其一则不讳"，但这样一来既不是经文的原文，也不是原文的句法（不偏），反而强制副词"偏"执行它那时所没有的用法（做时间状语，见下文"段氏解读及其原理"）。

毫无疑问，不明确经文解读的不同层次，无法真正理解段、顾解读经文的差异所在，这也就是为什么至今论者对二人争论的评判均有功亏一篑、未中要害之憾，更不用说不借助语法规则这一视角则无法窥出二者背后的学理差异了。

在明确了上述解读原则和句法后，我们来看段、顾解读原理之异同。

四、段氏解读及其原理

段玉裁在"偏/徧"问题上，专门撰写了《二名不徧讳说》，指出"偏"非而"徧"是。在段玉裁的大段论述中，他对"二名不徧讳"句法解读的反复论辩最引人注目。我们基于语法的原理，抽绎出其句法、语义和经意三方面的说解，发现段氏在具体分析中，与现代语言学的研究思想及理路恰好暗合（可谓之"无意的有意"[①]暗合），他依次将"徧、一一、皆、偏"代入原句（这是句法分析一大原则），进行句法、语义的解读与判断，并与经意进行匹配测试，最后依据上古汉语的语法规则解释"为什么该位置唯有范围副词'徧'合法"，而副词"偏"不合法！下面我们就从句法的原理上，先看段氏理必如何解释为什么经文应该是"徧"，然后再看为什么经文不能是"偏"。

（一）解释为什么是范围副词"徧"

原因1. 经文"徧"与《郑注》"一一"之义相合。

注曰："……不徧，谓二名不一一讳也。"按"一一讳"者，谓人

[①] "无意"指无意暗合今天的句法程序；"有意"指段氏自己的理论推断。

第四章 再论皖派学理中的"理必""理校""理训"

子人臣语言,于二名讳其一,又讳其一,是之谓徧,徧二者而讳之也。①

段氏从《郑注》出发,寻求与上古的语言组织法则相符的解释,指出"一"叠用为"一一"的语法意义为"徧",即范围副词"徧"(普遍)与"一一"②的语法意义相同。同时,段氏也指出"一一"语法意义背后的语意是"讳其一,又讳其一"。

原因 2. 经文"徧"的"词源义"解读与郑注"一一"的语法意义相合。这是段氏的拿手好戏,他说:

《说文》云"徧者,帀也",《曲礼》云"岁徧",《曾子问》云"告者五日而徧",《尚书》曰"徧于群神",凡阅历皆到曰徧。今人诵书,逐字不漏者为一徧是其义。然则二字而次第尽举之,所谓徧也。③

段氏找到理解词义更深的另一个层次,即从《说文》和具体的例证说明"徧"的取意与取义:"徧"的词源义是"凡阅历皆到",这与"一一"叠用背后的语法意义("讳其一,又讳其一")彼此相合④。

原因 3. 经意在"徧"而不在"皆"。

前面看到,"徧"的意思就是"皆",那么为什么《礼记》不用"皆"而用"徧"呢?段氏的超人之处就在于斯(不仅当时人不解,今人也少有能解者):"徧"之"都"义与"皆"不同!["徧""皆"的语义结构(semantic structure)并不相同]为什么?段玉裁说:

何以不云"二名不皆讳",而必云"不徧讳"也?皆者,总计也;徧者,散计也。云"皆"则义未憭,故必云"徧"。古圣贤立言之精如此。⑤

---

① 段玉裁. 二名不徧讳说//经韵楼集. 钟敬华, 校点. 上海: 上海古籍出版社, 2008: 271.
② 文天祥"一一垂丹青"中的"一一"是"全部"的意思。
③ 段玉裁. 二名不徧讳说//经韵楼集. 钟敬华, 校点. 上海: 上海古籍出版社, 2008: 271.
④ 参见: 冯胜利. 乾嘉之学的理论发明(二)——段玉裁《说文解字注》理必论证与用语札记//北京师范大学民俗典籍文字研究中心编. 民俗典籍文字研究(第二十四辑). 北京: 商务印书馆, 2019: 23-41, 270.
⑤ 段玉裁. 二名不徧讳说//经韵楼集. 钟敬华, 校点. 上海: 上海古籍出版社, 2008: 271.

从表面的词义而言，"徧""皆"相同，都是总括式范围副词，然而二者在与经文深层含意的匹配上大相径庭，经意"孔子之母名'徵在'，言'在'不称'徵'，言'徵'不称'在'"，具有"散用不讳"之意，而这一点唯有"徧"（each one）①的散计特征才能表达。"皆"字粗言虽可，但精密远不足"徧"。

以上三点，层层递进，段玉裁不仅从词义上说明"徧"字与郑玄注"一一"（全、都）相合，而且从"徧"的词源取义上"凡阅历皆到曰徧"进一步说明"徧"与"一一"之语法意义也相合，并且还再深入一步与词义表层相同的"皆"进行比较，说明"徧"字的词源义（散计也）、经意（散用不讳）及郑注之意三者之间的相合。有学者可能会说，段氏在"以注证经"②，殊不知郑玄的语法更接近经文的时代，其注释语言（及其语感）更符合上古汉语的语法规则，段氏在解词义的同时，做到解词源义、解经意，殊为精审。反过来也体现出段氏识出郑玄注释的高超之处。

总之，段氏正是从"句法-词义-词意-经意"相合的角度，回答了经文为什么是范围副词"徧"的问题。

（二）解释为什么不是"偏"

为什么《礼记》经文不能是"偏"呢？段氏也有自己全面的观察和看法。

原因 1. 将"偏"放在与"徧"相同的句法位置，作为"不"的直接否定对象，结果"偏"的句法和语义，马上与经意冲突。

> 偏讳，则二名讳一之谓，不偏讳者，乃必二名皆讳之谓，其义适与经相左。③

段氏将"偏"放在与"徧"相同的句法位置（上古句法如此，非段氏武

---

① 感谢黄易青兄的建议，"徧"对应英语的 each one，"徧"与 each one 的对应，可以充分说明其词源义中的"散计"特征。
② 参见：武秀成. 段玉裁"二名不偏讳说"辨正. 文献, 2014, (2): 175-186.
③ 段玉裁. 二名不偏讳说//经韵楼集. 钟敬华, 校点. 上海: 上海古籍出版社, 2008: 272.

第四章 再论皖派学理中的"理必""理校""理训"

断），指出"不偏讳"即为"皆讳"，与我们在第二部分根据上古汉语句法做出的分析相合，即"不偏讳"中"不"否定"偏"，其意义为"皆"，这也是上古汉语中最符合语感的句法解释。需要特别说明的是：如果不是段氏这样依法（句法）解经，而如卢文弨和顾千里那样以意解意，无视其中句法规则的不同，那么不仅在说解过程中不知不觉地更改了经文原有成分之间的组织结构和规则，而且还会造成背离经意而不自知的后果。这正是顾氏弊病之所在。

原因 2. 若采用顾氏的观点此处为"偏"，同时符合上古句法与经意，那么现在的经文就要改写。段玉裁说：

> 顾秀才千里作《礼记考异》，乃云"偏"是，而"徧"非。其说曰："郑以'一'解'偏'，不一一者，皆偏有其一者也。"如其说，仅举一为偏，则经当云"二名则偏讳"，何以言"二名不偏讳"也？[①]

段氏将顾氏"偏"的解读放入经文，在上古汉语这个语境中一律是"某一方面、某一部分"的意思。据此，任何人都会自然而然地得出"偏讳=不全部避讳=部分避讳=经义"。如果"偏讳"是经文原来的意思，那么经文就不能是"不偏讳"，因为上古的"偏"只有这种用法，下面的事实可以为证：

a. 丽与暴，夫与履，一，**偏弃**之。（《墨子·经下》）
偏弃=抛弃其中之一

b. 三者**偏亡**，焉无安人。（《荀子·礼论》）（杨倞注："偏亡，谓阙一也。"）
偏亡=缺少某一方面

c. 君之所以明者兼听也，其所以暗者**偏信**也。（《潜夫论·明暗》）
偏信=相信一方

d. 质文两备，然后其礼成。文质**偏行**，不得有我尔之名。俱不能备而**偏行**之，宁有质而无文。（《春秋繁露·玉杯》）
偏行=部分施行

[①] 段玉裁. 二名不偏讳说//经韵楼集. 钟敬华, 校点. 上海：上海古籍出版社, 2008: 272.

115

不难看出，上例中的"偏"与顾千里的"偏举其一"句法位置、语义均相同，这一用法如果在肯定句中，任何人对"偏讳"的解读均与经义（部分避讳）恰好相合，亦即：

　　e. 二名则偏讳。①偏讳=避讳其中之一

据此而言，《礼记》经文应用肯定句的"二名则偏讳"。然而事实正相反，《礼记》经文用的是否定句："二名不偏讳。"根据上古句法结构和语义，[**不偏**]讳]就是[**皆**]讳]，结果与《礼记》经文的原意完全相反，所以原文的"偏"一定是个错字。

注意：这里的"不偏讳"可能会读成"偏而不讳"。但这是不对的，如前所证，副词性成分在否定词之前还是之后，其语义解读大不相同。而"不偏讳"的"偏"按古代句法，只有在否定词之后的解读。这一点，武秀成在严格的句法分析上有明显的失误，他把"不偏讳"解为"二名举其一而不用讳"②，把否定词"不"移到了"偏"之后来解读，显然是违反了当时的句法规则。这从反面说明，段氏深谙上古句法组配之法，而不轻易用其他能"说得通"的意义，暗换"行不通"的语法，严格地在句法的组配法则之下，进行"按照规则的"解读语义并加以反复论证。

原因 3. 段氏认为"偏"字不对的第三个原因是：顾氏用"偏"字解读的方法，造成了"经、注"不合的结果。段玉裁尖锐地指出：

　　"一"可以解"偏"，"一一"不可以解"偏"，而可以解"徧"，"不一一"不可以解"不偏"，而可以解"不徧"。③

段氏指出："一"虽然可以解释为"偏"，但是"一"重叠之后，其语法意义就不再是"偏"而是"徧"的意思，那么"不一一"也就是"不徧"。结果经文"不偏讳"意思是"徧讳"，而《郑注》"不一一讳"又是"不徧

---

① 段玉裁. 二名不偏讳说//经韵楼集. 钟敬华, 校点. 上海：上海古籍出版社, 2008: 272.
② 武秀成. 段玉裁"二名不偏讳说"辨正. 文献, 2014, (2): 185.
③ 段玉裁. 二名不偏讳说//经韵楼集. 钟敬华, 校点. 上海：上海古籍出版社, 2008: 272.

第四章 再论皖派学理中的"理必""理校""理训"

讳"——经、注相互矛盾。注意：上古的"一一"都是段氏所说的"徧"的意思，没有例外。请看：

(6) a. 南郭处士请为王吹竽，宣王说之，廪食以数百人。宣王死，湣王立，好一一听之，处士逃。(《韩非子·内储说上》)

b. 善张网者引其纲，若不一一摄万目而后得，一一摄万目而后得，则是劳而难，引其纲而鱼已囊矣。(《韩非子·外储说右下》)

c. 是必使上取杨叶，一一更置地而射之也。(《论衡·儒增》)

d. 复有比丘所说诸疑，求佛进止。世尊教敕，一一开悟。合掌敬诺，而顺尊敕。(《佛说四十二章经》)

上述"一一"之为"徧"，可从两个角度来理解：一方面，从整个事件发生的内部视角看，"一一"为方式状语，表示"一个一个地（从头至尾地进行）"。然而"偏"并没有这种"方式副词"的用法，所以顾氏所解之"偏"无法与郑玄之"一一"相合。另一方面，从事件发生的整体视角来看，"一一"可分析为范围副词，表示"皆"。这只与"徧"而不与"偏"相合。所以，郑玄之"一一"同样与顾氏所解之"偏"相矛盾。这又反衬出段氏深明上古"一一"的句法和语义，其语感之精审，令人啧赞不已。

由上可见，段玉裁在《礼记·曲礼》"二名不偏/徧讳"的问题分析上表现出皖派"理必"和吴派"存古"之间的学术理路的显著不同，一个我们称之为**理必语法**，而另一个（顾千里的）我们称之为**存古语法**。二人对"二名不偏/徧讳"的解释虽然均合语法，但其目的（用语言文字组构之法证明古籍用词 vs.用存古思想保有版本原貌）、方法和结论都截然不同。段氏的理必语法具有相当的理论系统，对今天的学术仍具强大的指导意义；而顾氏之存古语法所表现出的不在学术理路的理性发展上，而在其在保存古籍原貌基础上建立校勘学的古本意识及其保存古代文化的求实精神上。如果我们进而追踪段、顾二人的学术原理及其差异，则将因此而得到一个重要"学术史"评鉴的启示：学术评鉴需从"学理论证过程"角度来观察、来立论，而

117

不能简单地从争论结果的对错来定值。譬如根据卞仁海和王彦坤的意见[①]，段、顾的结论完全等值或者相同，因此二人的争论没有高下正误之异。其实大为不然！仅以"结果对错"来评学，无论是胜是负抑或平手，彼此之间的争论并不能因此而罢休。我们认为：学术争论不能就其结果看是非。学术本质上是一种思维理路的创造和突破，结论或结果只是这一研究过程的结束而不是过程的本身及其价值。如把眼光仅仅放到结果的对错上，很容易被看作功利主义之所为或所获。卞仁海和王彦坤说段顾之争"可以休矣"，正是从功利的角度得出的结论，而不是学术理路的价值判断。当然，研究的结果正确与否非常重要：如果研究没有结果，如果研究没有好结果或其结果都是错的，当然会质疑该研究的价值为何。即便是理校的理性校勘法，也不是万无一失、包打天下的方法。陈垣在《校勘学释例》中曾指出：

> 段玉裁曰："校书之难，非照本改字不讹不漏之难，定其是非之难。"所谓理校法也，遇无古本可据，或数本互异，而无所适从之时，则须用此法。此法须通识为之，否则卤莽灭裂，以不误为误，而纠纷愈甚矣。故最高妙者此法，最危险者亦此法。[②]

陈垣先生之"故最高妙者此法，最危险者亦此法"就如同吉川幸次郎评赞黄季刚先生的发明之学一样，不是谁都能做的。他说："演绎是非常有难度的，必须对全体有通观的把握。绝不是谁都有能力这样做的。"[③] "不是谁都能做"不等于不能做。陈垣在《校勘学释例》中就明言钱大昕便是一个例外：

> 昔钱竹汀先生读《后汉书·郭太传》，太至南州过袁奉高一段，疑其词句不伦，举出四证，后得闽嘉靖本，乃知此七十四字为章怀注引谢承书之文，诸本皆羼入正文，惟闽本独不失其旧。今《廿二史考异》中

[①] 参见：卞仁海，王彦坤. 也谈"二名不偏讳". 励耘语言学刊，2017，(2)：58-62.
[②] 陈垣. 校勘学释例. 北京：中华书局，1959：148.
[③] 吉川幸次郎. 留学所得收获//我的留学记. 钱婉约，译. 北京：光明日报出版社，1999：80.

第四章 再论皖派学理中的"理必""理校""理训"

所谓某当作某者,后得古本证之,往往良是,始服先生之精思为不可及。经学中之王、段,亦庶几焉。①

发现"词句不伦"是发明(背后有所以"不伦"的原理),而证成此说是演绎。没有古本也断然"自信"!这就是"理必"的作用。而"后得闽嘉靖本""后得古本"甚或"后得出土本"等原本"证之",都是后来之事;更重要的是,"后得"之实只能证其实而不能明其"理"。②"理"之对否,自有逻辑"真值"演证之法证其"是",这就是段玉裁说"凡若此类[即《郑注》:'不徧谓二名不一一讳也。'文理必如是,各本夺上'不'字],不必有证佐而后可改"③的原理所在。更有可议者,陈垣校勘《元典章》亦用"理校法",虽然他"只敢用之于最显而易见之错误而已,非有确证,不敢借口理校而凭臆见也"。④然而,"理校"所凭借的绝非勇气,更不是胆量;而是百攻不破**逻辑必然**。因其如此才有"我的理论精美得不可能错!"这样的自信,为其如此才有"理必如是、不必有证"这样的崇理境界。后人看不到这一点则不解段氏何以如此"武断",不解这一点也不可能叹服其"精思为不可及",因而也无法享受其学理境界之"自由、自然与必然"之愉悦与幸福。换言之,我们不能因为自己做不到或因为前人创获仍有瑕疵,就看不到他们的理论精华。因此,学术的真正价值,不是(或不仅仅)靠简单的结果来评价。从结果上说,虽然有的研究没有成功(或失误甚至失败),但其学术的意义和价值仍然很大。理校法的学术价值远比用理校法所犯的错误大得多,甚至不能同日而语。学术价值和评价,主要是看其学术思想和学术理路。因此,如果仅仅从"结论相同"来立论,"各打五十大板"或"互为平等",那么段、顾二人的争论根本不能说谁的研究更有学术上的创新价值。事实上,我们看到,段氏在理必思想下发明的"理校"之说

---

① 陈垣. 校勘学释例. 北京: 中华书局, 1959: 148-149.
② 原则上说,"理"只能通过"理"来证明和证伪,"实"不能证"理"。证实之"实"的背后仍然是所证(包括所需、所宜、所能证)之"理"。不明于此则无与论学理。然斯事大大,当另文专论。
③ 段玉裁. 二名不偏讳说//经韵楼集. 钟敬华, 校点. 上海: 上海古籍出版社, 2008: 273.
④ 陈垣. 校勘学释例. 北京: 中华书局, 1959: 149.

的价值，其结果往往是正确的，更重要的是其方法和路数更具独创性，其理必之法更具科学性。

第三节　王念孙的"理训"创造

不仅段氏理校是理必思想的产物，王念孙的"理训"也是在理必思想模式下发明出来训诂科学的表现，在他的雅书训诂中我们看到：

> 乱者，《说文》："𠧩，治也。一曰理也。"《尔雅》："乱，治也。"《皋陶谟》云"乱而敬"，乱，与𠧩同。乐之终有乱，诗之终有乱，皆理之义也。故《乐记》云"复乱以饬归"，王逸《离骚》注云："乱，理也，所以发理辞指，总撮其要也。"理与治同意，故理谓之乱，亦谓之敕。治谓之敕，亦谓之乱。理谓之纰，犹治谓之庀也。理谓之伸，犹治谓之神也。理谓之撩，犹治谓之疗也。《鲁语》注云："庀，治也。"《尔雅》："神，治也。"《方言》："疗，治也。"是其证矣。[①]

该条疏证在本书第七章第一节有详细解析，这里先概述其"理训"之要。首先，王氏推断"理与治同意，故理谓之乱，亦谓之敕。治谓之敕，亦谓之乱。理谓之纰，犹治谓之庀"，但遍考古训，未见有训"敕"为"治"者。所以"治谓之敕"是王氏用他的纵横类比的生成原理推演而得的"理训"结果。因为说文"𠧩"有"治也，理也"之训（《楚辞》王逸注有"乱，理也"；《尔雅》有"乱，治也"），可证"治"与"乱"二义相通（=同意）。若"敕"有"理"义（《广韵》"敕，理也"），则"敕"在"理、治"相因的条件下，必然也含有"治"的意思。所以他便把"敕"与"乱=𠧩"列入生成类比的语义的矩阵集合（参第七章图 7-2）之中，从语义关联的原理上，推求其成员的词义所含，是为"理训"之法。一部《广雅疏证》没有别的，唯"理

[①] 王念孙. 广雅疏证. 钟宇讯, 点校. 北京: 中华书局, 1983: 58.

第四章 再论皖派学理中的"理必""理校""理训"

训"二字而已矣。

总之,本章再度揭橥乾嘉理性思维所创学术之**三必法**:理必、理校、理训。戴氏创"理必",段氏拓之为"理校",王氏演之为"理训"。"理必"与"理校"相互辉映,构成乾嘉皖派的**"三理推必"之美**,如图 4-1 所示。

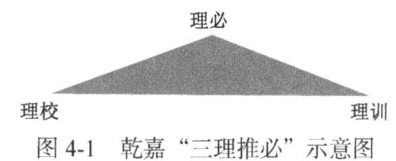

图 4-1 乾嘉"三理推必"示意图

段玉裁说:"注:'不偏谓二名不一一讳也。'文理必如是,各本夺上'不'字,则愈令学者惑矣。凡若此类,不必有证佐而后可改。"①王念孙说:"苟可以发明前训,斯凌杂之讥,亦所不辞。"②这可谓理必学者的最高境界。正因如此,他们不为人解也在预料之中。其实,对理必思想不解者始自起初,兴之五四。胡适在给陈垣的《元典章校补释例》写的一篇长约八千字的长序中,对王念孙的校勘工作,特别是理校部分,颇多微词,以为"不是校勘学的正轨"③,"用力甚勤而所得终甚微细"④。显然,没有从他们的内在细微理性之处见出其伟大的学理思想。正如霍斯曼(A. E. Housman)指出的:"校勘学是一门科学……是发现古文献中错误的科学。"⑤然而,霍斯曼也看小了校勘,因为段玉裁、王念孙不仅仅从事"发现错位的科学",而且还从事着发明学理的科学。

---

① 段玉裁. 二名不偏讳说//经韵楼集. 钟敬华,校点. 上海:上海古籍出版社,2008: 273.
② 王念孙. 自序//广雅疏证. 钟宇讯,点校. 北京:中华书局,1983: 2.
③ 胡适. 校勘学方法论:序陈垣先生的《元典章校补释例》. 国学季刊,1934, 3: 103-104.
④ 胡适. 校勘学方法论:序陈垣先生的《元典章校补释例》. 国学季刊,1934, 3: 104..
⑤ Housman, A. E. The application of thought to textual criticism. In *Complete Works of A. E. Housman* (p. 448). East Sussex: Delphi Classics, 2013.

第五章 《说文段注》演绎推理阐微

"理必思想"这个概念是从《说文段注》中籀读、提取出来的乾嘉皖派学者所发明和创造的一种划时代学术思想[①]。学理上,"理必",如前所述,就是用推演论证得出逻辑之必然。因此,凡用逻辑推演之理必方法治学者,均为"理必之学";凡研究"理必之学"中"理必之法"者,均为"理必研究"。从实践上看,"理必思想"于《说文段注》的角角落落(及其他皖派学者的论著中)无所不在。以往,人们对此认识不足,但下面我们将看到,我国传统训诂学家(如本章的段玉裁和下章的王念孙)居然就是曹聚仁所说的"科学家"。下面我们先看段玉裁分散在每个字下的理必论证。

(1)《说文解字注·第十四篇上·金部》"锚,业也。贾人占锚。从金,昏声"《段注》曰:

> 按,此字必后人所增,必当删者。《史》、《汉》、"贾人緍钱"字从糸,李匪曰:"緍,丝也。以贯钱也。"引《诗》"维丝伊緍",如淳引胡公云:"緍钱为緍者,《诗》云:氓之蚩蚩,抱布贸丝。故谓之緍也。"不知何人因二千一算改为锚字,正如矢族改为镞耳。以业训之,尤不可通。[②]

[①] 参见:冯胜利. 乾嘉"理必"与语言研究的科学属性. 中文学术前沿, 2015, (2): 89-107.
[②] 段玉裁. 说文解字注. 许惟贤, 整理. 南京: 凤凰出版社, 2007: 1241.

（2）《说文解字注·第七篇上·米部》"米，粟实也。"《段注》曰：

《卤部》曰："粟，嘉谷实也。"嘉谷者，禾黍也。**实，当作"人"**。粟举连秠者言之，米则秠中之人，如果实之有人也。果人之字，古书皆作人，金刻《本草》尚无作"仁"者，至明刻乃尽改为"仁"。郑注《冢宰》职九谷不言粟，注"仓人掌粟入之藏"云："九谷尽藏焉，以粟为主。"粟正谓禾黍也。禾者，民食之大同；黍者，食之所贵，故皆曰嘉谷。其去秠存人曰米，因以为凡谷人之名，是故禾黍曰米，稻、稷、麦、苽亦曰米。舍人注所谓六米也。六米即《膳夫》《食医》之食用六谷也。《宾客》之车米、筥米，《丧纪》之饭米，不外黍、粱、稻、稷四者。凡谷必中有人而后谓之秀，故秀从禾人。**象禾黍之形**。大徐作"禾实"，非是。米谓禾黍，故字象二者之形。四点者，聚米也。十其闲者，四米之分也。篆当作四圜点以象形，今作长点，误矣。莫礼切，十五部。**凡米之属皆从米。**①

事实上，段玉裁的《说文解字注》中的逐字诠释如上例者，均可看作他精心制作的"理必论证"（简称"**理必注论**"），其中"训诂用语"所含之理必思想，深刻而启人复思。下面即从其鲜为深究的《段注》理必**注论**的用语或术语及其论证方法和结构中，推导段氏的"理必裁断"。

第一节 《段注》理必用语与概念

一、必……而后……、定当、必作、绝无、若无……则……、断……疑……

《说文解字注·第十四篇上·金部》：**铴，杀也**。《盘庚》："重

---

① 段玉裁. 说文解字注. 许惟贤，整理. 南京：凤凰出版社，2007: 576-577.

我民，无尽刘（劉）。"《君奭》："咸刘厥敌。"《左传·成公十三年》："虔刘我边垂。"《释诂》："刘，杀也。"《书》孔传、《左》杜注同。**从金刀**，此会意。从金。杀义未著，必从金刀而后著。**戼声**。戼者，古文酉也。力求切，三部。此篆二徐皆作鎦（鐂），别无刘篆。鎦古书罕用，古未有姓鎦者，且与杀义不协。其义训杀，则其文定当作刘。楚金疑脱刘篆，又疑鎦之戼下本作刀，转写讹田，后说是也。竹部有劉，刘声；水部有浏（瀏），刘声；又"刘，刘杙"；又刘向、刘歆，以许订许，此必作刘。若无刘字，刘声无本矣。今辄更正篆文，以截断众疑。至若此字戼声、非卯（戼）声，绝无可疑者。二徐固皆不误。盖凡戼声之字，皆取叠韵而又双声，戼、夘皆在古音第三部，而各有其双声，故二声不可淆混。东汉一代持卯金刀之说，谓东卯、西金，从东方王于西也。此乃谶纬鄙言，正马头人、人持十、屈中、止句一例，所谓不合孔氏古文、谬于《史籀》之野言。许之所以造《说文》者，正为此等。矫而燦之，齳而桔之，使六书大明。以视何休之恃此说经，其相去何如也！正劉为劉（劉），许君之志也。或疑其有忌讳而隐之，夫改字以惑天下，后世君子不出于此。[①]

（一）理必论证

本条注论从诸多方面体现了段氏的理必思想和方法，如原理的实现与否、规则之间的一致性（协=consistent）、因果的预期（定当）、事实的引证、决"疑"的能力与治学的原则等。下面试分解之。

1. 揭明词义

本条开宗明义："刘"的词义是"杀"。

2. 书证词义

引《般庚》："重我民，无尽刘。"《君奭》："咸刘厥敌。"《左传·成

[①] 段玉裁. 说文解字注. 许惟贤, 整理. 南京: 凤凰出版社, 2007: 1241.

公十三年》："虔刘我边垂。"指出其中的"刘"，都是《释诂》"刘，杀也"，且《尚书》孔安国传、《左传》杜预注，相同。以此证明"刘"义为"杀"。

3. 考订字形（根据音形义三者互求之理）

（1）从六书入手：刘（劉）字从金、刀者，段定为会意。因为只从金的话，"杀"的意思不能凸显（未著）。根据汉字构形的理据原则，此字"必从金、刀而后著（有形体的标记）"。这里是"刘"字字形所以从"刀"的必然性。

（2）那么"戼"呢？段氏根据许慎《说文》"戼者，古文酉也"，则认为"戼"是其声符。

（3）刘，大徐和小徐本《说文》均作"镏"，又都没有"刘"这个字。段玉裁必须说明这两个字的来历及其存在的合理性和合法性。他首先指出："镏，古书罕用"；其次揭示"古未有姓镏者"。这两点都是实证"镏"字合理存在的可疑性。后面两点是其理证，"与杀义不协"，若"其义训杀，则其文定当作刘"。镏字构形与造字理据有矛盾；因此如果"镏"字训"杀"，那么不能没有表示"杀"的意符（如"刀"），结果"镏"字无理，而非"刘"莫属。

4. 推求误源

（1）介绍楚金之两说：《说文》脱"刘（劉）"篆；"镏（鎦）"篆之"戼"下，本作"刀"。后来转写讹变为"田"。

（2）段氏确认后一说为是。

5. 以许例推必

用许慎的体例推证必然结果。段氏"以许订许"，用竹部之"䉧"、水部之"浏"之从"刘"声，得出理必之论："镏必作刘。"

6. 以归谬推必

归谬是段氏理必的"杀手锏"。这里他一语破的："若无刘字，刘声无本矣。"

7. 断疑结论："今辄更正篆文，以截断众疑"

这里有两点值得注意：第一，段氏非常果断地"更正篆文"——此章太炎所谓皖派"任裁断"之具体表现，此亦常被非难为"武断"之举者。然而，是耶非耶？读者自明也。第二，段氏非常自信地说自己的注论可以"截断众疑"。其言外之意是自己提供了"揭秘"或"解谜"之不刊之论！我们看到：非有坚实理必学理为其基石者，不能、也无从有此信心与成就。信哉！千七百年来无此作也。

8. 补证

至此，本条注论已然结束。下面是段氏又予补证的内容。

1）校定声符

"盖凡丣声之字，皆取叠韵而又双声，丣、卯皆在古音第三部，而各有其双声，故二声不可淆混。"

2）驳民间谶纬鄙言

（1）"东汉一代持卯金刀之说，谓东卯、西金，从东方王于西也。此乃谶纬鄙言，正马头人、人持十、屈中、止句一例。"

（2）"所谓不合孔氏古文，谬于《史籀》之野言。许之所以造《说文》者，正为此等。矫而燦之，㮃而栝之，使六书大明。以视何休之恃此说经，其相去何如也！"

注中"鄙言""野言"，参下文有关"理必用语笺识"中"鄙言/野言"的解释。

3）从治学角度申明许慎之"学志"

（1）指出："正劉为劉（刘），许君之志也。"

（2）据有人或疑许氏因忌讳而隐之者，指出："夫改字以惑天下，后世君子［许慎］不出于此。""［志］不出于此"说明段氏不仅为学本理必，做人也要有原则。故"改字以惑天下"绝不是许慎"学志"原则所能允许的。

第五章 《说文段注》演绎推理阐微

（3）阐明"学志"之重要：许慎造《说文》要在"使六书大明"，故段氏坚信"正镏为刘"乃"许君之志"，而明"六书"之道乃学者君子行为之所出。

（二）理必用语笺识

本笺识所涉及的"训诂用语"如"必""断""容""决"之类，都是段氏所用典型的理必术语，虽然它们字面之义似不难解，然而其于具体注文中之推证功效，必从严格的逻辑角度思考而后可见其"理必"之所在，故特笺而明之于此。其他用语如"通""证""求"等常用语，似非理必用语但仍然笺而识之者，盖此等用语看似一般，实则暗含理必逻辑于行文之中，唯洞其"微别"于通用之俗，始可"读出"其中"如何理必、如何逻辑"之深奥思想，故亦笺而识之以见段氏理必之精微。笺识之中往往列出英文以资参照，旨不在译，唯在加深理解段氏理必之理也。故特此明示以免误解焉尔。

1. 必……而后可

似不难解，但要进而理解成："……是在原理或公理的强迫之下的必然结果"之义，即如"刘"（劉）字的"杀"义，必从金、刀而著（有表征或载体）。这里暗含一个"公理"，即"汉字是表意构形的系统"。没有这一潜在的公理，不能有"必……而后可'著'"的推理。

2. 若 X，则 A 定当 B

这是一个典型的推理表达式：在 X 的情况/条件下，A 一定会有 B 的结果。其理必属性表现为：只要具有 X 的属性，那么为 X 决定的 A 就会导致 B 的结果。"其义训杀，则其文定当作刘"即用此逻辑式。

3. 不协

字面是"不协调"的意思。在段氏理必系统里，"古未有姓镏者，且与杀义不协"的"不协"实函"抵触"或"矛盾"的意思。

4. 若无……

假设用语。这里是虚拟逻辑的用法：虚拟一种可能出现的结果的不可能性，即"若无刘字，刘声无本矣"。

5. 断疑

理必论证工作的目的，就是要"截断众疑"——断除/消除学者的疑惑。这是段氏理必之学的目标和境界。

6. 凡……皆……

不必是严格的全程判断，很多情况下是"一般而言"，相当于 in general。

7. 鄙言/野言

"谶纬鄙言""谬于史籍之野言"中的"鄙/野言"都是段氏用来表达"无稽之谈"意思的用语。不宜从讥讽角度理解，实指没有论证根据和价值的 nonsense 或 fallacy。

8. 或疑

设疑之辞，即"设有……"。英文是 one may wonder 的意思。

9. 君子不出于此

这不是逻辑术语，但却是段玉裁做出"裁断"的一个重要原则，是他力主"学德"的一个原则。"出于此"三字说明段氏为人做事的行为。

二、求、定、断不

《说文解字注·第十篇下·心部》：**憃，小怒也。从心，壹声。**充世切。按，《广韵》憃在《十三祭》，引《说文》"小怒也"，尺制切；恚在《四十四有》《四十九宥》，"小怒也"，芳否、敷救二切。《集韵》则祭韵有憃，有韵恚、悟二同匹九切。《类篇》从之，而无恒字。盖恒、憃、悟三字同。以《说文》音或作欤及《说文》怔字《广韵》作佳**求**之，

定为一字异体。古音壴、尌、树（樹）、竖（豎）皆读近受，憇**断不**读充世切也。音者，相与语唾而不受也，天口切，与小怒义亦相近。[1]

（一）理必论证

这条注论中的理必精华在"以理推求，必然如此"的推演法，即"以《说文》音或作歃及《说文》侸字《广韵》作傋**求**之，**定**为一字异体"。其中有三个要点值得一提。

（1）"以……求之"中的"求"要从逻辑的 infer（推求）的意思来理解，才得段氏要旨：他是用推求法来建立理必逻辑的。其推算方式如下：

因为：音=歃、侸=傋

所以：音、豆、壴三个声符为异体

推断：愔、悀、憇三字同

（2）列出上面的算式后，可马上得出理必结论：A 定为 B。这里的"定"要从 logical certainty，亦即逻辑必然的角度来理解。具体而言，因为音或作歃、侸或作傋，所以，以推理求之，音、豆、壴三字同。如果三字同，那么就音同+义同 "**定**为一字异体"。

（3）其语音论证的推算如下：

因为：悀，《广韵》芳否、敷救二切。《集韵》憇、愔同匹九切。

所以，愔、悀、憇（三字同）而又读有宥韵（尤韵上去），则憇不读充世切（祭韵）。最后，"古音壴、尌、树、竖皆读近受，憇断不读充世切"，其运算逻辑式是：a、b、c、d 皆 X，故 b 断不为 Y（= [-X]）。段氏的注论很多都能用逻辑推算公式来表达，可见其理必逻辑之内涵。

（二）理必用语笺识

1. 求

字面的意思是"寻求"或"求得"，但《段注》中的"求"一定要理解

---

[1] 段玉裁. 说文解字注. 许惟贤, 整理. 南京: 凤凰出版社, 2007: 894.

成"推求"。"推求"是"推而得之"之义。这是《段注》逻辑推演中的一个常用术语；相当于 infer=deduce or conclude (information) from evidence and reasoning rather than from explicit statements。

2. 定

字面的意思是"一定"，但在《段注》中当理解为"毫无疑义"的意思，相当于"it is logically certain that……"。

三、以 X 求 Y，当为……绝非……；不……断知……

《说文解字注·第九篇下·石部》：**硍，石声。从石，艮声。**此篆各本作硍，从石，良声，鲁当切，今正。按，今《子虚赋》："礧石相击，硍硍磕磕。"《史记》《文选》皆同，《汉书》且作"琅"。以音求义，则当为"硍硍"，而决非"硍硍"。何以明之？此赋言"水虫骇，波鸿沸，涌泉起，奔扬会，礧石相击，硍硍磕磕，若雷霆之声，闻乎数百里之外"，谓水波大至动摇山石，石声礔天。硍硍者，石旋运之声也。磕磕者，石相触大声也。硍，《篇》《韵》音谐眼切，古音读如痕，可以兒石旋运大声，而硍硍字，只可兒清朗小声，非其状也。音不足以兒义，则断知其字之误矣。《江赋》曰："巨石硉矹以前却"，又曰"触曲崖以萦绕，骇奔浪而相礌"，皆即此赋之意。《汉桂阳太守周憬碑》："弱水之邪性，顺导其经脉。断硍薳之电波，弱阳侯之汹涌。"此用《子虚赋》也，而硍作硍，可证予说之不缪。《释名》曰："雷，硍也。如转物有所硍雷之声也。"最为明证。左思《吴都赋》："菈擸雷硍，崩峦弛岑。"雷即《子虚》"礧石"之礧，"礧硍"亦用《子虚赋》字也。而俗本讹作"硍"，李善不能正，且曰"音郎"，于是韩愈本之，有"乾坤摆雷硍"之句，**盖积讹之莫悟也久矣**。至于许书之本有此篆，可以《字林》证之。《周礼·典同》释文曰："《字林》硍音限，云石声。"**此必本诸《说文》，《说文》必本《子**

虚赋》也。至于许书本无"硍"字,以硍从良声,当训为清澈之声,非石声。《思玄赋》:"伐河鼓之磅硍。"古作"旁琅",未可知也。古音在十三部。○《周礼·典同》"高声硍"注曰:"故书硍为鿁,杜子春读鿁为铿枪之铿。"鿁字见于经典者惟此。[①]

(一)理必论证

这是一篇非常精彩的"因理求是"的推理论文。其步骤和结构可分析如下。

1. 正误

指出"此篆各本作硍,从石,良声,鲁当切",误!故段氏改为"从石,艮声"。

2. 因理求是

根据原理推求对象的本质。这里的原理是"音可兒义",推求的对象是"音",其方法是"以义正音",其原理是"音中有义"。这是段氏考义理论的一大原则,是他发明的一大原理,所谓"音义同源":语音本身("艮")就象征或反映着所指对象的特征或样貌(激流冲击巨石的"旋运大声"),此即"语音象征"(sound symbolism)。

3. 推出必然

"以……求……"的结果是"当为硍硍,而决非硍硍"。

4. 据实否证

如果是"硍",那么"只可兒清朗小声",其语音"不足以兒义(非大声之状也)"。故断知"硍"字之误矣。

5. 引证文献

以证其说之不缪。《江赋》中"巨石硑硍以前却""触曲崖以萦绕,骇奔浪而相礧"表达都是波浪的状貌;而《汉桂阳太守周憬碑》里面的"弱水

[①] 段玉裁. 说文解字注. 许惟贤, 整理. 南京: 凤凰出版社, 2007: 787.

之邪性，顺导其经脉。断硍礚之电波，弱阳侯之汹涌"则直接用"硍"而不用"硍"。

6. 再证语音的象征义

《释名》："雷，硍也。如转物有所硍雷之声也。"这里的声训可进为明证。

7. 致误之由

俗本讹"硍"为"硍"，韩愈本之，有"乾坤摆雷硍"之句，于是以讹传讹，流传久误而没人知晓。

8. 再引字书以证之

引《字林》证"许书之本有此篆"。《周礼·典同》释文曰："《字林》硍音限，云石声。此必本诸《说文》，《说文》必本《子虚赋》也。"

9. 回应正误遗留问题

前证许书本无"硍"字，如何解释许书今有"硍"字？段氏提供了一种可能，即"以硍从艮声，当训为清澈之声，非石声。"所以，许书如果有"硍"也与"石声"之"硍"无关。其次，《思玄赋》"伐河鼓之磅硍"，古作"旁琅"。段氏怀疑今《说文》之"硍"或为"琅"字之讹变，亦"未可知也"。

10. 补证以音象义之证

《周礼·典同》："高声硍。"注曰："故书硍为硍，杜子春读硍为铿枪之铿。"用"铿枪"撞金之声描状"硍硍"激浪撞石之声，证明"硍硍=铿铿"的象声词义。

（二）理必用语笺识

1. 以……求……

字面上，"以"是根据，"求"推求。但所必知者：这种表达式的背后均蕴含着一个通理。这里的"以音求义"是段玉裁发明和用以推理的一条规律：声音本身含有意义（所谓"音以兇义"说），正因如此，他才可以根据声音推求意义。这条通理就是今天所谓 sound symbolism[①]"一定的声音表达一定的意义",有这条根据,才可以"以音求义",才能推出"则当为硁硁,而决非硜硜"的结论。

2. 决(非)

决非的意思和断非相近,都有 absolutely/surely not 的意思。但二者不尽相同。"决非"背后的必然,主观性比较强(根据理论所作的判断),"断非"则实证性较强(考证后结论性的判断)。

3. 何以明之

字面上就是"用什么办法'让它明了/说明它'"的意思。但在段氏注论里,"明之"一定要理解成"证明它、使它具有必然性、使它成为原理的结果"的意思。因此,"何以明之"相当于英文的 how can you prove it。

4. 断知

这里的"知"不是字面"知道"的意思,而是逻辑上"可以得出判断"的意思,相当于(One) can make judgments (that)。"断知"是(One) can certainly make a judgement (that)的意思。

5. 未可知也

这里不能就字面意思来理解,它是"不能做出判断"的意思。这里的"知"也是"判断"的意思。注意:段注里的"知"很容易理解为与认知相关的"知识"的意思,但在段氏注论系统中,它不是知识系统的概念,而是理必逻辑系统的表达,是"(据理)判断"的用语,不是生活认知用语。

6. 谬

是口语里"胡说"的意思,但在"可证予说之不缪"里面,"谬"是不合逻辑(illogical)或荒谬(fallacious)的意思。

[①] 参见:朱晓农. 亲密与高调:对小称调、女国音、美眉等语言现象的生物学解释. 当代语言学, 2004, 6(3): 193-222.

7. 证……

即证明（prove），但在《段注》中它要求的是：①用事实；②用道理推演出的预期的结论。

8. 明证

也有两层含义：①明显的实据；②不容置疑的理据。即 evidently and logically。

9. 当

字面上是"应该"如此的意思，不仅相当于 should be 更应理解为 **predicted to be** 的意思。

四、断非/不——理不容非

《说文解字注·第八篇上·毛部》：**氍，以毳为绲。**毳，兽细毛也。绲，西胡毲布也。**色如蘱，故谓之氍。**与蘱双声。**蘱，禾之赤苗也。**详艸部，取其同赤，故名略同。**从毛，蒥声。**莫奔切，古音在十四部。**《诗》曰："氍衣如璊。"**《王风》文，今诗氍作"璊"。毛曰："璊，赪也。"按，许云毳绲谓之氍，然则《诗》作"如璊"为长，作"如氍"则不可通矣。玉部曰："璊，玉桱色也。"禾之赤苗谓之蘱，璊玉色如之，是则氍与璊皆于蘱得音义。许称《诗》证毳衣色赤，非证氍篆体也。浅人改从玉为从毛，失其旨矣。抑西胡毲布，中国即自古有之，**断非**法服。《毛传》曰："大车，大夫之车也，天子大夫四命，其出封五命，如子男之服，乘其大车槛槛然，服毳冕以决讼。"是则《诗》所云"毳衣"者，《周礼》之毳冕，非西胡毲布也。许专治《毛诗》，岂容昧此？疑此六字，乃浅人妄增，非许书固有……①

---

① 段玉裁. 说文解字注. 许惟贤, 整理. 南京: 凤凰出版社, 2007: 698.

第五章 《说文段注》演绎推理阐微

（一）理必论证

本条注论的理必核心要点是：在建立"命名通则"的基础上，推证引《诗》用字之正误、发明许慎引《诗》之旨、考证古代礼制以及《说文》旧本之原。分步如下。

1. 建立"命名通则"

段氏首先根据《说文》"（纑）色如虋，故谓之䋫"，指出"䋫与虋双声"，虋是"禾之赤苗"、䋫色如虋；所以二者"取其同赤，故名略同"（十三部与十四部之微异）。这是段玉裁命名取意的理论之一。具言之，即"䋫（赤色毳）与璊（赤色玉）皆于虋（赤色禾）得音义"。根据对象的特征（这里是颜色）来取名，无疑是古人"命名"的一大原则，因此也是后人"考义"的一个重要手段。段氏深明此理，并以之为考义准则。

2. 推演规则、发现"不可通"的错乱现象

根据上面"名略同""由取义同"（由于命名的理据相同）的第一标准，推出"义从音得"（词义从词音得名）的第二标准。标准既立，则以之检定事实，结果发现"诗作'如璊'为长，作'如䋫'则不可通矣"的结论。因为如果仅从䋫字从毛表示"毳纑"而不从命名取意出发，把《诗经》"毳衣如璊"谓毳纑如玉之赤的"璊"改为"䋫"，就会出现"毛（毳）衣如毛"的"不通"结果，丢失了诗语"璊"字的"命意"（命名意图）效应。

3. 分析误源

浅人（不明造字理据与命名原理者）以为许慎引《诗经》"毳衣如璊"是为了证明字形，所以把《诗经》的"璊"改成了"䋫"。殊不知"许称《诗》证毳衣色赤，非证䋫篆体也"。所以说："浅人改从玉为从毛，失其旨矣。""旨"是这里的关键词，谓浅人不晓许慎"（纑）色如虋故谓之䋫"的命名原理而发生的误解。

4. 考证史实，断以决词

段氏首先指出："西胡毳布，中国即自古有之"，所以"**断非**法服"。

其"断非"的理据是《毛传》"服毳冕以决讼"。由此推出"《诗》所云毳衣者,《周礼》之毳冕"也。所以"毳冕""**断非**法服"。

5. 申明治学原则

段氏不仅重视学理,更重视学者的学术原则。这里他从许慎治《毛诗》的古文经学的背景出发,得出许慎深明《诗》所云"毳衣"即《周礼》之"毳冕",而非"西胡毳布"。因此专治《毛诗》恪守家法的许慎"岂容昧此"!"岂容"二字下得相当重,表明段氏对古代学者的学术门派之操守的敬重,以及他对后人治学要求。正因为他如此理解、看重和坚持门派(一家之学的学理)之治学原则,所以用学派原则为根据进行理必推理,得出结论。"疑此六字,乃浅人妄增,非许书固有。"这是段玉裁根据上面1—4的学理,再加之5中的"治学原则",推出的一条"猜想性"的结论:"疑[……乃……][非……固有]。"

(二)理必用语笺识

1. 证

论证的常用术语,即英文的 prove、verify 的意思。读《段注》应从两个角度理解这个术语:一为"实证"、一为"理证"。这里"许称《诗》证毳衣色赤,非证氍篆体"中的两个"证",是实证。"氍与璊皆于虋得音义"则是"理证"——用"音兒义"(语音的象似性)原理,证明璊与虋音义通的原因。

2. 旨

"浅人改从玉为从毛,失其旨矣"——"旨"的字面是"意旨"意思,在注文论证中指"原理"和"学理"的意思,相当于 reason 或 reasoning。

3. 断/断非

"断"是绝对的意思,相当于 absolutely、certainly、surely。**断非**是绝对不可能是,即 certainly not 的意思。意思都不难理解,但在段注中其逻辑功用则要特别注意;第一,这是段氏逻辑裁断的最高形式;第二,段氏凡用此

第五章 《说文段注》演绎推理阐微

术语均有学理在其背后。因此，它是 certainly not according to the principle of 的意思，亦即"根据……原则，绝对不可能……"的意思，而不能简单理解为"绝对……"的意思。

4. 容

容许、允准，即 permit 的意思。而"岂容"=怎么允许=决不允许、绝不允准，但不是主观或客观的不允许，而是逻辑的、道理上的不允许。因此，相当于 logically intolerability 或者 not logically valid。

第二节 《段注》理必逻辑推理

一、"当"与"不当"，预设矛盾，自陷自解

《说文解字注·第十篇上·马部》：**驹，马二岁曰驹，三岁曰駣。**《周礼·廋人》："教駣攻驹。"郑司农云："马三岁曰駣，二岁曰驹。"《月令》曰："牺牲驹犊，举书其数。"犊为牛子，则驹马子也。《小雅》："老马反为驹。"言已老矣，而孩童慢之也。按，《诗》驹四见，而《汉广》《株林》《皇皇者华》于义皆当作骄，乃与《毛传》《说文》合，不当作驹。依韵读之，则又当作驹乃入韵，不当作骄，深思其故，盖《角弓》用字之本义，"南有乔木"、《株林》、《皇皇者华》则皆读者求其韵不得，改骄为驹也。驹未可驾车，故三诗断非用驹本义……**从马，句声。**[①]

（一）理必论证

本条理必注论之特点在于它提供的一个"据理推证，自陷矛盾、设理自拔、回证必然"的论证范式。我们可以分层理解和赏析。

[①] 段玉裁. 说文解字注. 许惟贤，整理. 南京：凤凰出版社，2007: 804-805.

1. 类比推演

"《月令》曰：'牺牲驹犊，举书其数。'犊为牛子，则驹马子也。"此段氏用逻辑推理之法得出"驹为马子"而兼引《郑注》为证。

2. 《诗》语反证

《小雅·角弓》"老马反为驹"，老之反为驹，是驹为小马。此《诗》语反证之法。

3. 剔除反例

《诗》驹四见，三处均非"马子"，是为反例。然而，段氏发明之曰：彼三处之"驹"，于义皆当作骄。如此不仅合《毛传》（诗意）亦合《说文》（与驹之词义不矛盾）。此段氏排除例外之法也。

4. 自陷矛盾

《诗》驹凡四见，其中三处于义皆当作骄，不当作驹；但依韵读之，则又当作驹，不当作骄（乃入韵）。于是段氏自陷矛盾，当如何解之？

5. 自求其解

深思其故（=why），提出解释方案："南有乔木"、《株林》《皇皇者华》三处之"驹"皆读者求其韵不得，乃改骄为驹也。特别需要注意的是：这里的"自解"意义非常。如果段玉裁判断是正确的，那么他实际上发现了上古汉语中一种"叶韵改词"类的"为韵律而牺牲语义"的重要现象。显然这是今人需要跟进研究的重要课题。

6. 再引书证

《皇皇者华》曰："我马维驹，六辔如濡。载驰载驱，周爰咨诹。"段曰："驹未可驾车，故《诗》断非用驹本义。"

（二）理必用语笺识

1. 于……皆当

"对/在……而言/方面，（道理上）都应该……"的意思，这是段氏论证中一个理设用语，"理当……"的意思。"《汉广》《株林》《皇皇者华》于义皆当作骄"，言外之意，都没有写作"骄"。这是把人带入虚拟的理设推理世界，晓之以"理当如此而事实不然"的理辩世界。

2. 合

不仅仅是相合或符合，当从"满足推理条件和结果"的角度来理解。

3. 不当……又当……

立悖法：设立矛盾、创造冲突的表达法，"于义皆当作骄不当作驹、韵读又当作驹不当作骄"，在"义"和"韵读"上发生冲突和悖论。

4. 故

原因，这是段氏理必之学的重要概念，亦即为什么的问题（question of why）。"深思其故，盖……"表现出他惯常的逻辑思维的习性。

二、不知"一定之理"则不与流、与论

《说文解字注·第九篇下·石部》：**硞，石声**。今《尔雅·释言》："硞，巩也。"郭云："硞然坚固。"邢昺曰："硞，苦学切。当从告，《说文》别有硞，苦八切，石坚也。"按，邢语剖别甚精。《释文》苦角切，故邢曰苦学切。《四觉》韵字多从屋韵转入，如《四江》韵字多从东韵转入，告声在古音三部屋韵，是以硞转入觉韵。据陆氏反语，则知陆本作硞，不作硞。《广韵》《玉篇》皆曰："硞，苦角切。硞，恪八切。"《集韵》《类篇》克角一切内，亦有硞无硞，皆可证。而《释文》、注疏、唐石经皆讹作硞，则与陆氏苦角之音不合矣。且硞之与巩音切近，以尤韵与东韵切近，而硞与巩不相关也。硞**断无苦学之音**，硞**断无苦八**之音，此一定之音理，学者不知古音不可与读古者此也。《江赋》曰："幽涧积岨，礐硞礐确。"礐硞，当上音学，下音角。○或问：何不正音之苦角为苦八，而谓正文字误也？曰：音义积古相传之学，陆氏多从

旧，当陆时，字固未误也。○《五经文字》曰："硞，口八反，又苦角反，见《尔雅》。"知张时《尔雅》已误，而张云吉声之字，可有口八、口角二反，是其不知音理也。**从石，告声。**苦角切，三部。①

（一）理必论证

本条的理必核心观点是：学理是学术讨论的基本条件。段氏云：古有特定之音理，不知者则不可与读古者。其潜在之意谓：不知"音理"则不与论古；其延伸之意谓：不能明此学理者则无与论此现象。其论证程序如下：

1. 指误

发现《尔雅·释言》："硞，巩也。"而《说文》别有"硞"字，读为"苦八切"，与"苦学切"不合，那么《说文》的"硞"与"硞"必然不同。

2. 佐证（引证）

肯定邢昺剖析精当，即"苦学切"的"硞"当从"告"。

3. 音理类证法

为什么《释文》作"苦角切"，而邢昺为"苦学切"呢？段氏从音转的角度推导"学"与"角"的韵部关系，"角"为觉韵，"学"为屋韵，觉韵字多从屋韵转入，跟江韵字多从东韵转入同理。又，告声在古音三部屋韵，所以从"告"得声的"硞"可转入觉韵。

4. 音理推证法

根据陆德明《释文》中的反语"苦角切"推知，"苦角切"当为"硞"，而非苦八切的"硞"。

5. 书证

段玉裁借助《广韵》《玉篇》从韵书、字书两方面证"硞"当为"苦角

---

① 段玉裁. 说文解字注. 许惟贤, 整理. 南京: 凤凰出版社, 2007: 786-787.

切"，"硞"为"恪八切"，二者判然有别。

6. 反证

《集韵》和《类篇》克角(=苦角)一切内，均无"碻"字，反面证明"碻"不属于"克角切"的字。

7. 预测与检验

考证至此，"碻"和"硞"的区别已经十分明显了，段玉裁顺势预测古籍中可能还有"碻"误作"硞"的现象，检验后果然发现"《释文》、注疏、唐石经皆讹作硞"。

8. 据音理反推（于音寻义）

段玉裁认为，尽管《尔雅·释言》中说"碻，巩也"。据音理"硞"与"巩"音近，而"碻"与"巩"音隔，那么从音义关系反推的原理，断言"碻断无苦学之音，硞断无苦八之音"，两个"断无"犹如爱因斯坦"我的理论精美得不可能错！"的自信，将音义关系提升到理论的高度，即所谓"一定之音理"。说有易说无难，"有"可通过观察来发现，而"无"则需要建立在"通理"的基础上去推演，然后方能预测其"无"。段氏此注中的"断无"就是根据音理进行推断的。其难度之高，可以想见。

9. 核查事实

段玉裁认为有些音误是由于学者不知古音造成的，并进一步举了与"苦角切"有关的音读的用例，郭璞《江赋》中"礐硞磆确"是四音节联绵词，受音韵结构的限制，"礐硞磆确"的"礐硞"语音正相关，上字音"学"，下字音"角"。

10. 溯因反证

段氏运用音理进一步发现矛盾、解决矛盾。为了辨析究竟是音误还是形误，段氏通过一个设问进行溯因反证，认为"音义积古相传之学，陆氏多从旧"。他从张参《五经文字》"硞"就已经有"口八反"和"苦角反"二音

141

相互矛盾发现："苦角反"是从陆德明那里继承来的，"口八反"是误读。"张时《尔雅》已误"是张参时期"硞"字写作了"硞"，因此才有了"口八反"的误读。张参以误字为据进行注音，同时也保留了陆德明的正确读音。这个误读乃"不知音理"之故。

段氏这条注论经过十步的逻辑论证，又兼以反证法进行补充，充分表现出他精熟于裁断的理必论证法。该注论不仅对《说文解字》进行理必考证，且运用此法对其他字书之错误亦推阐其必，所谓触类旁通者以此。

（二）理必用语笺识

1. 不合

字面义是不符合，理必角度当理解为"矛盾"（contradict）之义。

2. 一定

"此一定之音理"中的"一定"不是"一旦决定"的意思，而是"特为确定"的意思。是"有根据的""经过研究得出的"或"据法而定的"的意思；相当于英文的 given 或 well-establish 的意思。

3. 音理

字面意思是"语音的道理"。在段氏古音学里，应当是"古音的规律"，是段氏的语音理论的一部分，相当于今天的 phonology；段玉裁从事的是历史音系学（historical phonology）的前期工作。

三、建"例"推演逻辑

段氏所以有理必思想是他有一套逻辑推演的理性思维方法。请看下面的注论：

《说文解字注·第一篇上·一部》：**元，始也。**见《尔雅·释诂》。

第五章 《说文段注》演绎推理阐微

《九家易》[①]曰:"元者,气之始也。"**从一,兀声。**徐氏锴云:不当有"声"字。以髡从兀声,軏从元声例之,徐说非,古音元、兀相为平入也。凡言"从某、某声"者,谓于六书为形声也。凡文字有义、有形、有音,《尔雅》已下,义书也。《声类》已下,音书也。《说文》,形书也。凡篆一字,先训其义,若"始也""颠也"是。次释其形,若"从某、某声"是。次释其音,若"某声"及"读若某"是。合三者以完一篆,故曰形书也。愚袁切。古音第十四部。[②]

其中所含演绎推理可从下面的分析中看出来。

(一)理必论证

(1)从"徐氏锴云"到"谓于六书为形声也",这《段注》解堪称"科学训诂"之典范。首先,他熟悉材料,善于归纳,发现两个"或体字"(亦即"髡"又作"髡"从元声、"軏"又作"軏"从元声),以此证明"兀"和"元"两字古音相同;并以此"例之"(=推演),证明"徐说之非"。这就是乾嘉学者的科学方法和科学精神之所在。他所说的"例之"实际就是数学上"等量代替"的推演方法,因此其结果是逻辑的必然![③]这是《段注》(以至"乾嘉学术")的精华之所在。今人对此很少关注和阐发,实为可惜。

(2)形、音、义之书各有所当,此乃该注精华所在之二:义书、音书、形书三者各不相同,各有各的原则和系统,各有各的专著可以参考。然而,在考证一个字的时候,则要三者相结合,才能得其真谛之所在。

(3)尚推演。注意:能发现"髡"又作"髡"、"軏"又作"軏"是材料的功夫,而段氏将"髡从兀声""軏从元声"并为"例"(=归纳出通理),则是归纳的本领。但如何使用材料,推演归纳,非创造性逻辑思维不能化材料为规律。段氏以"兀""元"可以互代,再进而推演之,使之成为一个更具规律性的"古音……相为平入"的音理,于是就得出"平、入"相转的音

[①]《九家易》是汉代的一部易家著作。
[②] 段玉裁. 说文解字注. 许惟贤,整理. 南京:凤凰出版社,2007:1.
[③] 当然还要结合其他证据才能把这里的"条例"变成真理;故今人在使用其法时,要特别注意。

143

变条件（亦即丢失韵尾的演变）。这种科学推演的过程在《段注》里面比比皆是。所以，说段氏是具有科学精神的语言文字学家，并不过分。

（二）理必用语笺识

1. 例之

"例之"有两层含义。第一是构建"例式"（pattern）；第二是以例式检验（test）新的材料。这种运作的背后，还蕴含第三个潜在之意：如果新材料确可"入例"，则反证"例式"之正确。

2. 凡、凡言

"凡"在段氏（包括乾嘉其他学者）的概念里有两种意思：①所有的；②一般而言。一般读者只熟悉前一概念，但最近西方汉学家何莫邪特意指出第二种用法。因此，读段注不能不区分他的两个"凡"的概念和定义，否则就要犯钱大昕所讥之错。这里我们不妨把何莫邪对"凡"的深刻阐释引述如下：

> Fán 凡 must not be misunderstood the way it is misunderstood in the big dictionaries, or as the immensely useful recent dictionary 王力古汉语词典 p. 64 has it, as "所有的，一切的""all; the whole lot". The matter is worth dwelling on. The word fán 凡 practically never means just "all": it is a heavily abstract modal particle meaning something like "as a matter of principle", and as in the case of fū 夫 the sentences introduced by fán 凡 must always be non-narrative and not descriptive in a tensed way. The particle fán 凡 thus functions as a generalising abstract modal particle. It is worth dwelling on this point because it shows the common phenomenon of handbooks tending to agree on very basic points of grammar that are manifest misunderstandings.[1]

---

[1] Harbsmeier C. A reading of the Guōdiàn 郭店 manuscript Yǔcóng 语丛 1 as a masterpiece of early Chinese analytic philosophy and conceptual analysis. Studies in Logic, 2011, 4(3): 6.

第五章 《说文段注》演绎推理阐微

3. 相为（平入）

相是彼此之义，"相为"是"互相作为……"的意思，需理解为"彼此依赖、缺彼无此"的关系。这是段氏系统观或结构观的一种表述方法，这里具体指"平声是就入声而言"，反之亦然（这里已经暗含了"阴阳/阴入对转"的原理和意识）。

第三节 《段注》理必逻辑思想

一、"通"蕴预必然、"必"含蕴"不通"

《说文解字注·第十四篇上·金部》：**镭，业也。贾人占镭。从金，昏声。**武巾切，十二部。按，此字**必**后人所增，**必**当删者。《史》、《汉》、"贾人缙钱"字从糸，李匪曰："缙，丝也。以贯钱也。"引《诗》"维丝伊缙"，如淳引胡公云："缙钱为缙者，《诗》云：氓之蚩蚩，抱布贸丝。故谓之缙也。"不知何人因二千一算改为镭字，正如矢族改为镞耳。以业训之，尤不可通。①

（一）理必论证

本条注论的理必特点是开门见山，连用两个"必"，断定许慎《说文解字》的"镭"字"**必**后人所增、**必**当删者"。其论证特点是以理之"通否"为其裁断根据。其论证过程如下。

1. 指误点题

"镭"字必后人所增，所以必当删去。

---

① 段玉裁. 说文解字注. 许惟贤, 整理. 南京: 凤凰出版社, 2007: 1241.

145

2. 提供书证

《史记》《汉书》作"缗",从糸不从金。

3. 提供义证

采用李匪（颜师古《汉书注》引作"李斐",即《段注》"李匪"）的释义。"缗"意为"以丝贯钱",在《诗经》中正作"缗",如淳也说"缗钱为缗"。

4. 理设致误原因

段氏推想,或有人"因二千一算"的历史,将"缗"改为了"锚"。这种推想是根据汉武帝时的"算缗"制度：元狩四年（公元前119年）,汉武帝下令"初算缗钱"（"缗"同"缗"）,规定商人财产每二千钱须缴纳120钱作为财产税。

5. 类比致误原理

"缗"改为"锚"与"族"改为"镞"同理。段氏在"镞"字下说："疑后所增字。"①《说文·扑部》曰："族,矢鏠也……束之族族也。"《段注》曰："今字用镞,古字用族。"②"䂞"下又注云："镞,当作族。族,矢鏠也。"③《说文·金部》："镞,利也。"④本条注论里,段氏通过类比发现了古今改字致误的同一规律：根据词义加置偏旁而增入《说文》。

6. 结论

以"业"训"锚",于义"尤不可通"——在语义上毫不沾边,所以"锚"必删无疑。

注意：本条开篇两个"必"的背后,蕴含所以如此的必然道理；而必然道理里面蕴含着不如此则"不通"的推演。故而所以"通"的背后一定有必

---

① 段玉裁. 说文解字注. 许惟贤, 整理. 南京: 凤凰出版社, 2007: 1241.
② 段玉裁. 说文解字注. 许惟贤, 整理. 南京: 凤凰出版社, 2007: 547.
③ 段玉裁. 说文解字注. 许惟贤, 整理. 南京: 凤凰出版社, 2007: 785.
④ 段玉裁. 说文解字注. 许惟贤, 整理. 南京: 凤凰出版社, 2007: 1241.

然，必然的存在也预示着不如此则不通的道理。是故"通预必然、必预不通"。明于此则可以理解何为"**段氏理必论**"。

（二）理必用语笺识

1. 必当

字面很好理解，但在段氏注论中应理解为"最强的理论预测"的意思。"必"是不可能不如此、"当"是应该如此（=理论要求如此），"必当"相当于 must be 或 should be，即 no question about it 的意思。

2. 不可通

字面上是"说不通"的意思，在段氏的释义论证系统中应当理解为"逻辑上有矛盾"的意思。因此凡段氏断语"不可通"处，都有逻辑原理在其前或其中。

二、理必不容矛盾（学理不容自欺）——此形彼义=牛头马脯

《说文解字·第十篇下·心部》：**惪**，悳皃。以下悳字廿二见，并上文四见，各本皆作"忧[憂]"，浅人用俗行字改之也。许造此书，依形立解，断非此形彼义、牛头马脯以自为矛盾者。悳者，愁也。忧者，和行也。如今本，则此廿余篆将训为和行乎。他书可用假借，许自为书不可用假借。**从心，员声**。王分切。十三部。[①]

（一）理必论证

此注反映出段氏心目中强烈的理论意识和逻辑"矛盾律"的观念，堪为理必思想的典型释例。

[①] 段玉裁. 说文解字注. 许惟贤, 整理. 南京: 凤凰出版社, 2007: 896.

（1）建立原理："许造此书，依形立解。"

（2）理必推理："断非此形彼义。"

（3）悖论结果："牛头马脯以自为矛盾。"

（4）归谬论证："如今本（忧者，和行也），则此廿余篆将训为和行乎。"——假如像今本那样的话，那么那 20 多个训"忧"的字都要解释成"和行"吗？显然不能。

（5）结论："他书可用假借，许自为书［自建体系］不可用假借。"所以看出段氏理必不容矛盾：此形彼义=牛头马脯，这样就成了学理自欺，为段氏理必系统所不容。

（二）理必用语笺识

1. 立解

建立解释系统。这里的"立"反映出段玉裁的"理论"意识非常强烈——在他眼里，"解释"就像观点一样要"立论"的，因此"立解"和"立论"应该是同类的学术操作。这一点读不出来，就对段氏理必之学仍然隔层。

2. 自为矛盾

自相矛盾（self-contradiction）。在段氏系统里，无论是"解"还是"论"都不能自相矛盾。

3. 如

如果（像）……的话，假设连词："如今本，则此廿余篆将训为和行乎？"

三、理必核心概念：矛盾律

《说文解字注·第三篇下·又部》：馘，饰也。饰，各本作"拭"，今依《五经文字》正。巾部曰："饰，馘也。"彼此互训。手部无拭字。彡下云："毛饰画文也。"聿下云："聿，饰也。"皆即今之拭字。独

第五章 《说文段注》演绎推理阐微

于𢻰下改"拭"，**与全书矛盾**矣。按，"拭圭"虽见《聘礼》，然必系俗改。古者拂拭字只用饰，以巾去其尘，故二字皆从巾。去尘而得光明，故引伸为文饰之义……**从又持巾在尸下。**[1]

（一）理必论证

本条注论表现出段玉裁善用"矛盾律"解决版本和词义的问题。其论证程序如下。

（1）点题指误："饰，各本作'拭'"，误！

（2）书证正误："依《五经文字》正。"

（3）内证一：《说文·巾部》："饰，𢻰也。"段氏认为这是《说文》互训之例，亦是反证。

（4）内证二：《说文·手部》无"拭"字；且"彡""聿"下释文用"饰"不用"拭"。进而指明"饰"与"拭"为古今字。从《说文》全书来看，独于"𢻰"下改为"拭"，不合体例。

（5）处理反例：《聘礼》中有反例"拭圭"，段氏认为"必系俗改"（原理见后）。

（6）以形定义：因"以巾去其尘"，故"拂拭义"的"饰、𢻰"二字古皆从巾，"拭"字不合构形原理，必后出之字。

（7）以义定义：进一步申说"饰"义：去尘而得光明，故引伸为文饰之义。"去尘""文饰"二义相通，可互取证。

由上诸证可见，"饰"各本作"拭"必误无疑。

（二）理必用语笺识

"与……矛盾"这一用语似乎没有什么难解之处，然而，其中仍有深入了解段氏有关"矛盾律"思想的必要。第一，段氏注论虽然说的是"与整体系统相互矛盾、亦即 contradict with the whole system"的情况，但是我们可以（也

---

[1] 段玉裁. 说文解字注. 许惟贤, 整理. 南京：凤凰出版社，2007: 207.

149

应该）从中窥出他的"矛盾系统"还包含了"局部矛盾"和"个例矛盾"等子系统。第二，他的这种矛盾律思想应该是从其师戴震的"十分之见"体系中获得的，并进而发展出"整体系统无矛盾"的逻辑系统观。就是说，这里易解用语的只言片语背后，蕴藏着一套科学矛盾律有待我们仔细地去品味和发掘。

第四节 《段注》"理必注论"模式

一、注论模式之一：先证后断

前文讨论的《说文》粒字的注论，可以作为典型的"先证后断"的范例。这里我们从论证模式上再重审该注。

《说文解字注·第七篇上·米部》：粒，糂也。按，此当作"米粒也"，米粒是常语，故训释之例如此。与糵篆下云"糵米也"正同。《玉篇》《广韵》粒下皆云"米粒"可证。浅人不得其解，乃妄改之，以与糂下"一曰，粒也"相合。不知粒乃糂之别义，正谓米粒，如妄改之文，则粒为以米和羹矣，而"一曰，粒也"何解乎？今俗语谓米一颗曰一粒，《孟子》："乐岁粒米狼戾。"《赵注》云："粒米，粟米之粒也。"《皋陶谟》："烝民乃粒。"《周颂》："立我烝民。"《郑笺》："立当作粒。"《诗》《书》之粒，皆《王制》所谓"粒食"，始食艰食、鲜食，至此乃粒食也。**从米，立声。**力入切，七部。按，此篆不与糂篆相属，亦可证其解断不作糂也。**䉶，古文从食。**[1]

我们在第二章曾详解段氏此段"注论"，这里我们进而探讨其中的论证模式。我们知道：研究和解释《段注》的理必原则，实际就是"为圣人

---

[1] 段玉裁. 说文解字注. 许惟贤, 整理. 南京：凤凰出版社, 2007: 578-579.

立言"——找出段氏理必思想指导下的训释体例、找到他理必体例的论证模式。段氏的本条注论可以看作是一篇结构层次分明、系统清晰完整的"理必论文"。读者细心品味，自可见其严密之用心，洞悉其理必精神指导下的推理模式。下面分步诠解之。

1. 开宗明义，标举观点

"粒，糂也"当作"粒，米粒也"。这里用"当作"说明自己的观点。

2. "考"——"考证"的第一步

乾嘉术语中的"考证"一词，应该分而解之，即"考"和"证"两大步骤。"考"指发掘古代材料，发现和侦辨该字（=词）在文献语言中的具体使用情况和典型用例。这里段氏的"考辨"方法包括：①用《说文》训释体例说明"米粒"乃"训释之例"，故"粒，糂也"当作"粒，米粒也"。②用旁证，如"《玉篇》《广韵》粒下皆云'米粒'可证"。③辨误，即揭源致误之由："浅人不得其解，乃妄改之，以与糂下'一曰，粒也'相合。"

3. "证"——"考证"的第二步

运用逻辑推理证明结论的正确。这里段氏使用的是**"归谬"逻辑证伪法**："如妄改之文，则粒为以米和羹矣，而'一曰，粒也'何解乎？"这是陷错误的结论于自相矛盾之地，正确的结论则不言自明："糂，以米和羹也；一曰，以米和羹也。"《说文》"糂"字之"一曰"之训就变成和本训的"同义反复"，与理不容；故反证《说文》"糂，米粒也"的校正"不可能错"。

4. 复证

再引俗语、古籍用例、《说文》列字等证据从多方面反复论证。

5. 断言理必结论

根据上述考证（=考+证），"可证其断不作糂也！"

虽然不是每条注语都包含这五方面的论证（视对象和材料而定），但其论证框架和精神，均可自成一式。

二、"理必注论"模式之二：以证出断，断而复证

《说文解字注·第十篇下·亢部》：亢，人颈也。《史》《汉》，《张耳列传》："乃仰绝亢而死。"韦昭曰："亢，咽也。"苏林云："肮，颈大脉也，俗所谓胡脉。"《娄敬传》："搤其亢。"张晏曰："亢，喉咙也。"按，《释鸟》曰："亢，鸟咙。"此以人颈之称，为鸟颈之称也。亢之引申为高也，举也，当也。**从大省，上人。象颈脉形。下几。**苏林说与此合。古郎切，十部。按，亦胡郎切，亦下浪切。俗作"肮"，作"吭"。**凡亢之属皆从亢。**

　　颃，亢或从页。此字见于经者，《邶风》曰："燕燕于飞，颉之颃之。"《毛传》曰："飞而上曰颉，飞而下曰颃。"**解者不得其说。**玉裁谓，当作"飞而下曰颉，飞而上曰颃"，转写互讹久矣。颉与页同音，页古文䭫，飞而下如䭫首然，故曰"颉之"，古本当作"页之"。颃即亢字，亢之引申为高也，故曰"颃之"，古本当作"亢之"。于音寻义，**断无**飞而下曰颃者。若扬雄《甘泉赋》："柴虒参差，鱼颉而鸟胻。"李善曰："颉胻，犹颉颃也。"师古曰："颉胻，上下也。"皆以《毛诗》"颉颃"为训。鱼潜渊，鸟戾天，亦可证颉下颃上矣。俗本《汉书》胻讹从目，作"眄"，《集韵》入诸唐韵，谓即《燕燕》之颃字。俗字之不可问有如此者。扬雄《解嘲》："邹衍以颉亢而取世资。"《汉书》作亢，《文选》作颃，正亢颃同字之证。页部曰："颉者，直项也。"亢者，人颈。然则颉亢正谓直项。《淮南·修务训》："王公大人有严志颉颃之行者，无不惮悚痒心而悦其色矣。"此正**用直项之训**。《解嘲》之"颉亢"，亦正谓邹衍强项傲物，而世犹师资之也。亢用字之本义。《东方朔画赞》云："苟出不可以直道也，故颉颃以傲世。"亦**取直项之义**。①

本条注论可作为典型理必论证的结构模式，其层次、步骤井然有序。

---

① 段玉裁. 说文解字注. 许惟贤，整理. 南京：凤凰出版社，2007：868.

第五章 《说文段注》演绎推理阐微

1. 提出问题

"《毛传》曰：'飞而上曰颉，飞而下曰颃。'解者不得其说。"

2. 解决方案

段玉裁谓："当作'飞而下曰颉，飞而上曰颃'，转写互讹久矣。"

3. 论证一

解决第一个字"颉"的本字问题。"颉与页同音，页古文䭫，飞而下如䭫首然，故曰'颉之'，古本当作'页之'。"

4. 论证二

解决第二个字"颃"的本字问题。"颃即亢字，亢之引申为高也，故曰'颃之'，古本当作'亢之'。"

5. 提出原理

用"学理的必然性"做出判断："于音寻义，断无飞而下曰颃者。"即先出原理，再下断语，这是段玉裁"理必"论证法一大原则。

6. 理必之证一

"扬雄《甘泉赋》：'柴虒参差，鱼颉而鸟䑗。'李善曰：'颉䑗，犹颉颃也。'师古曰：'颉䑗，上下也。'皆以《毛诗》'颉颃'为训。"

7. 理必之证二

"鱼潜渊，鸟戾天，亦可证颉下颃上矣。"此外，《诗经·大雅·旱麓》中"鸢飞戾天，鱼跃于渊。"郑玄笺："鸢，鸱之类，鸟之贪恶者也，飞而至天，喻恶人远去，不为民害也。鱼跳跃于渊中，喻民喜得所"亦可为证。

8. 去伪反证

"俗本《汉书》䑗讹从目，作'䀪'，《集韵》入诸唐韵，谓即《燕燕》之颃字。俗字之不可问有如此者。"

9. 更深一层

证"亢""颉"之同，为下面的"取义"理论铺路："扬雄《解嘲》：'邹衍以颉亢而取世资。'《汉书》作亢，《文选》作颉，正亢颉同字之证。"

10. 揭示同源"取义"之义核

"页部曰：'颉者，直项也。'亢者，人颈。然则颉亢正谓直项。"

11. 引证文献以凿实义核推断之确

"《淮南·修务训》：'王公大人有严志颉颃之行者，无不惮悚痒心而悦其色矣。'此正用直项之训。"回推："《解嘲》之'颉亢'，亦正谓邹衍强项傲物，而世犹师资之也。亢用字之本义。"

12. 结论

"《东方朔画赞》云：'苟出不可以直道也，故颉颃以傲世。'亦取直项之义。"这是义核训诂的特殊效应，也是一条"我的理论精美得不可能错"的典范论证！

第五节 求实与求是

以上我们从段玉裁《说文解字注》中精选出十余条有关理必的用语和注论，虽然是冰山之一角，但从中可以体味到其注论之中理必精华之所在。当然，非反复研习、潜心抽读其用语之中所含"理必"之思想，不能看出段氏是如何用推演论证得出其逻辑必然——求是。这里所要指出的是，从段氏一生的学术成就及其与同行的争斗和论辩来看（如与顾千里有关"理校"的争辩——不满足于"求实"），他确有一套强烈而自觉的理必意识和理念，同时也有一套表达理必思想的用语和说法。这里我们只从段氏的诸条《说文》注释中，列举性地拈出若干用语，发凡性地做了一些诠释和说明（部分附以

第五章 《说文段注》演绎推理阐微

英文对照），虽未穷尽但足以说明其理必思想之深且新。[①]

段玉裁《说文解字注》之博大精深，从上文的阐释中可以看出一点：段氏每立一说，必有所据。此为"读段须知"而未必皆知。正因如此，对段氏理必不知、不解或不熟者，要么轻以段说为臆说，要么妄以段氏为武断。殊不知此乃诬段之甚也；虽无损于段，"然适以成吾之妄"[②]。事实上，《段注》各条虽详略不一，其理必论证均精义频出，谛见纷呈，且结构井然，有体式可循。今据本书所揭数条为例，櫽栝其论证结构，胪之于下，以见其概：①提出问题（指出错误）；②建立原则；③内证；④旁证；⑤误源推证；⑥归谬演绎；⑦他证（俗语、方言、古典书证）；⑧延伸理证——既可预测，也可反证；⑨本证（以《说文》证《说文》）；⑩结论必然。此即通过内证、旁证、推证等求实，得出求是之必然结果。

据不同字词的不同情况，其注释论证之步骤及内容亦各有不同。尽管如此，其论证结构的总体模式均不外此。若综而言之，其论证手段大抵包括如下：①发疑；②出论；③供据〔文献证据、字理证据（形音义互求律）、词理证据（训诂原理）〕；④明例（发明许书体例）；⑤推理（演绎/类比/归谬）；⑥结论。由此亦可见，没有文献证据、字理证据、词理证据之"实"，无法得出推理之"是"的结论。段氏《说文解字注》之理必思想是一种有精心设计的、有系统的理论创构（theory-forming）；是一种超越时代的学术范式。其背后之精蕴若蔽之以一言，则曰段氏《说文解字注》理必旨在求"为什么的问题"——求是，此与吴派存古意在寻"是什么的问题"——求实者，大异其趣也。更以"侊"字注（《说文解字注·第八篇上·人部》）为例：

侊，小皃。 小当作大，字之误也。凡光声之字，多训光大，无训小者。《越语》句践曰："谚有之曰：觥饭不及壶飧。"韦云："觥，大也。大饭谓盛馔，盛馔未具，不能以虚待之，不及壶飧之救饥疾也。言

[①] 按，本章所列出的用语（或术语）多为一字数义，随文而异。因此所做释义只适用于所出之上下文，在其他语境中的含义如何，还要看具体情况而定，不宜一加区分处处套用。更概括、更全面的段氏理必术语的搜集和诠释正在编辑之中，一俟完毕，再请方家赐正。
[②] 钱大昕. 答王西庄书//潜研堂集. 吕友仁, 标校. 上海：上海古籍出版社, 1989: 636.

己欲灭吴，取快意得之而已，不能待有余力。"《韩诗》云："侊，廓也。"许所据《国语》作侊，侊与䫦音义同。《广韵•十一唐》曰："侊，盛皃。"用韦注。《十二庚》曰："侊，小皃。"用《说文》，盖《说文》之讹久矣。**从人，光声。**古横切，古音读如光，十部。**《国语》曰："侊饭不及壶飧。"**壶飧，各本作"一食"。一由壶、壹递讹，食夺偏旁。今依《玉篇》《广韵》所引《说文》正。飧者，食部或餐字也。《集韵》正作餐。壶飧，犹《左传》赵衰之"壶飱"。《史记》："操一豚蹄，酒一壶"，皆谓薄少。古壶有大小，此非大一石之壶也。○又按，许所据竟作"一食"，未可知，似不必改。①

从这条段氏注论中可以看出，同是一句话、一个注论，只从字面（一般人的时俗眼光）看，看不出作者深湛的逻辑思想和创新的学术理路。段玉裁的《说文解字注》中"理必注论"所用的训诂用语，其含义可以是字面的俗常理解，也可以是深刻的理必论辩。关键看能否读出鲜为深究的《段注》理必注论的术语及其论证方法和结构，能此，我们便可以从中推出和领略段氏的"理必裁断"。此段氏之幸也，亦学术之幸也！

毋庸讳言，在发掘《说文解字注》中理必思想的同时，我们也同时看到，《说文解字注》确有不少引证失误之处，引发后人多为匡正；其中理必论断也颇遭后人诟病。前者如钮树玉的《段氏说文注订》、徐承庆的《说文解字注匡谬》、冯桂芬的《说文解字段注考正》；后者如今人周祖谟的《论段玉裁〈说文解字注〉》，其中虽不乏肯定之词，但更多的是批评，尤其是对段的方法论。总的来说，《段注》中材料性的引证错误，段氏责无旁贷；但方法论上的批评，在今天看来，则当重新审视。我们看到：段玉裁的研究方法不仅蕴涵着科学的要素，更可观的是他和他的老师、同门及弟子，开创了一个理必学术的新时代。这一点，从今天所揭举的"理必"尺度来看，怎么估计也不会过高。

---

① 段玉裁. 说文解字注. 许惟贤，整理. 南京：凤凰出版社，2007：664.

第六章 《广雅疏证》生成类比发微

如果科学不是技术而是思想，那么我们就会发现乾嘉学术蕴藏着丰富的科学思想，具言之即乾嘉理必思想[1]。本章即在此前提之下，从王念孙生成类比逻辑揭示其理必的科学要素。同时，也兼此说明，国学研究若跳不出五四以来对传统小学的偏见和西式框架，则看不到王念孙（以至乾嘉之学）的真正精华之所在。在本章的讨论里，我们还将看到乾嘉小学的科学性质不仅可与现代科学研究直接接轨，甚至可以纠正长期以来只重材料的经验主义之偏颇，补充当代学术之不足。因此，回观历史，我们不禁深思回归理性主义的乾嘉**理必之学**（学理上而非材料上的必然）的科学之路，继绝章黄的**发明之学**（揭明现象背后规律之学）的历史使命。

第一节 王氏类比"大端"的确立

刘盼遂《高邮王氏父子年谱》说：王念孙在乾隆四十一年（1776年）"以

---

[1] 参见：冯胜利. 从人本到逻辑的学术转型——中国学术从传统走向现代的抉择. 社会科学论坛, 2003, (1): 7-27; 冯胜利. 乾嘉"理必"与语言研究的科学属性. 中文学术前沿, 2015, (2): 89-107.

后四年，皆独居于祠畔之湖滨精舍。以著述至事，穷搜冥讨，谢绝人事"①。于是奠下"四辟六达，动揩合度，取精用弘，左右逢原"的学术基础②，最终到达**大端既立，则触类旁通**的境界③。然而，什么是王氏之"大端"，刘盼遂未言，王怀祖本人亦未告晓天下。我们认为，这个"大端"就是创自其本师戴震用"综刑名、任裁断"（章太炎评语）的科学方法开辟的有清一代的理必之学④。段玉裁的理必之论，我们上一章已详尽阐述，而王氏之理必裁断，本章也将详论其理，先看下面的例子⑤。

《广雅疏证》卷五上曰：

> 仪、愈，贤也。引之云："《大诰》：'民献有十夫。'传训献为贤。《大传》作'民仪有十夫。'《汉书·翟义传》作'民仪九万夫。'班固《窦车骑将军北征颂》亦云'民仪响慕，群英景附。'古音仪与献通。《周官·司尊彝》：'郁齐献酌。'郑司农读献为仪。郭璞《尔雅音》曰：'犧音仪。'《说文》犧从车、义声，或作䥄，从金、献声，皆其证也。汉斥彰长《田君碑》曰：'安惠黎仪，伐讨奸轻。'《泰山都尉孔宙碑》曰：'乃绥二县，黎仪以康。'《堂邑令费凤碑》曰：'黎仪瘁伤，泣涕连漉。'黎仪即《皋陶谟》之'万邦黎献'也。汉碑多用经文，此三碑皆言黎仪，则《皋陶谟》之黎献，汉世**必有作**黎仪者矣。"⑥

《读书杂志·逸周书第四》曰：

> 举其修。举其修则有理。孔注曰：修，长也。谓纲例也。念孙案：修

---

① 刘盼遂. 高邮王氏父子年谱//王念孙，等. 高邮王氏遗书. 罗振玉，辑印. 南京：江苏古籍出版社，2000: 49.
② 刘盼遂. 高邮王氏父子年谱//王念孙，等. 高邮王氏遗书. 罗振玉，辑印. 南京：江苏古籍出版社，2000: 50.
③ 刘盼遂. 高邮王氏父子年谱//王念孙，等. 高邮王氏遗书. 罗振玉，辑印. 南京：江苏古籍出版社，2000: 50.
④ 戴震断言《尧典》古本必有作'横被四表'者曾引起有清一代诸多学者的注意和讨论，即其例也。
⑤ 此蒙王利协助检得如下诸条，特致谢意。兹揭之于此以见段、王理必之学盖出一辙也。
⑥ 王念孙. 广雅疏证. 钟宇讯，点校. 北京：中华书局，1983: 144.

第六章 《广雅疏证》生成类比发微

即条字也。**条必有理**，故曰"举其条则有理"。汉书高惠高后文功臣表：修侯周亚夫。师古曰：修读曰条。是条、修古字通。孔以修为纲例，义与条亦相近，而又训为长，则与纲例之义不合。此注疑经后人窜改也。①

《广雅疏证》卷四上曰：

襮……表也。襮者，《吕氏春秋·忠廉》篇"臣请为襮"，班固《幽通赋》"张修襮而内逼"，曹大家及高诱注并云："襮，表也。"《襄三十一年·左传》"不敢暴露"，暴与襮声近而义同。《唐风·扬之水》篇："素衣朱襮"，《毛传》云："襮，领也。"《易林·否之师》云："扬水潜凿，使石洁白，衣素表朱，游戏臬沃。"皆约举《诗》辞。则三家诗**必有训**襮为表者矣。②

由上可见，王念孙（与段玉裁一样）善用"必有"学理来"订误、发明"（陆宗达评语），不仅如此，我们认为王氏还创造了另外一套"理必之法"蕴含在下面这类例子的分析之中：

（1）《广雅·释诂一》：般，大也。《广雅疏证》曰："《说文》：伴，大貌。伴与般亦声近义同。凡人忧则气敛，乐则气舒，故乐谓之般，亦谓之凯。大谓之凯，亦谓之般，义相因也。"③

（2）《广雅·释诂一》：方，始也。《广雅疏证》曰："凡事之始，即为事之法，故始谓之方，亦谓之律。法谓之律，亦谓之方矣。"④

（3）《广雅·释诂三》：臧，厚也。《广雅疏证》曰："凡厚与大义相近，厚谓之敦，犹大谓之敦也，厚谓之醇，犹大谓之纯也；厚谓之臧，犹大谓之将也。"⑤

---

① 王念孙. 读书杂志. 南京：江苏古籍出版社，1985：33.
② 王念孙. 广雅疏证. 钟宇讯，点校. 北京：中华书局，1983：114.
③ 王念孙. 广雅疏证. 钟宇讯，点校. 北京：中华书局，1983：6.
④ 王念孙. 广雅疏证. 钟宇讯，点校. 北京：中华书局，1983：5.
⑤ 王念孙. 广雅疏证. 钟宇讯，点校. 北京：中华书局，1983：92.

(4)《广雅·释诂四》：岑，高也。《广雅疏证》曰："凡高与大义相近，高谓之岑，犹大谓之岑也；高谓之嵬，犹大谓之巍也；高谓之㟪，犹大谓之奜也。"①

从例（1）可见：王念孙为了证明"般"有"大"义，从"般"与"凯"同义（都有"乐"的意思）的角度入手，说明"凯"有"大"义，则"般"也（应当）有"大"义，因为二者均有"乐"义；进而提出"乐则气舒"的原理，并借此推出"乐"有"大"义是"乐则气舒"的结果。注意：以"凯"释"般"是类比推理，但不是简单的形式逻辑上的类比推理。请看例（2）中各项之间的类比关系。

《广雅疏证》卷一上："凡事之始，即为事之法。"故可得出如图6-1所示的关系图。

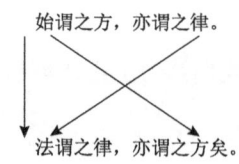

图6-1 始、方、法、律生成类比关系图

我们知道，一般的类比推理的公式是：

X 和 Y 都具有属性 p、q、r；

X 具有特征 F；

所以，Y 也具有特征 F。

例（2）中"凡事之始，即为事之法"这句"关键词"至关重要，它告诉我们：A 和 B 有"相生"的关系。"相生"指"生或被生"的关系（语源学考证可确定）。《礼记·乡饮酒》："亨狗于东方，祖阳气之发于东方也。"郑注曰："祖犹法也。"②至今诸多西方法院判案之法，均据初始案例定罪，即反

---

① 王念孙. 广雅疏证. 钟宇讯，点校. 北京：中华书局，1983：127.
② 阮元校刻. 十三经注疏. 北京. 中华书局，2009：3656.

第六章 《广雅疏证》生成类比发微

映出"凡事之始,即为事之法"的社会观念。词义运动在文化历史观念下衍生出的词义关系(如"始即为法")[①]可以示解为一种"相生"的关系。据此,我们不能说王念孙的类比义证是简单的类比逻辑。因为形式逻辑的类比推理公式(X和Y都有p、q、r,如果X具有特征F,所以Y也有特征F)里面的X和Y,不含相生的关系。换言之,一旦类比项中X和Y彼此含有了"同源相生"的关系,根据笔者[②]的分析,X所具有的属性和Y所具有的属性就不是偶然的巧合(coincidence)或对应(correlation),而是具有了一定的必然性。原因很简单,"凡同源(相同血缘)者必有同质共享成分,亦即基因理必(genetic certainty)"。这就赋予了X和Y中"p、q、r……"系列中的各成分以"基因必然"的性质(基因效应)。[③]从这个意义上说,王氏的类比法蕴含着必然的要素。笔者[④]进而将王念孙发明的这种"类比义证法"称为"生成类比法"(generative analogy),认为这是王氏独创的、赋有必然属性的一种特殊的逻辑推理式。

第二节 《广雅疏证》中的类比论证

类比论证的基础是类比义丛。类比义丛是王氏发现和揭举的词语中的具有"相同(或类似)关系"的语义群组。如《广雅疏证》:"凡事之始,即为事之法,故始谓之方,亦谓之律。法谓之律,亦谓之方矣。"[⑤]其中讨论"初始"与"法律"两个意思的相关性,王氏则从"律"有"始""法"

[①] 按,词义关系不是逻辑关系,尽管词义的语义学分析需要逻辑。
[②] 参见:冯胜利. 论王念孙的生成类比法. 贵州民族大学学报(哲学社会科学版),2016,(6):77-88.
[③] 从另一个角度而言,这里提出的生成类比法中"p、q、r……"的对应项可理解为该血缘成员中的基因系列,可以示解为X和Y的预测结果 prediction 或验证事实 verification,同样可以导致"生成类比逻辑"的必然性结果。兹事所预函者甚夥,容专文另述。
[④] 参见:冯胜利. 论王念孙的生成类比法. 贵州民族大学学报(哲学社会科学版),2016,(6):77-88.
[⑤] 王念孙. 广雅疏证. 钟宇讯,点校. 北京:中华书局,1983:5.

二义，"方"也有"始""法"二义的关系来论证。核之古注，均有成训为据。如：

> 方，始也，《助字辨略》卷三："《洛阳伽蓝记》：'赵逸云："郭璞尝为吾筮云，寿年五百岁，今始余半。"'此始字，犹云方也，才也。"
> 方，法也。《后汉书·桓谭传》："如此天下之方，而狱无怨滥矣。"李贤注："方，犹法也。"
> 律，始也；《方言》："鲑、律，始也。"《说文解字》："肁，始开也，从户聿。"
> 律，法也，《文选·陈琳〈为袁绍檄豫州〉》："如律令。"李善注引《风俗通》："律，法也。"

因"始""法"二义在不同词的词义系统里相因而存，故可用之进行类比互证。我们把"不同词语的语义系统"所具同一语义关系并可用之相互佐证的"语义族群"，叫作"类比义丛"。

为发明王氏的"生成类比法"，冯胜利和殷晓杰[①]从《广雅疏证》中爬梳出 71 条类比义丛（具有类比性的语义关系丛）进行对比研究。例如：

1. "忧敛乐舒"类比义丛

【原理】伴与般亦声近义同。凡人忧则气敛，乐则气舒。

【推演】［故］乐谓之般，亦谓之凯。大谓之凯，亦谓之般，义相因也。[②]

2. "类律声义并同"类比义丛

【原理】类与律声义同。

【推演】［故］相似谓之类，亦谓之肖，法谓之肖，亦谓之类，义亦相近也。[③]

---

① 参见：冯胜利，殷晓杰. 王念孙《广雅疏证》类比义丛纂例. 文献语言学, 2018, (7): 4-50.
② 王念孙. 广雅疏证. 钟宇讯，点校. 北京: 中华书局, 1983: 6.
③ 王念孙. 广雅疏证. 钟宇讯，点校. 北京: 中华书局, 1983: 11.

3. "远大同义"类比义丛

【原理】凡远与大同义。

【推演】[故] 故远谓之荒，犹大谓之荒也，远谓之遐，犹大谓之假也，远谓之迂，犹大谓之吁也。①

4. "大则覆有"类比义丛

【原理】俺与奄亦声近义同。大则无所不覆，无所不有。

【推演】[故] 大谓之愰，亦谓之奄；覆谓之奄，亦谓之愰；有谓之愰，亦谓之抚，亦谓之奄。②

5. "张大同义"类比义丛

【原理】凡张与大同义。

【推演】[故] 张谓之愰，亦谓之扜，犹大谓之愰，亦谓之吁也；张谓之磔，犹大谓之祏也；张谓之彉，犹大谓之廓也。③

6. "美大同意"类比义丛

【原理】美从大，与大同意。

【推演】[故] 大谓之将，亦谓之皇；美谓之皇，亦谓之将；美谓之贲，犹大谓之坟也；美谓之肤，犹大谓之甫也。④

7. "健疾相近"类比义丛

【原理】凡健与疾义相近。

【推演】[故] 疾谓之捷，亦谓之魃，亦谓之壮，亦谓之偈；健谓之偈，亦谓之壮，亦谓之魃，亦谓之捷。健谓之夐，犹疾谓之咸也；健谓之武，犹疾谓之舞也。⑤

8. "有大义近"类比义丛

【原理】有与大义相近。

---

① 王念孙. 广雅疏证. 钟宇讯, 点校. 北京: 中华书局, 1983: 13.
② 王念孙. 广雅疏证. 钟宇讯, 点校. 北京: 中华书局, 1983: 6.
③ 王念孙. 广雅疏证. 钟宇讯, 点校. 北京: 中华书局, 1983: 14-15.
④ 王念孙. 广雅疏证. 钟宇讯, 点校. 北京: 中华书局, 1983: 24.
⑤ 王念孙. 广雅疏证. 钟宇讯, 点校. 北京: 中华书局, 1983: 57.

【推演】［故］有谓之厬，亦谓之方，亦谓之荒，亦谓之忾，亦谓之虞。大谓之厬，亦谓之方，亦谓之荒，亦谓之忾，亦谓之吴。①

就目前我们观察到的材料来看，上述类比推证法（严格说是生成类比法）在中国训诂学史（以至于中国逻辑史）上，未曾有过。需知：简单类比法的运用在王氏之前并非没有先例，但其自觉度、类比项的多重性和纵横性，在此之前的学者"都不及王氏的深刻而自成体系"②。这里值得一提的是，陆宗达先生在讨论古代"去"和"除"的词义的时候，首次继承、发展和拓宽了传统类比法在词义分析和对比上的使用，他在《训诂浅谈》里指出："从'去'和'除'的对应的意义上，同样可以引申出'拿掉''杀死''宽恕''躲避'这些意义。"③亦即：

去=1. 躲避；2. 拿掉；3. 杀掉；4. 宽恕

除=1. 躲避；2. 拿掉；3. 杀掉；4. 宽恕

去 1. 躲避。如："公赋《南山有台》，武子去所。曰：臣不堪也。"（《左传·襄公二十年》）

2. 拿掉。如："卫侯不去其旗，是以甚败。"（《左传·闵公二年》）

3. 杀掉。如："不去庆父，鲁难未已。"（《左传·闵公元年》）

4. 宽恕。如："叔党命去之。"（《左传·宣公十二年》）

除 1. 躲避。如："逃奔有虞，为之庖正，以除其害。"（《左传·哀公元年》）

2. 拿掉。如："天假之年而除其害。"（《左传·僖公二十八年》）

3. 杀掉。如："欲除不忠者以说于越。吴人杀之。"（《左传·襄公二十年》）

4. 宽恕。如："请以除死。"（《左传·昭公二十年》）

---

① 王念孙. 广雅疏证. 钟宇讯, 点校. 北京：中华书局, 1983: 8.
② 冯胜利. 论王念孙的生成类比法. 贵州民族大学学报（哲学社会科学版), 2016, (6): 81.
③ 陆宗达. 训诂浅谈. 北京：北京出版社, 1964: 46-48.

第六章 《广雅疏证》生成类比发微

上述义列中各对应项，均可供类比互证。这是词义引申系列对比研究的首例，后来学界推出的"同律互证"[①]、"同步引申"[②]、"相因生义"[③]、"聚合同化"[④]、"类同引申"[⑤]、"同义相应"[⑥]等对词义类比发展的分析和观察，都是在上述现象基础之上的发现、扩充和发展。然而，读者若细审其中的推理系统和机制，则不难看出，其类比对象在"多重线性连续集合"的关系方面，尚缺乏王氏义列类比"纵横交织"的生成属性，故其推理难以为"必"。

什么是王氏的"类推理必"呢？下面这段考证文字代表了王氏推理的典型模式：

> 凡"与"之义近于"散"，"取"之义近于"聚"；"聚、取"声又相近，故聚谓之收，亦谓之敛，亦谓之集，亦谓之府；取谓之府，亦谓之集，亦谓之敛，亦谓之收。取谓之捋，犹聚谓之袞也；取谓之掇，犹聚谓之缀也；取谓之捃，犹聚谓之群也。[⑦]

这种推理的论证方法和境界，至今很难模仿；唯近代学者张舜徽先生在解释"椟"与"匱"时，显示出他的"悟道"之功，可谓对王氏的交叉生成类比法体会入微，且发挥尽致：

> 匱即椟之或体，犹梧之籀文作匰，匰之或体作櫋耳。盖匱之言窔也，谓中空也。匱谓之匱，犹沟谓之渎，皆取义于中空也。匱之义通于窔，犹匰之义通于窬矣。[⑧]

---

① 参见：冯利(冯胜利). 同律互证与语文辞典的释义. 辞书研究, 1986, (3): 8-13.
② 参见：许嘉璐. 论同步引申. 中国语文, 1987, (1): 50-57.
③ 参见：蒋绍愚. 论词的"相因生义"//吕叔湘, 等. 语言文字学术论文集——庆祝王力先生学术活动五十周年. 北京：知识出版社, 1989: 546-560.
④ 参见：张博. 组合同化：词义衍生的一种途径. 中国语文, 1999, (2): 129-136.
⑤ 参见：江蓝生. 相关词语的类同引申//近代汉语探源. 北京：商务印书馆, 2000: 309-319.
⑥ 参见：宋亚云. 古汉语词义衍生途径新说综论. 语言研究, 2005, 25(1): 122-126.
⑦ 王念孙. 广雅疏证. 钟宇讯, 点校. 北京：中华书局, 1983: 20.
⑧ 张舜徽. 说文解字约注. 武汉：华中师范大学出版社, 2009: 3133.

这是一种什么样的推证模式呢？下文根据笔者 2016 年[①]的对此分析，并加以补充、说明和发挥。

第三节　王念孙"生成类比法"的原理和分析

这里我们将《广雅疏证》中的 71 条类比例证分为两类：① "线性类比式"（一般类比）；② "多维关系式"（纵横类比），以见其类比理路。

一、线性类比式逻辑

若以上面最典型的"挐，取也"之例说明之，则该条例证的逻辑关系可解之为"线性（单向）类比关系矩阵"，亦即由二至三个语义串构成"方类"（语义项矩阵）：

$A=a, b, c, d,$　（聚 ∈ **收、敛、集、府**）

$B=a, b, c, d,$　（取 ∈ **收、敛、集、府**）

｝同义对应词

这是王氏类比逻辑的**基础式**，亦即取"A 谓之 x，亦谓之 y，B 谓之 x，亦谓之 y，故……"。它在类比逻辑中的推理模式是：

X 和 Y 都具有属性 p, q, r；

X 具有特征 F；

所以，Y 也具有特征 F。

二、多维关系式逻辑

王氏理必的精华在他类比论证的第二层：给出了基础式中的类比项之间

[①] 参见：冯胜利. 论王念孙的生成类比法. 贵州民族大学学报(哲学社会科学版), 2016, (6): 77-88.

"相生关系"（用"↕"表示）：

$$A=x, y, z;（聚 \to 衰 \to 缀 \to 群）$$
$$\quad\quad\quad\quad ↕ = ↕ = ↕ = ↕ \quad\Big\} \text{同源词}$$
$$B=x, y, z;（取 \to 捊 \to 掇 \to 捃）$$

这里王氏首先建立起一个"聚"和"取"对应的"同轨义串"，然后，再进一步发掘它们在同源系列上的对应关系，亦即"取"可以说成"捊"，"聚"也可以说成"衰"，等等。这一步至为关键："取和聚"是同源词、"捊和衰"也是同源关系（"缀和掇""群和捃"都是同源关系）。这便铸就了多条"同源义串"之间，串与串共享的"基因"关系和属性。换言之，义串彼此之间的对应关系是"生成对应性"的关系，这是构成"生成类比"逻辑系统的核心环节。

我们还需注意的是：生成关系不仅发生在与"取和聚"对应的一组亲缘族系上，同时还发生在与"取和聚"对应的"多组"亲缘族系上，亦即：

取谓之捊——拿起来，聚谓之衰——捊=衰：把对象捧起来；

取谓之掇——捡起来，聚谓之缀——掇=缀：把对象连在一起；

取谓之捃——收起来，聚谓之群——捃=群：把对象集在一起。

这个纵向同源矩阵与上面横向同源矩阵及它们各自之间的彼此对应类比项，构成了一个立体的"三维网阵型"的类比系统。面对这样一个以类比为基础、以不同生成源系纵横交织为方式而形成的论证体系和模式，我们有足够的理由说王念孙的"类比义证法"不是形式逻辑中简单的类比逻辑。

1-横向生成式

$X=$聚，$Y=$取，那么

X 和 Y 都具有属性 $p=$收，$q=$敛，$r=$集

X 具有特征 $F=$府

所以，Y 也具有特征 $F=$府

Ⅱ-纵向生成式

∵ 聚谓之收、谓之敛、谓之集

取谓之收、谓之敛、谓之集。

聚亦谓之府,

∴ 取亦谓之府。

Ⅲ-生成类比逻辑

X 和 Y 都具有属性 p、q、r

如果 p、q、r 具有衍生关系

且 X 和 Y 具衍生关系

则 X 和 Y 的属性系列可以被预测和验证为真。

Ⅰ和Ⅱ都是简单的类比论证。然而,王氏的"类比义证"并不止于此[①]。王氏的方法是用 X 和 Y 的相同特征来说明 X 和 Y 有"对应关系",而这种"对应关系"本身不是任意的(因为 X 和 Y 有基因传递的必然性)。这就是Ⅲ中的"衍生关系"。这种"衍生关系"在王氏的义证里实现为词义之间的"引申"或"派生"关系。因此,如果 X 和 Y 都分别具有一个集合 {p→q→r},且 X 和 Y 二者本身具有"亲缘"关系,那么它们自然(从遗传基因的承袭性上)具有生产"对应性集合"(子体系统)的派生能力,因此造成子系集合的对应关系。笔者认为:这才是王念孙"义丛类证"的精髓所在。[②]下面的图示把上面抽象的分析具体化和模型化,更便于理解,见图6-2。

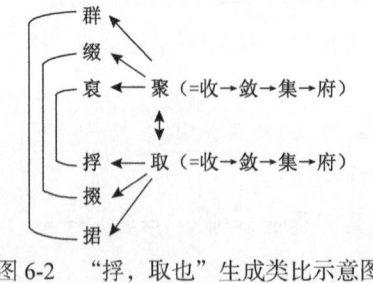

图6-2 "捋,取也"生成类比示意图

---

① 详论参见:冯胜利. 论王念孙的生成类比法. 贵州民族大学学报(哲学社会科学版),2016,(6):77-88.
② 参见:冯胜利. 论王念孙的生成类比法. 贵州民族大学学报(哲学社会科学版),2016,(6):77-88.

第六章 《广雅疏证》生成类比发微

王氏创造的这种生成类比法[①]，在中国学术或逻辑史上（无论将来的逻辑学家如何评骘它的地位和贡献），均堪称首创。[②]在乾嘉学术的历史长河中，段王二人公认为清朝三百年学术史上的佼佼者，所以如此与王氏独创的"生成类比逻辑"[③]和段氏发明的"理必演绎逻辑"[④]是分不开的。二者可谓珠联璧合、相映成辉，构成乾嘉科学理论最富有公理思想的中华智慧史上的交响乐章。

若如本书所论乾嘉学术确含科学，则对西方至今认为"中国思想缺乏演绎论证"（亦即"对中国思想的一个长期的批评是：它不是真正的'哲学'，因为它缺乏可行的论证程序……令人满意的论证必须是演绎的。"）[⑤]之说，构成一个致命的挑战。然而，令人遗憾的是这篇学理逻辑的中华乐章，至今湮没无闻，现有发明和继承，唯张舜徽先生在《说文解字约注》中解释"桱"与"匴"关系时，用到此法，让我们看到段王逻辑的运用，仍不绝如缕：

匴即桱之或体，犹栖之籀文作匴，匴之或体作橺耳。盖匴之言窦也，谓中空也。匴谓之匴，犹沟谓之渎，皆取义于中空也。匴之义通于窦，犹匦之义通于窬矣。[⑥]

其取证的类列包括如下几个方面：①同类（匣、盒）；②同义（沟、洞）；③同质（匚=木：匦—匴—匴=栖—桱—橺）；④同源（匴之言窦=沟之与渎=匦之义通于窬）取义中空。

①、②、③中的例证仍属类比逻辑，而④中的"同源"纵向关系的贯穿，

[①] 当然，生成类比法作为一种逻辑方法，这里提供的是一种理论的假设，如何在逻辑演算上验证该方法的真值及预测属性，尚需进一步地深入研究。

[②] 有的学者问"乾嘉学者有没有颠覆什么？"如果我们的论证可以成立的话，那么这里"同源类比对应律之论证方法"所反映出来的"理必"的思想，对传统的"中庸"观念就是一种直接的颠覆，因为从理论上讲，理必不容中庸。

[③] 参见：冯胜利. 论王念孙的生成类比法. 贵州民族大学学报（哲学社会科学版），2016(6)：77-88.

[④] 参见：冯胜利. 乾嘉"理必"与语言研究的科学属性. 中文学术前沿，2015, (2)：89-107.

[⑤] Goldin P R. Non-deductive argumentation in early Chinese philosophy//van Els P, Queen S A. Between History and Philosophy: Anecdotes in Early China. Albany: State University of New York Press, 2017: 41.

[⑥] 张舜徽. 说文解字约注. 武汉：华中师范大学出版社，2009: 3133.

将类比逻辑提升到"生成类比逻辑"的高度，其结论不再是"某有某义"，而是"某与某"之间的关系的存在和确证。具言之：匜与籔有关系=沟与渎的关系=匴与窶的关系=木与匚的关系。再进而言之，匜与籔有关系是一个平面、沟与渎有关系是另一个平面、匴与窶有关系是第三个平面，这三个平面中的前与后二者之间的关系都共享同一"DNA"（中空），同时又共享造字平面上的"木与匚"的关系来表现。如此"交叉/立体式相关类比"的对应咬合论的证法，正是王念孙**理证**之法的精华所在。

当然，一定有人怀疑王氏之类比论证研究是否真的含有必然属性。这种怀疑并不奇怪，因为黄季刚先生发现的上古音28部和19纽间的互补分布[①]就长期被误解为是乞贷论证[②]。王念孙的生成类比逻辑不能为人一蹴而解（解释和理解），也不足为怪。这里问题的关键之处是我们对什么是科学逻辑缺乏基本的正确认识和了解。譬如，表面看去，王氏的论证方法很难让人直接得出其运算真值的必然属性，非但如此，甚至还可能误解他在循环论证：用"取=收、敛、集、府"说明它和"聚=收、敛、集、府"相同，又用"聚=收、敛、集、府"说明它和"取=收、敛、集、府"相同。事实上，就像被人误解为"循环论证"的"黄氏互补分布"一样，都忽视了现象背后皆有彼此"相挟"的"共构"关系，因此其相关必然的属性早已暗铸其中。这其实就是我们前面提到的埃蒙·巴赫"推理在实验科学中并不是按照线性的形式进行的"基本原理，亦即"以所有成分全方位同现的形式进行的"机制操作。它与金字塔的建造方式不同，是楔形拱式桥的构建工程："其中每一块楔形石必须同时承力。"换言之，每一块楔形（每一个同源词）都共享一个受力中心（同源原理），如图6-3所示。[③]

---

① 参见：李思敬．关于黄侃古音学"乞贷论证"问题的思考//谢纪锋，刘广和，主编．薪火编．太原：山西高校联合出版社，1996: 85-95；何大安．声韵学中的传统、当代与现代．声韵论丛，2001, (11): 1-16．

② 参见：林语堂．古语中已遗失的声母．语丝，1928, 4(42): 2；王力．黄侃古音学述评//大公报编辑部编．大公报在港复刊三十周年纪念文集（上卷）．香港：香港大公报，1978: 59-104；李思敬．关于黄侃古音学"乞贷论证"问题的思考//谢纪锋，刘广和，主编．薪火编．太原：山西高校联合出版社，1996: 85-95．

③ Bach E. Syntactic Theory. New York: Holt, Rinehart and Winston, Inc., 1974: 143.

第六章 《广雅疏证》生成类比发微

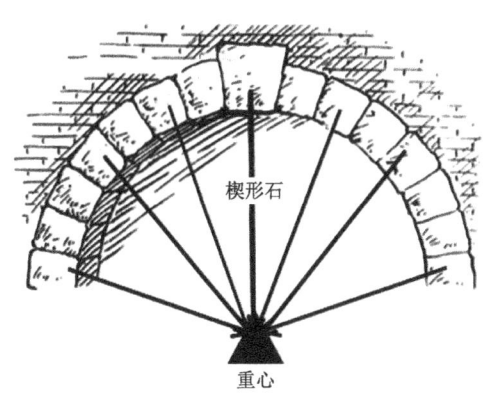

图 6-3　楔形拱式桥受力图

注意：埃蒙·巴赫揭櫫的"共构同力"推论法，实际就是物理学引力轴心下的三维共构成分间的互存原理的体现。我们认为，"拱桥原理"与王念孙"纵横生成类比法"的"理必"思想，同出一理。这当然不是说王念孙的思想源于埃蒙·巴赫（二者相差二百年），然而，这种"共构同力"的"相挟"逻辑关系，尽管由王氏揭之明之，但不妨其他乾嘉学者也有类似思想和方法。如：

音学须览其全，**一处有阙，则全体有病。**①

苟尽去之[指合韵说]，则仆所分十七部之**次第、脉络亦将不可得而寻矣。**②

显然，这些都是系统中各个成员"多重咬合"的逻辑思想的不同体现。黄季刚先生在论音形义三者关系时说：

三者虽分，其实同依一体：视而可察者，形也；闻而可知者，声也；思而可得者，义也。**有其一必有其二**，譬如束芦，**相依而住**矣。③

---

① 江永. 例言//古韵标准. 北京：中华书局，1982：4.
② 段玉裁. 答江晋三论韵//经韵楼集. 钟敬华，校点. 上海：上海古籍出版社，2008：126.
③ 黄侃. 声韵略说·论斯学大意//黄侃论学杂著. 上海：中华书局，1964：93.

这可以看作对王氏之系统成员彼此咬合之说的进一步发展和概括。季刚先生在论声母与韵母的关系时说："此二物（声与韵）相挟而变。"①其中"相依而住""相挟而变"反映的就是拱形桥下"楔形石互为存在条件"的思想。②

值得注意的是：如果我们没有形式逻辑的帮助或埃蒙·巴赫拱形桥的启示，我们或许认识不到或看不出王念孙的理论竟有如此之深的内涵、如此丰富的细节、如此严密的逻辑。这里不由让笔者想起王国维在《哲学辨惑》中比较西方学术和中国传统时的话。他说：

> 余非谓西洋哲学之必胜于中国，然吾国古书大率繁散而无纪，残缺而不完，虽有真理，不易寻绎，以视西洋哲学之系统灿然，步伐严整者，其形式上之孰优孰劣，固自不可掩也……且欲通中国哲学，又非通西洋之哲学不易明也……异日昌大吾国固有之哲学者，必在深通西洋哲学之人，无疑也。③

同样的思想亦见蒋廷黻："我以为不通西洋政治学的人，绝不能对中国的政治思想或制度的研究有所贡献。其他社会科学亦然。我们必须中西兼顾，然后能得最大的成功。"④

中国传统学术里面潜有真理和宝藏，这无可异议；然而要么古籍残缺不全，要么古人没有明言，所以没有特殊的工具则发掘不出。王国维、蒋廷黻这里谈的虽是哲学和政治学，然而经学、史学及训诂学，均事关哲学甚至传统科技，其背后所暗示或所暗藏的，都是中国学术史上有待发覆的重大问题，正需中西结合的理论工具，将其发掘出来，使之重现日月之光。这里所要指出的是：西方的语言科学、科学哲学（philosophy of science）等科学性理论工具，在中国日益普及；我们正处于一个千古难逢借此理解、发掘和继承传统学术精华的大好时代！

---

① 黄侃. 音略·略例//黄侃论学杂著. 上海：中华书局，1964：62.
② 奥卡姆剃刀（Occam's razor）定律也谓多余条例是系统的大敌。
③ 王国维. 王国维哲学美学论文辑佚. 佛雏，校辑. 上海：华东师范大学出版社，1993：5-6.
④ 蒋廷黻. 中国社会科学的前途. 独立评论，1932，(29)：8-12.

三、王念孙生成类比逻辑的当代意义

王念孙广雅之学的当代意义,还有待长期和深入的研究与开发。事实上,开发的对象不仅是他的广雅学,更在于王氏其他训诂实践中隐藏和体现的学理思想及科学方法。能否充分认识和做到这一点,一方面取决于我们对什么是科学思想的认识和理解[①],另一方面取决于我们对训诂实践中潜藏的科学思想的爬梳和挖掘。这两个方面正是以往学术史和思想史研究的缺欠或空白。一般的学术思想史的研究均注意于历史、文化、思想、道德和哲学方面的内容,很少从科学的本质和观念上,探讨中国传统学术里面的科学思想,更不用说从训诂材料里面看科学了。然而,王念孙(以及乾嘉一代的学者,尤其是皖派学者)的学术精华及其当代意义,就在他们的训诂考据之中——不是一般所谓考据方法(如胡适所谓科学的精神和方法[②]),而是他们科学的理念、思想和理必论证法。曹聚仁在《国学十二讲》第八讲的"浙东学派"一节里一语破的:"用现代语来说,皖学长于分析,戴东原和王念孙、引之父子考证名物,其细密精审,和欧洲十九世纪大科学家相比,毫无逊色,只是研究的对象不相同就是了。"[③]因此,如果对"和欧洲十九世纪大科学家关注的不同"的训诂材料不了解或不精通,那么其中之"毫不逊色的细密精审"的科学思想,便也无从谈起。[④]曹聚仁还说:"攻读中国古书,而不接受王氏父子的字词诠释的话,简直等于面壁而立,无所从入的了!假如他们研究的对象是自然科学的话,他们便是达尔文、法布耳那样的科学家了。"[⑤]为什么曹聚仁如此鞭辟入里的见解至今鲜为人知、鲜有提及呢?这和我们对科学的理解直接相关:把科学片面地理解为技术而不见其思想属性和本质,可谓其源。科学是思想,因此本章所要揭橥发覆者,就在王氏之学的科学思想

[①] 参见:冯胜利. 乾嘉"理必"与语言研究的科学属性. 中文学术前沿, 2015, (2): 89-107.
[②] 参见:胡适. 中国哲学里的科学精神与方法(续). 徐高阮,译. 新时代, 1964, 4(9): 11-16.
[③] 曹聚仁. 国学十二讲. 香港:三育图书文具公司, 1973: 306.
[④] 曹聚仁. 国学十二讲. 香港:三育图书文具公司, 1973: 306.
[⑤] 曹聚仁. 国学十二讲. 香港:三育图书文具公司, 1973: 297.

和他训诂分析中的科学属性。王氏之学的现代意义，无疑很深很广，本章旨在发凡起例，从两个方面看其学术的前瞻性：①王氏之学乃主观之学而非材料之学；②王氏的训诂材料乃由推演而得非盲目搜取。下面再分别述论之。

第四节　王氏之学乃主观之学

前面我们讨论过章太炎的主观之学。民国时期，主观之学和今天的理性思维是同一术语。今天"主观"指"唯心、不客观"，那个时代的"主观"不是英文的 subjective，而是 rationalism 一类的概念。太炎标榜自己是"主观之学"，他说：

> 彼所学者，主观之学，要在寻求义理，不在考迹异同。既立一宗，则必自坚其说。一切载籍，可以供我之用，非束书不观也。虽异己者，亦必睹其文籍，知其义趣，惟往复辩论，不稍假借而已。①

甘蛰仙更直接地说："太炎先生之学，主观之学也。"②中国学术有理性主义吗？议者或以为我们在有意拔高。我们认为乾嘉的皖派学者是当之无愧的中国理性主义的创始人③，他们的学术无疑是中国科学思想史上的最佳代表④，只是我们以前没有认识到这一点而已。什么是皖派之学？章太炎自己评论皖派学术时给出的千古名断是如下六字："综刑名，任裁断。"⑤把这六字之意译成今天的术语，我们认为就是"统合逻辑，断定必然"。这样的学理不是理性主义是什么？周予同说："大概地说：他［指章太炎］潜心

---

① 章太炎. 诸子学略说//朱维铮，姜义华, 编注. 章太炎选集(注释本). 上海：上海人民出版社, 1981: 358.
② 甘蛰仙. 最近二十年来中国学术蠡测：为东方杂志二十周年纪念作. 东方杂志, 1924, 21(1): 20.
③ 注意：这里所说的理性主义与宋代以来的理学概念，无论从学理原理还是从学科性质上，都是不同的。当然，兹事牵涉甚大、甚深，此乃本书开发之将来研究重大课题之一。
④ 有必要指出，这里讨论的戴震只侧重他的科学思想，其哲学思想，则另文别论。
⑤ 章太炎. 检论//章太炎全集(第三卷). 朱维铮，校点. 上海：上海人民出版社, 2014: 482.

第六章 《广雅疏证》生成类比发微

治学的方法，承袭古文学派的皖派的考证学。"[1]注意："考证"今天是一个词，当时是一个短语，意谓"考"与"证"，前者是材料性的，后者是推理性的。所以胡小石说"徽州戴东原，治学用论证法。"[2]"论证"无疑是理性的；而章太炎自己也说"学问之事，终以贵乡先正东原先生为圭臬耳"[3]。可见，章太炎的主观之学所继承的，就是戴震所创皖派学术"综刑名，任裁断"**理必科学**之精华[4]。高邮王氏是戴震的高徒，自然是理性主义的代表之一。事实上，王念孙不仅是当时理性主义的杰出代表，更是乾嘉理性学派的实践者和开拓者。本章开篇所引刘盼遂《高邮王氏父子年谱》，说到王念孙在湖滨精舍四年"穷搜冥讨，谢绝人事"[5]，最后"大端既立，则触类旁通"[6]。其中"大端立而后旁通"的次序，本身就告诉我们：王氏之学是用"大端"（的理论）来统帅（和解释）各种类别的材料——用理性来统御现象和材料。这里所揭举之"王氏主观之学"者，就是指此治学立论和分析现象的程序与过程。当然，刘盼遂只发现了王氏"发明道理在先（大端既立）而贯通材料（触类旁通）在后"的立学程序，其中之"理（=大端）"究竟是什么，却未能发覆，留下一个学术史上长期未解之谜。根据本章的研究，我们认为这个"大端"（至少是其中之一）就是上文揭示的"生成类比逻辑"所函预的必然属性：王氏发现了"意义相近的一类词"可以根据**类衍逻辑**同步而行，于是发展出另一组对应义列词。而发展和被发展的词的意义之间的同源性质（genetic/cognate relation），决定了它们之间的关系绝非偶然。以前举之例观之：

---

[1] 周予同. 五十年来中国之新史学//朱维铮编. 周予同经学史论著选集(增订版). 上海：上海人民出版社, 1996: 518.

[2] 胡小石. 胡小石先生追悼季刚先生讲辞//张晖编. 量守庐学记续编：黄侃的生平和学术. 北京：生活·读书·新知三联书店, 2006: 21.

[3] 章炳麟. 章炳麟论学集. 北京：北京师范大学出版社, 1982: 349.

[4] 参见：冯胜利. 乾嘉"理必"与语言研究的科学属性. 中文学术前沿, 2015, (2)：89-107.

[5] 刘盼遂. 高邮王氏父子年谱//王念孙, 等. 高邮王氏遗书. 罗振玉, 辑印. 南京：江苏古籍出版社, 2000: 49.

[6] 刘盼遂. 高邮王氏父子年谱//王念孙, 等. 高邮王氏遗书. 罗振玉, 辑印. 南京：江苏古籍出版社, 2000: 50.

【原理】美从大，与大同意。

【推演】故大谓之将，亦谓之皇。美谓之皇，亦谓之将。美谓之贲，犹大谓之坟也。美谓之肤，犹大谓之甫也。

理性分析（主观之学）告诉我们："大谓之将，亦谓之皇"这种词义现象，如果不是偶然，则"必有其邻（道不孤）"——必然可以理性地（主观地）得出一个道理：美与大同意。注意：得出这条道理并不是最终的目的——这是理性主义和经验主义的最大不同——道理得出只是起点，下面的任务是如何用这条道理去"触类旁通"。换言之，如果"美与大同意"，那么含有"大"的意义的词，就可以、也应该、或必然可能（如果是同源的话）发展出"美"的意思来。①《广雅疏证》的精华就在于它成功地利用了这种"生成类比法"（或"类衍逻辑"）来系联、测探和验定出大量的古代同源词；与此同时，它创新和发展了汉语的文献词义学（和逻辑方法）。从这个意义上说，王氏之学确乃主观（=理性）之学。

最能证明王氏之学乃主观之学者，是石渠先生利用类比原理所推出的意义来解释词义，而不仅仅是用古人的成训来训释和核实词义。请看《广雅疏证》卷三下"族，聚也"下的注疏：

《白虎通义》云："族者，凑也，聚也。谓恩爱相流凑也。上凑高祖，下至元孙，一家有吉，百家聚之，生相亲爱，死相哀痛，有会聚之道，故谓之族。"族、凑、聚，声并相近。凡聚与众义相近，故众谓之宗，亦谓之林。聚谓之林，亦谓之宗。聚谓之搜，犹众谓之搜也。聚谓之都，犹众谓之诸也。聚谓之衷，犹多谓之衷也。聚谓之灌，犹多谓之观也。②

人们对王氏训诂的一般印象是：王氏训诂，每下一义，言必有据——有古代注释家的成训为实据（所谓"无征不信"）。其实并不尽然。王氏父子

---

① 注意："必然可能"与"或然可能"截然不同。斯事至大，当另文专述。
② 王念孙. 广雅疏证. 钟宇讯, 点校. 北京: 中华书局, 1983: 95.

第六章 《广雅疏证》生成类比发微

当然熟悉并善用汉代注释家的典籍成训来解释词义，然而他们的训诂分析远未局限于此；对他们来说，更重要的是善用理据来"推释"词义——故称之为"理训"（与段氏"理校"适可交映成辉）。请看我们为上面王氏训诂找出的出处（古注根据）：

宗，众也。《逸周书·程典》："商王用宗谗。"孔晁注："宗，众也。"

林，众也。《国语·周语下》："林钟，和展百事，俾莫不任肃纯恪也。"韦昭注："林，众也。言万物众盛也。"

林，聚也，前人无此成训。

宗，聚也，前人无此成训。

搜，聚也。《尔雅·释诂下》："搜，聚也。"

搜，众也。《诗·鲁颂·泮水》："束矢其搜。"《毛传》："搜，众意也。"

都，聚也。《谷梁传·僖公十六年》云："民所聚曰都。"

诸，众也。《论语·为政》："举直错诸枉。"朱熹集注："诸，众也。"

裒，聚也。《诗·小雅·常棣》："原隰裒矣。"《毛传》："裒，聚也。"

裒，多也。《尔雅·释诂下》："裒，多也。"

灌，聚也。《庄子·逍遥游》："时雨降矣而犹浸灌。"郭庆藩集释引《博雅》："灌，聚也。"

观，多也。《诗·小雅·采绿》："薄言观者。"郑玄笺："观，多也。"

不难看出，王氏所谓"聚谓之林，亦谓之宗"中所依据的"林，聚也"，并不见于古注。不见古注何以王氏仍然说"林"有"聚有"义，且加以推演并将其收入类比系列之中呢？无疑，这是从"凡聚与众义相近——聚则众多"的"义通原理"上，以理推之的结果：因为"林"均有"众"义（据前人成

177

训），又因为"凡聚与众义相近"（王氏的概括），故"林""宗"亦有"众"义（理推所得）。在我们从《广雅疏证》爬梳出的 71 条类比义丛中[①]，至少有 53 处的词义训释没有古注的来源，皆从"以理推义"的"理训"中所得。这种以理推义的"理训法"与其师戴震的"以音证义，以义证音"的理性推演法，以及与同门段玉裁的"理校法"，均出一辙。王氏之学乃主观之学者，此之谓也。

一、王氏《广雅疏证》的材料多由推演而致

王念孙是清朝著名的考据学家。考据学家最注重的当然是材料。重材料没有错，但比材料更重要的或王氏之学所为王氏之学者，乃在于王氏学术体系中的大量材料是理论导引的结果。再具体一点说，王氏关注、收集、诠释、发现的材料，是他从自己的理论里推出来的，是他证明理论的需要和工具。从上文的引例中可以清楚地看出这一点，譬如：

《广雅·释诂》曰："将，美也。"

《广雅疏证》曰："将者，《豳风·破斧》首章'亦孔之将'，《毛传》云：'将，大也。'大亦美也，二章云'亦孔之嘉'，三章云'亦孔之休'，将、嘉、休，皆美也。将、臧声相近，'亦孔之将'犹言'亦孔之臧'耳。美从大，与大同意，故大谓之将，亦谓之皇；美谓之皇，亦谓之将；美谓之贲，犹大谓之坟也；美谓之肤，犹大谓之甫也。"[②]

在解释《广雅》"将，美也"的时候，王念孙没有根据古人成训来疏证这条训诂，原因很简单，除了《广雅》以外，汉以前的注释家没有留下"将，美也"的训解。在这种情况下，如何进行"雅书"疏证？这就是王氏发明的"生成类比逻辑"的训释法。析言之："将"训"美"是因为"将"有"大"

[①] 参见：冯胜利，殷晓杰. 王念孙《广雅疏证》类比义丛纂例. 文献语言学，2018(7)：4-50.
[②] 王念孙. 广雅疏证. 钟宇讯，点校. 北京：中华书局，1983：24.

第六章 《广雅疏证》生成类比发微

的意思。又因为古代"美与大同意",所以不仅"大"的意思可以用"将"说,"美"的意思也可以用"将(皇/藏)"说。何以见得这种"义通"之说是正确的呢?换言之,怎样证明"大"与"美"二义之可通?于是疏证上古词义的工作,就变成证明二义相通之"理"的发明与验证。这就逼着王氏去寻找能够证明该组词义关系之理的新材料。一旦王氏建立了"大"和"美"之间的二义相关的义通轨道(义轨),这种关系就不能只出现在一个或一对词上,而必须有其他类同的例证,才能证明这种关系的存在和必然,于是理论"倒逼"王氏有目标地去发现、去探寻,结果找到了"贲/坟(一声之转)"有"大"和"美"的意思,以及"肤/甫(一声之转)"同样有"大"和"美"的意思的新材料(以前不曾有过的材料)。有了这些材料,便可断知"将/皇(一声之转)"的原理——"将"有"大"和"美"的意思不是偶然的现象或臆断的猜测。不难看出,"贲/坟"与"肤/甫"不是随意收集的材料,而是理论驱动的结果。

事实上,没有类比逻辑思想的前导(亦即理性思维的指导=主观之学),王氏不会做《释大》,尽管至今我们对《释大》背后隐藏的深刻思想和意图还没有完全发现和理解。但无论如何,从本章的分析上看,我们可以洞见:没有类比逻辑的导引,王氏不会主动、自觉地把"贲/坟"与"肤/甫"排列在一起进行生成性类比的论证。因此,王氏的材料不是傅斯年"上穷碧落下黄泉,动手动脚找东西"式的上天入地、四处搜寻得来的;相反,他是为了证明一个理论、一个思想、一个观点或一个关系而去有目的、有方向、有线索、有程序地探测出来的结果。因此,我们说王氏父子的训诂材料是其理论推演的结果。

二、王引之的主观之学

最可证明王念孙"主观之学"者是其子王引之的《经传释词》。

人人皆知《经传释词》是一部奇书、一部划时代的巨著。然而,它是怎

179

样创造出来的，却很少有人深究。人们一般都把它当做乾嘉考据学者辛勤读书、归纳和总结的结果。其实不尽然，它不是简单地从浩瀚的材料里收集而得，而是"大端既立"的理论导发出的结果。几千年来训诂学家哪个不披星戴月地读书、哪个不"碧落黄泉"地搜寻，企图找到一鸣惊人的结果呢？然而，谁也没有找出《经传释词》那样的旷世之材（语料）。为什么呢？因为以往的学术没有乾嘉式的"理必"方法、没有理性指导的材料发掘——这不能不说是一个重要（甚至决定性）的原因。我们看一下王引之在《经传释词·自序》里是怎么说的，便可悟出一二：

> 自庚戌岁入都侍大人，质问经义，始取《尚书》廿八篇绅绎之，而见其词之发句、助句者，昔人以实义释之，往往诘鞠为病。窃尝私为之说，而未敢定也。及闻大人论《毛诗》"终风且暴"、《礼记》"此若义也"诸条，**发明意旨，涣若冰释**，益复得所遵循，奉为**稽式**，乃遂引而伸之，以尽其义类。自九经、三传及周、秦、西汉之书，**凡**助语之文，**遍**为搜讨，分字编次，以为《经传释词》十卷，凡百六十字。[①]

这里前几句陈述特别值得注意：读书时察觉前人之解有未当者（诘鞠为病），于是酿成自己的私见（私为之说）。这很重要，因为"私说"不是在成批的新材料里形成的（那时还没有成批有序的材料），而是读书（积累）时，从随意偶得的直感里产生的想法。王引之的这段文字当逐句分析才能得其要旨、才能见出他发明古代虚词语法的经过和历程。兹试释如下：

①绅绎之，而见昔人以实义释之往往诘鞠为病［观察（observation）阶段，直感（instinct）］；②窃尝私为之说，而未敢定［思考阶段溯因[②]、理设（hypothesization）、定性（characterization）］；③闻大人论"终风且暴""此若义也"发明意旨［创说阶段：发明其中的道理，获得卓

[①] 王引之. 自序//经传释词. 南京：江苏古籍出版社，2000: 2.
[②] 溯因推理导源于查尔斯·桑德斯·皮尔斯（Charles Sanders Peirce, 1839—1914），参 Reilly F E. Charles Peirce's Theory of Scientific Method. New York: Fordham University Press, 1970: 30-55.

第六章 《广雅疏证》生成类比发微

见或卓识（insight）]；④复得所遵循，奉为稽式[立论阶段，建立通理，高端研究的前提模式]；⑤遂引而伸之，以尽其义类[演绎（deduction）阶段，科学研究的最高阶段]；⑥凡助语之文，遍为搜讨[验证（verification）阶段，研究过程的最后阶段，亦即理论指导下的搜寻材料，以期证实（verification）与证伪（falsification）]；⑦分字编次，以为《经传释词》[收获阶段，转化为研究成果]。

这简直就是王氏父子（甚至有清一代学者）治学路数具体写照。首先是沉浸于典籍（"绅绎""《尚书》廿八篇"），而后才有己见（察觉昔人之病）。这种"见"，用今天的话说就是直感。在这个基础上才能产生初步的想法（私说）。科学哲学告诉我们：观察的直感加上初步想法是发现规律不可缺少的重要步骤或环节①，而待到上面阶段积累到一定的程度（所谓"众里寻他"的"千百度"）时，才会有"蓦然回首"式的"灯火阑珊"的飞跃：意旨的发明（=规律呈现）。这里"发明"一词极为重要，它是中国传统学术中的一个理性主义的关键术语，意思是："使/把（对象背后的道理/规律）显现/揭示出来"。"发明意旨"是动宾结构，意谓"使（自己原来私说的现象背后的深层）意旨（规律）显明"；亦即所谓的"发覆"——揭晓覆盖的秘密这个飞跃（认识到虚词在**音**不在**字**的规律——今天的"字本位"恰恰反其道而行之，悲哉！）是在他父亲讨论"终风且暴"（=又风又暴）一类现象时，受到启发而豁然开朗（顿悟）的。当然，这时他仍处于所谓初获卓见或卓识的阶段。待到把思想变成规则，就是下面说的"稽式"（立论）阶段，才臻至学术自觉的理性（或理论）高度。可以说，这是王氏父子（乃至乾嘉学术）治学的时代特征，即今之建立通理（generalization），是高端研究的必要前提，是对有关研究现象一般性概括或设定模式。从这个意义上说，"稽式"也可以理解为"规则"。显然，对王氏来说，"规则"的建立是下面五、六两个更高研究阶段的开始或基础，而不是终结。

---

① 参 Reilly F E. Charles Peirce's Theory of Scientific Method. New York: Fordham University Press, 1970: 20-77.

181

乾嘉皖派的理必科学

值得注意的是：在此（第四阶段）之前的材料和在此之后的材料，是两种不同性质的材料。前者我们称作"触发材料"——触发卓见、建立通理的材料（溯因材料）；五、六两阶段所发现的材料称作"推证材料"——推演出的、供予验证的材料（如上文的"贲-坟"与"肤/甫"）。触发材料是普通材料、一般材料或初步分类的毛坯材料；推证材料是新发现的、从来没有意识到（或不可能有）的材料（包括从未得解的老材料）。显然，前后两种材料的性质是截然不同的，在科学哲学的分类里，前者叫**现象**，后者是**事实**。

那么王引之是怎样得到"推证材料"的呢？这就是第五个阶段的"引而伸之，以尽其义类"的演绎操作（deductive operation）。这是研究的最高阶段，是事关通理的"真伪"判断的关键步骤：没有"引而伸之"不能证其"是"，没有"以尽其义类"不能得其"必"。如要引申、如要尽类，则需有方向、有目的、有计划、有程序地去发掘材料，于是才有了下面"凡……遍……"的操作项目——既是预测（prediction）又是验证（verification）。这一阶段所以重要是它告诉我们：王氏学术的材料是推出来的，而不是随机、上天入地、四面八方地找出来的。正因如此，《经传释词》的材料带有理性主义的两大特征：一是涣若冰释的现象在《经传释词》里俯拾皆是（如终风且暴）；二是牵强的例子其中也偶有所见。人们一般看到的是前者。然殊不知后者也是"推证材料"的一个不可避免的"负"产品。原因很简单，当在"主观/理性"思想指导下对所需材料"遍为搜讨"的时候，材料越多，可提供验证的具有**事实意义**的证据就越强，其所创理论的威力就越大。因此，为增强事实的说服力和展现所创理论的预测威力，初创者总不免把有些近似的材料也纳入彀中。这就是为什么俞敏先生在《经传释词札记》里至少十数处批评王氏"或失之贪"[①]"贪"字用得非常妙，形象地说明了王引之"有理欲明"而急于求证（或破解）的急切（但健康）的学术心态——所谓"加班加点赶活儿造出来的"，这和仅仅用材料之"奇"来炫人耳目的取巧心态截然不同。俞氏的批评是中肯的，但我们要看到的是王氏所以失误的自然性的另一面：

[①] 参见：俞敏. 经传释词札记. 长沙：湖南教育出版社，1987: 1, 20, 28, 36, 64 等十余处.

第六章 《广雅疏证》生成类比发微

越是理性主义的突破，其推证材料偶有偏误就越是一种自然的结果。可以说这是突破性思维无法避免的一种常规代价吧。①然而，我们也看到相反评论，王国维就曾对他的学生说："申伯（王引之）之才，做太岁考、经义述闻、通说为宜，谨严精核者，恐非所能。"②现在看来，不是王引之谨严精核"非所能"，而是评者未能见出其踵武理必的学理内含。

总之，对王引之而言，没有发明，没有冰释；没有冰释，没有稽式；没有稽式，没有引申和尽其义类，也没有"凡助语之文，遍为搜讨"的项目及其最后的"编次"成书的结果。

三、理性主义的发明之学

王念孙在《广雅疏证》自序中讲："今则就古音以求古义，引伸触类，不限形体；苟可以**发明**前训，斯凌杂之讥，亦所不辞。"③不难看出："发明前训"是他疏证《广雅》（及其整个学术）的目的和宗旨。上文讲过，"发明"一词是中国传统学术中的一个理性主义的关键术语，意谓"发之使明"或"使（现象背后的规律）显露出来"。如果说王念孙的学术是皖派"综刑名、任裁断"④的主观派或理性主义，那么其学术之极，旨在"发明"，则是理性主义自然而然的学理归宿。

事实上，贵"发明"不仅是王念孙的学术要旨，它更是整个乾嘉学术以至传至后代的章黄之学的最高目标与圭臬。请看王念孙如何评述段玉裁的学术成果：

> 吾友段氏若膺，于古音之条理，察之精，剖之密。尝为《六书音均

---

① 但它的代价可以激发后人更精密的分析（如俞敏的《经传释词札记》）；而炫人取巧的代价则是增长后人侥幸的心理。前者之失与后者之弊的性质，截然不同。
② 刘盼遂. 高邮王氏父子年谱//王念孙, 等. 高邮王氏遗书. 罗振玉, 辑印. 南京: 江苏古籍出版社, 2000: 64.
③ 王念孙. 自序//广雅疏证. 钟宇讯, 点校. 北京: 中华书局, 1983: 2.
④ 章太炎. 检论//章太炎全集(第三卷). 朱维铮, 校点. 上海: 上海人民出版社, 2014: 482.

表》，立十七部以综核之。因是为《说文注》，形声读若，一以十七部之远近分合求之，而声音之道大**明**……训诂、声音**明**而小学**明**，小学**明**而经学**明**，盖千七百年来无此作矣。①

所以"千七百年来无此作"者，乃段玉裁能"明声音、明小学、明经学"之"道"。这里"明"字是关键词。江沅在其评价《说文解字注》时也用"发明"二字以为说：

> 先生发明许书之要，在善推许书每字之本义而已矣……形以经之，声以纬之，凡引古以证者，于本义，于余义，于引申，于假借，于形，于声，各指所之，罔不就理。②

事实上，不止乾嘉学者，就是民国初年的太炎先生，他在评价黄侃古音二十八部十九纽的成果时也说"此亦一发明"。

然而，今天的现实却令人惋惜和深思。当我们受到王念孙"理性主义"启发，认识和发掘传统学术科学精华的同时，看到的却是这个千古辉煌的理性传统被中断（甚至阉割）的惨痛历史。对此体会最切、理解最深、阐释最明的，是黄季刚先生。他的看法是通过吉川幸次郎公之于世的：**"所贵乎学者，在乎发明，不在乎发见。今发见之学行，而发明之学替矣。"**③"学贵发明"，这是对中国传统之学的学术要旨最精辟的概括和阐释。我们看到，中国的"理性主义"（rationalism）思想发展到季刚先生，第一次破天荒地将其概括为"发明"二字，并把它提高到中国学术之根本（范式）的高度，提出"中国之学不在发现而在发明"的核心议题。我们认为：黄侃先生这一论断，堪为中国近代学术史研究上的一大发明，其精辟之学理与深刻之含义，迄今言中国学术史者均所未及。最具讽刺意义的是，研究本国学术史的中国

---

① 王念孙. 说文解字注序//段玉裁. 说文解字注. 许惟贤，整理. 南京：凤凰出版社，2007：1.
② 江沅. 说文解字注后序//段玉裁. 说文解字注. 许惟贤，整理. 南京：凤凰出版社，2007：1349.
③ 吉川幸次郎. 与潘景郑书//程千帆，唐文编. 量守庐学记：黄侃的生平和学术. 北京：生活·读书·新知三联书店，2006：91.

第六章 《广雅疏证》生成类比发微

学者（如余英时等）没有看出（或看到）这一点，反倒是他国旁观者（如日本学者）对此颇有领悟。从下面的文字来看，对季刚先生有关中国学术之根本及其近代转型的思想，理解最深最透的，当属日本著名学者吉川幸次郎和京都汉学的继承者和开拓者小岛祐马[①]。吉川指出：当时在日本的罗振玉和王国维研究的是新被发现的甲骨文，二人的学问是新材料下新学问，是基于新资料的。这与发明不同。发明是对传统书籍踏踏实实地用功细读，从而"发掘出其中的某种东西"[②]。现在我们进一步认识到吉川对罗振玉和王国维学问的这种卓识在当时是颇具"革命"性的看法。他一方面把"发现"和"材料主义"联系起来，另一方面又把"发明"和"演绎"结合起来：人们认为考证学是只用归纳法的，在日本事实上也是这样的。但"发明"不是这样。不只是归纳，也用演绎。他认为：演绎有相当的难度，需训练有素；演绎必须对全体有通观的把握；演绎不是谁都能做的。而黄季刚先生独能如此，"于是，就认识到中国学问确实是需要功底的"[③]。

这不能不说他悟出了中国学术两个不同的范式，一个是主"发现"，一个是主"发明"。"中国之学，不在于发现，而在于发明"，因为"发现"是靠别人不知道的材料说话，而"发明"则是靠别人熟悉的材料但不知道的"奥秘和规律"说话。前者告诉人不知道（但存在）的事，后者告诉人不知道的"理"（和用"理"推出的事），所以后者就需要有更深厚的功力和更有力的逻辑。这就是为什么吉川幸次郎说："……演绎是非常有难度的，必须对全体有通观的把握。绝不是谁都有能力这样做的。"于是他认识到："中国学问确实是需要功底的。"这里还牵涉到"发明"背后演绎逻辑的掌握和使用等问题，我们将在第八章中专门讨论。这里所要一提的是吉川谈到的"资料主义"。季刚先生的话是指五四以来兴起的一股席卷整个学术界的"发现材料"的新时潮。这一影响了中国近百年的思潮不能不追溯到前面我们看到

[①] 参见：刘岳兵. 从小岛祐马的思想基础看京都 Sinology 的特点//阎纯德主编. 汉学研究(第七集). 北京：中华书局，2003：334-357.

[②] 吉川幸次郎. 留学所得收获//我的留学记. 钱婉约，译. 北京：光明日报出版社，1999：79.

[③] 吉川幸次郎. 留学所得收获//我的留学记. 钱婉约，译. 北京：光明日报出版社，1999：80.

的傅斯年的"史学就是史料学"的口号"一分材料出一分货,十分材料出十分货,没有材料便不出货"。①"历史学只是史料学"的影响所致,几乎所有学者无不怀有不断扩大史料的心怀和意图,于是使常见史料受到空前的忽视。近年,罗志田在《史料的尽量扩充与不看二十四史——民国新史学的一个诡论现象》(2006年)中所回顾的,就是这段"诡异"的历史。当然,季刚先生针砭的不是个人(如罗振玉或王国维),而是整个时代学潮。此亦即陈寅恪所谓"吾国学术风气之转移者至大"者:"挚仲洽谓杜元凯《春秋释例》本为《左传》设,而所发明,何但《左传》。今日吾国治学之士竞言古史,察其持论,间有类乎清季夸诞经学家之所为者。先生是书之所发明,必可示以准绳,匡其趋向,然则是书之重刊流布,关系吾国学术风气之转移者至大,岂仅局于元代西域人华化一事而已哉。"②黄季刚先生亦然,他所担忧的不是学派的不同,而是中国传统的丢失;不是学统的转型,而是学术的将来。其忧虑所及,今天看来就更见深意。黄季刚曾说:"无论历史学、文字学,凡新发见之物,必可助长旧学,但未能推翻旧学。新发见之物,只可增加新材料,断不能推倒旧学说。"③事实证明,今天的中国学术,或者更确切地说"资料主义转型以来的中国学术的今天",不但没有推倒传统的发明(古无轻唇音、二十八部十九纽等学理的发明),反倒压抑了今天的发明!以我们今天的学术很少有自己独立理论来看,这一点并非空穴来风。事实上,不仅是发明鲜少的问题,甚至还对理论抱有偏见。最典型的就是钱钟书先生对"理论系统"的批评和对"个别见解"的推尚。在《读〈拉奥孔〉》里,他说:

> 许多严密周全的思想和哲学系统经不起时间的推排销蚀,在整体上都垮塌了,但是它们的一些个别见解还为后世所采取而未失去时效。好

---

① 傅斯年. 历史语言研究所工作之旨趣. 中央研究院历史语言研究所集刊, 1928, 1(1): 8.

② 陈寅恪. 陈垣《元西域人华化考》序//刘梦溪主编. 中国现代学术经典 陈寅恪卷. 石家庄: 河北教育出版社, 2002: 859-860.

③ 黄侃讲, 黄焯记. 黄先生语录//张晖编. 量守庐学记续编: 黄侃的生平和学术. 北京: 生活·读书·新知三联书店, 2006: 3.

第六章 《广雅疏证》生成类比发微

比庞大的建筑物已遭破坏,住不得人、也唬不得人了,而构成它的一些木石砖瓦仍然不失为可资利用的好材料。往往整个理论系统剩下来的有价值东西只是一些片段思想。脱离了系统而遗留的片段思想和萌发而未构成系统的片段思想,两者同样是零碎的。眼里只有长篇大论,瞧不起片言只语,甚至陶醉于数量,重视废话一吨,轻视微言一克,那是浅薄庸俗的看法——假使不是懒惰粗浮的借口。①

对比之下,王氏发明的生成类比法不仅给我们以理性思维的震动,章黄的"发明转型"理论,更给我们以"振聩"的警示,而最能发人深省的是小岛祐马(1881—1966)比较"发现的学问"和"发明的学问"之不同的深刻见解。他曾具体地阐释何为"学问",认为:用人们未知的文献而提出描写和概括性的新说,不算他所谓的"学问"。相反,对熟知文献进行广泛而深入的发掘,得出前人和时人所未知的暗藏规律和奥秘,才可称之为"学问"②。刘岳兵在《从小岛祐马的思想基础看京都 Sinology 的特点》一文中把他的这种看法表达得非常直接:"如狩野对敦煌文献的态度,他认为新资料固然可贵,但仅仅知其为新资料一点则没有什么作用,必须能够'活用'。"尤其是近年最新出土的地下材料,不仅丰富了古代典籍的内容,提供了疑古派所疑古籍的历史证明,而且提高了我们对古代思想和文化的再认识。但是,如何根据这些新资料构建我们的新理论,譬如语言文字学理论(如韵素音步与音节音步的系统差异、金甲构字法与篆隶构字法的系统不同等)、古籍版本校勘理论(如文本、传本、写本、抄本的性质与差异等)、思想文化理论(如儒学的宗教性、经学的神圣性、小学的科学性等),都还是一个巨大的挑战。今天的地下材料不再为个人所独占,因此"滥用人们未知的文献来立新说"的可能和现象已成过去,同时也不复将其视为学问。事实上,ChatGPT 出来后,材料对学术而言就越发贬值,而理论、思想的创新,就更为珍贵和关键。

---

① 钱钟书. 读《拉奥孔》//七缀集. 北京: 生活·读书·新知三联书店, 2011: 36.
② 刘岳兵. 从小岛祐马的思想基础看京都 Sinology 的特点//阎纯德主编. 汉学研究(第七集). 北京: 中华书局, 2003: 336.

因此，对谁都能通过 ChatGPT 获取的文献而"作广泛而深入的研究"，但"发前人所未发"，才是学问①。

也许有人会批评上面的看法太片面或太激进。然而，时至今日我们的学界仍未出现自觉的理性主义的学说和成果②，这就不只是所谓的片面，恐怕是残缺了。对此，我们习惯或传统的对策是"折中"，亦即把两个性质不同的理论结合起来：经验主义+理性主义。似乎这就可以两全其美。但是，折中的结果往往是以牺牲理性一方为代价。原因很简单，材料主义可以不要理性（如傅斯年所主张的"一分材料说一分话"，见上引），但理性主义则不能无材料——离开材料，理性主义将不复存在（如上章所论段氏理校、本章所论王氏理训，无不如此）。呜呼！学术升降系之于此也，去从之际，亦大矣哉！

第五节 接续地思考

让我们用罗志田的一段话作为本章的结语和下一章的接续思考：

在乾嘉汉学一线的观念没有被充分结合进<u>学术史研究</u>之前，我们对清代或近三百年"学术"的认知多少都有些偏颇。正因显带倾向性的梁、钱二著长期成为清代学术史的权威参考书，对这一时段学术的一些基本的看法不仅可能有偏向，且有些偏颇的看法已渐成流行的观念，甚至接近众皆认可的程度了。今日要对近三百年学术进行相对均衡的系统整理，当然不必回到清人"汉宋、今古"一类的藩篱之中，但把<u>章太炎、刘师培等人关于清学的论述汇聚而表出，使之与梁、钱二著并列而为清代学</u>

---

① 见第九章，第三节，二，（二）中所引刘岳兵．从小岛祐马的思想基础看京都 Sinology 的特点//阎纯德主编．汉学研究（第七集）．北京：中华书局，2003：336．

② 譬如我们还没有（至少我还没有看到）像西尔文·布隆伯格（Sylven Bromberger）那样系统探讨 theory of theories（理论的理论）的问题、项目和理论。

188

第六章 《广雅疏证》生成类比发微

术史领域的主要参考书，则是非常必要的，也有利于后人在此基础上写出更具包容性的清代学术史论著。①

这段话里，点中时弊要害者在第一句："在乾嘉汉学一线的观念没有被充分结合进学术史研究之前，我们对清代或近三百年'学术'的认知多少都有些偏颇。"事实上，根据本书所揭橥的乾嘉理必思想以及本章对王念孙"生成类比推理逻辑"的发覆，中国学术史若缺失乾嘉汉学（亦即科学语文学），我们对清代或近三百年"学术"的认知就不仅仅是"多少都有些偏颇"，而是史家的一个巨大盲点。在我们看来，近三百年学术史的学理核心就是"理必科学"的生发、发展和构建史。舍"乾嘉汉学"而奢谈近三百年的学术史，不止是隔靴搔痒，重要的是忽略了学术史上的学术革命。据此，本书至此不禁大声呼吁：中国当代学术当回归**乾嘉理必**（道理上而非材料上的必然）和**章黄发明**（揭明现象背后的道理）的理性传统，使将来相关的文史哲的人文研究，得以用独立的科学思想和方法来观照传统学术（如乾嘉汉学）里面的科学理念，并以其所得回观、返照西方科学的传统和理念。正如赵元任曾指出的："研究现代语言学的学者都同意，对于所研究的对象语言，不应该刻意去寻找在我们从前就碰巧会说的那种语言中十分熟悉的那些东西，而应该确定我们实际上碰到了什么，并给它们以适当的名称。"②如何"给它们以适当的名称"？我以为就是要中西学术参照比合（包括思想文化），激发新的思想和概念，如此则或有新的突破和出路，俾能创造含有东西方思想精华的学术理念和科学体系。

---

① 罗志田. 导读 道咸"新学"与清代学术史研究//章太炎, 刘师培, 等. 中国近三百年学术史论. 罗志田, 导读. 徐亮工, 编校. 上海: 上海古籍出版社, 2006: 26-27.

② 赵元任. 汉语词的概念及其结构和节奏. 王洪君, 译//袁毓林主编. 中国现代语言学的开拓和发展——赵元任语言学论文选. 北京: 清华大学出版社, 1992: 232.

第七章　乾嘉理必与章黄学理

乾嘉理必是中国学术在 17、18 世纪独创的科学思想和体系,而章黄学理则是承袭乾嘉学术在 19 世纪中西学术交汇激荡下,范式化的现代学术开端。中国传统学术,博大精深。中国学术在西学东渐的冲击下天翻地覆,更加丰富多彩。本书所论者,既非传统学术的总结,也不是近代学术之综述,而只从科学的当代定义及其思想的发展上,揭橥中国学术在乾嘉时代出现的严格意义上的科学思想和体系,并进而发掘后代延承其精魂的章黄之学。前者之精要在"理必",后者之神魂在"发明"。没有章黄,很难见出乾嘉理必之精要;没有乾嘉,很难谛解章黄发明范式之学理。换言之,中国学术之科学理念及其思想,从戴震的理必(及前几章所论段玉裁的理校、王念孙的理训等)到章太炎的"东原圭臬"和黄季刚的"发明兴替"(见第八章),可谓一条长达四百余年的学理统系,一线贯穿。本章即从乾嘉理必述起,继则着重发掘和讨论章黄学理的承袭。

第一节　戴、段、王师徒两代开辟的"理必范式"

乾嘉之理必(道理上的必然),如前所述,是戴震发起的一个中国学术

第七章 乾嘉理必与章黄学理

范式的革命。它以《尚书》"光被四表"的校正为标志：戴氏断言"《尧典》古本必有作'横被四表'者"①。一语宣告了乾嘉理必的诞生！"理必"以"综裁断"为本能，以"论证法"为特征，遂成一种自发的、带有本土特征的科学方法论。认识不到这一点，不仅乾嘉三百年学术史将失谛解，而且五四前后中国学术从"发明之学生"到"发见之学行"再到"发明之学替"的学术兴衰史，也无从知晓、了解和心解。

一、戴震"十分"之"必"

戴震治学伊始就孕育着科学思想的要素。他在《与姚孝廉姬传书》中把这种思想表述得淋漓尽致："所谓十分之见，必征之古而靡不条贯，合诸道而不留余议，巨细毕究，本末兼查。"②这里有几个观点有必要再深入发掘。第一，什么是"十分"？这要从"靡不条贯""不留余议"的两个概念来解析，亦即"十分=100%"（《说文解字注》"十，数之具也"③，乃足全之义。"十分之见"即不留任何"余议的命题"）。显然，这是"理必"概念的一种数字化诠解。因此，"所谓十分之见"也就是"所谓理必之见"。第二，怎么达到100%的"必此之见"？那就是"征/徵=verification"，同时要"合"。什么是"合"？就是事实与规则之间"冥合无间"。"徵"是找事实，"合"是验之于规则。第三，达到"什么"的100%？那就是"道"。什么是"道"？那就是原则和原理（这就是戴震的 rationalism）。大的"道"可以是人生原则（《孟子字义疏证》所要论证者），小的"道"可以是声韵原理（如《转语》所揭晓者）。须知：原理所在，必证之于古而后为真。"不留余议"者有两个含义：一谓没有反例，二谓"穷尽所有预测的可能"。达此境界，一要"巨细必究"，二要"本末兼查"。这里的究和查，是考证手段。"究"靠理性（原理的性质），"查"靠理据（原理的根据）。由此可见，乾嘉学

---

① 戴震. 与王内翰凤喈书//戴震集. 上海：上海古籍出版社，2009: 54.
② 戴震. 与姚孝廉姬传书//戴震集. 上海：上海古籍出版社，2009: 185.
③ 段玉裁. 说文解字注. 许惟贤，整理. 南京：凤凰出版社，2007: 159.

191

者所言"考证"者，实即"考+证"的两项工作，前者是"考之古"（evidential），后者是"证诸道"（argumental）。如果把戴震这几句"学理原则"阐释用一个公式来表达的话，或许就是：100%={［（徵→合）←究］←查}。或者还可以如图 7-1 所示。

图 7-1　"学理原则"公式示意图

梁启超在《清代学术概论》中曾概括戴震的治学方法和治学精神时说："其所谓十分之见与未至十分之见者，即科学家定理与假说之分也。科学之目的，在求定理，然定理必经过假设之阶级而后成。初得一义，未敢信为真也，其真之程度，或仅一二分而已，然姑假定以为近真焉，而凭借之以为研究之点，几经试验之结果，寖假而真之程度增至五六分，七八分，卒达于十分，于是认为定理而主张之。其不能至十分者，或仍存为假说以俟后人，或遂自废弃之也。凡科学家之态度，固当如是也。"[①]这无疑道出了乾嘉学派研究方法中所蕴含的现代科学的要素。他还进而简括地宣称："［乾嘉］诸公曷为能有此成绩耶？一言以蔽之曰：用科学的研究法而已。"[②]虽然，他将戴震的研究方法归纳为"注意、虚己、立说、搜证、断案、推论"[③]六个步骤，但唯独缺少"理必"这一所有方法的科学原理，遂使他的"科学研究法"只停留在"方法、策略"上，而非思想、原理上。我们认为，戴震创发的是科学思想，不仅仅是科学方法——方法论和方法，是两种不同的范畴。戴氏的"理必"是科学的范式，而不是简单的方法。这一点只有段玉裁和王念孙知之甚深、行之甚远。下面分别论之。

---

① 梁启超. 清代学术概论. 朱维铮, 校订. 北京：中华书局, 2010: 54.
② 梁启超. 清代学术概论. 朱维铮, 校订. 北京：中华书局, 2010: 66.
③ 梁启超. 清代学术概论. 朱维铮, 校订. 北京：中华书局, 2010: 66.

二、段氏玉裁之理必

据不完全统计，《段注》中224例中之"断"字，50余例含有"推理裁断"之意。其最常见的有"断不""断无""断知"等。笔者认为：这是段玉裁用来专表推理判断或推理预测的重要术语。[①]这些"断"的底层公理是"必然"，即使表层谓其"不然"也是逻辑"证伪"（证伪即说无）之所需。赵元任警示学者"说有易说无难"[②]，而具有科学家头脑的段玉裁的论断绝非"依于传闻以拟其是，择于众说以裁其优，出于空言以定其论"[③]的"臆说"、"臆断"或"武断"，而是基于公理、原理和逻辑推理的严密论证之"裁断"。作为戴震门生的段玉裁遂为皖派理必之中坚。兹举《说文段注》之数例，以见其"理必"之一斑。

（一）"縿"字注（《说文解字·第十三篇上·糸部》）

縿，旌旗之游所属也。[④]各本失"所属"二字，今补。㫃部曰："游，旌旗之流也。"《周礼·巾车》注云："正幅为縿，游则属焉。"正义曰："正幅为縿，《尔雅》文。"又《觐礼》正义："《尔雅》说旌旗正幅为縿。"唐后《尔雅》夺"正幅为縿"四字，邢疏不能考补。縿是旌旗之体，游则属焉，故孙炎注曰："为旒于縿。"郭璞曰："縿，众旒所著。"戴先生曰："游，著縿垂者也，交龙鸟隼之属，皆画于縿。"《尔雅》曰："纁帛縿。"郑本之，曰：九旗之帛皆用绛，上有弧以张縿之幅，见《觐礼》《明堂位》《考工记》。下以人维之，《周礼·节服氏》"六人维王之太常"，《尔雅》"维以缕"是也。所以太常必维之者，正恐其游长曳地。《毛诗》"素丝纰之"，大夫旌旗之游亦维持之

---

① 冯胜利. 乾嘉之学的理论发明（二）——段玉裁《说文解字注》理必论证与用语札记//北京师范大学民俗典籍文字研究中心编. 民俗典籍文字研究（第二十四辑）. 北京：商务印书馆，2019: 23-41, 270.
② 王力. 自述//杨里昂主编. 学术名人自述. 广州：花城出版社，1998: 327.
③ 戴震. 与姚孝廉姬传书//戴震集. 上海：上海古籍出版社，2009: 185.
④ 加粗字体为《说文》原文，其余为《段注》文字。下同。

193

也。游属于縿，而统于縿，然㫃部游下不云旌旗之縿也，则知縿下断不云旌旗之游。理合析言，不得浑言矣。**从糸，參声。**所衔切，古音在七部。①

在"縿"字注中，段玉裁认为各本所释其意"旌旗之游也"应为"旌旗之游所属也"，"縿"是旌旗的主体部分，"游"是旌旗的附属物，即"縿是旌旗之体，游则属焉"，于是，段氏断言"縿下断不云旌旗之游"，而是失"所属"二字，当补。段氏的论证程序如下。

1. 指误

各本失"所属"二字。

2. 内证

《说文·㫃部》曰："游，旌旗之流也。"证明"游"是一种"流"。

3. 旁证

引《周礼》《尔雅》等从旁立证，"縿"当为"旌旗正幅"。

4. 误源推测

《周礼》注、疏和《觐礼》正义引《尔雅》不误，但唐之后《尔雅》夺"正幅为縿"四字，而宋代邢昺作《尔雅疏》又没能考补出来。后世所尊崇沿用邢疏，因而致误。

5. 辨异

引用孙炎、郭璞和其师戴震等人的说法来为证明"縿"和"游"不是同一事物，增加可信性，属于旁证。

6. 古籍义证

利用《尔雅》《周礼》《毛诗》等古籍的用例和释义，辨析"游"和"縿"的关系，指出古籍中明确记载"游"属于"縿"，是一种长可曳地的所属物。

---

① 段玉裁. 说文解字注. 许惟贤, 整理. 南京: 凤凰出版社, 2007: 1142.

这是运用古籍义证证明"游"和"㫃"是不同事物。

7. 反证与推论

如果：各本没有"所属"二字的释义"㫃，旌旗之游也"正确；

那么："游"和"㫃"应是互训关系的同一事物；

"游"的释义应为"游，旌旗之㫃也"。

但是：《说文》，"游，旌旗之流也"。

所以：前面的假设就不成立。

"游"和"㫃"当有别，游属于㫃，而统于㫃，因此，段氏断言"㫃"绝不是"旌旗之游"，当为"旌旗之游所属也"。

8. 申说

分析到最后，段玉裁进一步指出训释原则："理合析言，不得浑言矣。""㫃"和"游"不是浑言不别的关系，理应析言之。

段玉裁运用了指误、内证、旁证、误源推测、辨异、古籍义证、反证与推论、申说等八步进行逻辑分析和逻辑推演，环环相扣，得出"㫃下断不云旌旗之游"的论断是逻辑之必然。此注的论证程序还可表述为：如果"㫃"不是"游所属"就是"游"，经上述推理判断，"㫃"应为"游所属"，那么"㫃"就不可能"游"。其论证程序还可形式化为：如 $\forall A=x|y$, if $\forall A=x$, then $\forall A \neq y$ 或者 $(\forall A=x|y) \wedge (\forall A=x) \rightarrow (\forall A \neq y)$，这就是段玉裁"游下不云旌旗之㫃也，则知㫃下断不云旌旗之游"的逻辑底层结构。

（二）"苦"字注（《说文解字注·第一篇上·艸部》）

苦，大苦，苓也。见《邶风》《唐风》毛传。《释艸》"苓"作"蘦"。孙炎注云："今甘艸也。"按《说文》苷字解云"甘艸"矣。倘甘艸又名大苦，又名苓，则何以不类列而割分异处乎。且此云大苦，苓也。中隔百数十字又出蘦篆云"大苦也"，此苓必改为蘦而后画一，即画一之，又何以不类列也？攷周时音韵，凡令声皆在十二部，今之真、臻、先也；凡霝声皆在十一部，今之庚、耕、清、青也。《简兮》苓与榛、人韵，

《采苓》苓与颠韵。倘改作蘦，则为合音而非本韵。然则《释艸》作蘦，不若《毛诗》为善。许君断非于苦下袭《毛诗》，于蘦下袭《尔雅》，划分两处，前后不相顾也。后文蘦篆必浅人据《尔雅》妄增，而此"大苦，苓也"固不误。然则大苦即卷耳与？曰：非也。毛传、《尔雅》皆云"卷耳，苓耳"。《说文》苓篆下必当云"苓耳（逗），卷耳也"。今本必浅人删其"苓耳"字。卷耳自名苓耳，非名苓。凡合二字为名者，不可删其一字以同于他物。如单云兰，非芄兰、单云葵，非凫葵是也。此大苦断非苓耳，而苦篆、苓篆不类厕，又其证也。然则大苦何物？曰沈括《笔谈》云："《尔雅》'蘦，大苦'。"注云："蔓延生，叶似荷青，茎赤。此乃黄药也。其味极苦，谓之大苦。"郭云甘草，非也。甘草枝叶全不同。苦为五味之一，引伸为劳苦。①

归谬法是段氏理必论证的一种重要推真法。

（三）"硞"字注（《说文解字注·第九篇下·石部》）

硞，石声。今《尔雅·释言》："硞，巩也。"郭云："硞然坚固。"邢昺曰："硞，苦学切。当从告，《说文》别有硞，苦八切，石坚也。"按，邢语剖别甚精……<u>且硞之与巩音切近，以尤韵与东韵切近，而硞与巩不相关也。硞**断**无苦学之音，硞断无苦八之音，此**一定之音理**，学者不知古音不可与读古者此也。</u>②

在审"硞"音当为"苦角切"的过程中，段玉裁之所以得出"硞断无苦学之音，硞断无苦八之音"的论断，是基于论证逻辑，并使用了多种论证方法，环环相扣（详析见第五章，第二节，二）。

1. 指误

《尔雅·释言》："硞，巩也。""苦学切"是"硞"的读音。《说文》

---

① 段玉裁. 说文解字注. 许惟贤, 整理. 南京: 凤凰出版社, 2007: 46.
② 段玉裁. 说文解字注. 许惟贤, 整理. 南京: 凤凰出版社, 2007: 786-787.

第七章 乾嘉理必与章黄学理

别有"硈"字，读为"苦八切"。因此《说文》的"硈"与"硈"然不相同。

2. 建类推理

"硈之与巩音切近，以尤韵与东韵切近"以"尤""东"二部相近，推知"硈"与"巩"的音切相近。

3. 原理奠基，推果必然

《说文》别有"硈"字，切"苦八"，则与"巩"音毫不相关。据此"一定之音理"，"硈断无苦学之音"，而"硈断无苦八之音"。

段氏这条注论的考证，干净利落，证足理壮，实证之上再加反证，充分体现了他善裁断的辨识眼力和逻辑的推导力。他在"憏"字下注曰："许造此书，依形立解，断非此形彼义、牛头马脯以自为矛盾者。"①又在《说文解字·十五篇》中说："而如许书，每字依形说其本义，其说解中必自用其本形本义之字，乃不至矛盾自陷。"②立说不能"自为矛盾"、不能"矛盾自陷"，可见段氏所警觉、遵循和发明的，正是逻辑学中最基本的"矛盾律"！乾嘉理必，旨在逻辑；其革命突破，就在于斯。不仅段玉裁，其同门王念孙，也是理必逻辑的发明家。

三、王氏念孙之理必

乾嘉理必，师生珠联，段、王璧合。段玉裁的"断无"在王念孙的体系里则以另一种形式出现。王念孙之理必思想多表现在《广雅疏证》之中，其最典型者如上引《广雅疏证》卷一上"挦，取也"条，兹不缀引，且看《广雅疏证》卷二上"乱，理也"，也颇能说明问题：

乱者，《说文》："𤔔，治也。一曰理也。"《尔雅》："乱，治也。"《皋陶谟》云"乱而敬"，乱，与𤔔同。乐之终有乱，诗之终有

---

① 段玉裁. 说文解字注. 许惟贤, 整理. 南京: 凤凰出版社, 2007: 896.
② 段玉裁. 说文解字注. 许惟贤, 整理. 南京: 凤凰出版社, 2007: 1311.

乱，皆理之义也。故《乐记》云"复乱以饬归"，王逸《离骚》注云："乱，理也，所以发理辞指，总撮其要也。"**理与治同意，故理谓之乱，亦谓之敕。治谓之敕，亦谓之乱。理谓之纰，犹治谓之庀也。理谓之伸，犹治谓之神也。理谓之撩，犹治谓之疗也**。《鲁语》注云："庀，治也。"《尔雅》："神，治也。"《方言》："疗，治也。"是其证矣。[①]

这里"理与治同意，故理谓之乱，亦谓之敕。治谓之敕，亦谓之乱。理谓之纰，犹治谓之庀也。理谓之伸，犹治谓之神也。理谓之撩，犹治谓之疗也"的论证之必的具体结构和详细分析如下。

首先，王念孙"理必"的形式特点是**生成性类比推理**[②]，如图7-2所示。

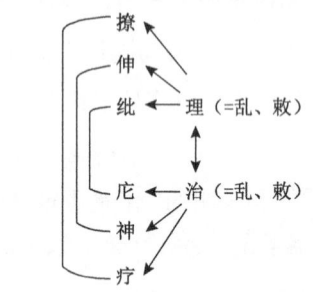

图 7-2 "乱，理也"生成类比示意图

显然，这一论证法式，仍然可归纳为上文揭举的王氏所独创之**生成类比逻辑**，亦即：

X 和 Y 都具有属性 p、q、r；

如果 p、q、r 具有衍生关系；

且 X 和 Y 具衍生关系；

则 X 和 Y 的属性系列可以被预测和验证为真。

---

① 王念孙. 广雅疏证. 钟宇讯, 点校. 北京: 中华书局, 1983: 58.
② 详论参见: 冯胜利. 论王念孙的生成类比法. 贵州民族大学学报(哲学社会科学版), 2016, (6): 77-88.

其推证步数参见第六章[①],此从略。戴氏言"必有"、段言"断无"、王氏则言"以类相生",词异而道通,均循"理必"之辙发展而来。段、王二人不仅师承戴氏之学理,其学术心态也颇为神似。段玉裁说:"凡此校正,私谓必符许意。知我罪我,所不计也。"[②]王念孙说:"苟可以发明前训,斯凌杂之讥,亦所不辞。"[③]前者的自信表现在:即使"罪我"也不以为然;后者的自信表现在:即使"讥我"也在所不辞。为什么?因为他们坚信自己的研究一定"必符"、确有"发明"。这就是"理必自信心态"的学术境界。

第二节 章太炎的"学术圭臬"与"依自不依他"

乾嘉学术发展的近现代,有章太炎为其承传巨擘。侯外庐称章太炎为"自成宗派的巨人"[④]。侯氏对乾嘉学术批评有加,但对章太炎却推崇备至,其实没有看到太炎治学一本乾嘉。我们看他自己的定位:"学问之事,终以贵乡先正东原先生为圭臬耳。"[⑤]我们认为,这才是章太炎学术的神魂所在。其历史地位,正如梁启超所谓"其影响于近年来学界者亦至巨"[⑥]。事实上,我们不能不承认:"章黄不愧是乾嘉学派的精华浇灌出的'奇葩'。"[⑦]章氏之学博大而精深,文史哲诸多领域无所不涉,然其治学之核要仍不离乾嘉之理必或仍根基于乾嘉之理必。"理必"是思想,不仅仅是方法;理必的典型体现是逻辑。章太炎的逻辑思想既因承乾嘉理必式的公理性演绎,也得益于他当时的博览古今中外之学理思想的自身发明。因此,"理必学理"和"依

---

① 冯胜利. 论王念孙的生成类比法. 贵州民族大学学报(哲学社会科学版), 2016, (6): 77-88.
② 段玉裁. 说文解字注. 许惟贤, 整理. 南京: 凤凰出版社, 2007: 1240.
③ 王念孙. 自序//广雅疏证. 钟宇讯, 点校. 北京: 中华书局, 1983: 2.
④ 侯外庐. 近代中国思想学说史(下册). 上海: 生活书店, 1947: 860.
⑤ 章炳麟. 章炳麟论学集. 北京: 北京师范大学出版社, 1982: 349.
⑥ 梁启超. 梁启超论清学史二种 清代学术概论 中国近三百年学术史. 朱维铮, 校注. 上海: 复旦大学出版社, 1985: 78.
⑦ 俞敏. 后汉三国梵汉对音谱//俞敏语言学论文集. 北京: 商务印书馆, 1999: 42.

自不依他"可谓章氏治学的两项基本原则。章氏的讨论和发展的逻辑思想极为丰富,非专论不能尽其详。这里仅从"论式"一文所见逻辑理念示其一斑。

此文伊始,先澄明"论"之定义。本之段玉裁,太炎以"论"字从"仑"而有"腽理"之"格""法"之义立说(=公理性),指出:"前世著论在诸子,未有率尔持辩者也。"①这里的"著论"指作文立论,"持辩"指论证方法,亦即"其辞精微简练,本之名家"②。名家就刑名之家,即中国古代的逻辑学家(墨子、公孙龙等),具言之:

> 文生于名,名生于形,形之所限者分,名之所稽者理,分理明察,谓之知文。③

这里的"名"相当于概念,"形"是其所指(或定义)。概念所根据的(所稽)是原理(=理必之理,亦即 principle);能让"理"立足的是逻辑(分辨 A≠B),而能用逻辑阐释原理所以"泰山不移"的是"明察(=论证)"。我们仅从字面上就可以见出太炎论学中深厚的逻辑修养和功底。正因如此,"凡立论欲其本名家,不欲其本纵横"④而"忽略名实,则不足以说典礼"⑤,因为"大氏近论者取于名,近诗者取于纵横"⑥。这里以逻辑为圭臬的立场非常鲜明。然而如何立论?于是才有太炎的**持论逻辑**,亦即:"气体虽异,要其守己有度,伐人有序,和理在中,孚尹旁达,可以为百世师矣。"⑦难怪侯外庐说:"太炎'分析名相'所本的形式逻辑,因有史识为内容,比一般空谈表德者,卓然异趣。"⑧而其《徵信》《信史》四篇文字中,"表现太炎史学与科学的统一认识"⑨。侯外庐所谓"科学",系指太炎先生对推

---

① 章太炎. 论式//国故论衡. 陈平原,导读. 上海:上海古籍出版社,2019:98.
② 章太炎. 论式//国故论衡. 陈平原,导读. 上海:上海古籍出版社,2019:98.
③ 章太炎. 论式//国故论衡. 陈平原,导读. 上海:上海古籍出版社,2019:100.
④ 章太炎. 论式//国故论衡. 陈平原,导读. 上海:上海古籍出版社,2019:102.
⑤ 章太炎. 论式//国故论衡. 陈平原,导读. 上海:上海古籍出版社,2019:100.
⑥ 章太炎. 论式//国故论衡. 陈平原,导读. 上海:上海古籍出版社,2019:104.
⑦ 章太炎. 论式//国故论衡. 陈平原,导读. 上海:上海古籍出版社,2019:101.
⑧ 侯外庐. 近代中国思想学说史(下册). 上海:生活书店,1947:794.
⑨ 侯外庐. 近代中国思想学说史(下册). 上海:生活书店,1947:791.

演与验证的逻辑方法。譬如"诸学莫不始于期验，转求其原，视听所不能至，以名理刻之"①——这是观察、求质、溯因、验证、演绎诸法的具体步骤；"两徵有异，犹两曹各举其契，此必一情一伪矣"②——这是逻辑的同一律和矛盾律；"因以求果，果以求因，辨异而不过，推类而不悖，是故邪说不能乱"③——这是因果推理；"心能推度曰恕，周以察物曰忠……疏通知远者恕，文理密察者忠"④——"太炎训诂忠恕之道，归结在逻辑学：忠者，归纳之谓；恕者，演绎之谓"⑤。不难看出逻辑学在章太炎学术中的崇高地位，是其唯理主义的理必化身。正如他所说的，"自非名家，不足与议古今官制"⑥，此话正可以用来说他自己，"自非名家，不足与议太炎"。

太炎学本理必，自然有自己的心得和发明，于是太炎自述其学术的独创与独立：

> 仆于佛学，岂无简择？盖以支那德教，虽各殊途，而根原所在，悉归于一，曰"依自不依他"耳。⑦

按，"依自不依他"⑧非止太炎先生佛学简择之柢据，实乃其为学（有心得）立教（有自心）之所悉本也。"今中国之不可委心远西，犹远西不可委心中国也。"⑨他又说：

> 本国没有学说，自己没有心得，那种国，那种人，教育的方法，只得跟别人走。本国一向有学说，自己本来有心得，教育路线自然不同⑩……

---

① 章太炎. 征信论//朱维铮，姜义华，编注. 章太炎选集（注释本）. 上海：上海人民出版社，1981：125.
② 章太炎. 征信论//朱维铮，姜义华，编注. 章太炎选集（注释本）. 上海：上海人民出版社，1981：129.
③ 章太炎. 征信论//朱维铮，姜义华，编注. 章太炎选集（注释本）. 上海：上海人民出版社，1981：131.
④ 章太炎. 检论//章太炎全集（第三卷）. 朱维铮，校点. 上海：上海人民出版社，2014：433.
⑤ 侯外庐. 近代中国思想学说史（下册）. 上海：生活书店，1947：799.
⑥ 章太炎. 检论//章太炎全集（第三卷）. 朱维铮，校点. 上海：上海人民出版社，2014：566.
⑦ 章太炎. 答铁铮//齐物论释. 曲经纬，校点. 武汉：崇文书局，2016：139.
⑧ 章太炎. 答铁铮//齐物论释. 曲经纬，校点. 武汉：崇文书局，2016：139.
⑨ 章太炎. 原学//国故论衡. 陈平原，导读. 上海：上海古籍出版社，2019：126.
⑩ 章太炎. 教育的根本要从自国自心发出来//章太炎的白话文. 沈阳：辽宁教育出版社，2003：37.

> 夫国学者，国家所以成立之源泉也。吾闻处竞争之世，徒恃国学固不足以立国矣，而吾未闻国学不兴而国能自立者也。吾闻有国亡而国学不亡者矣，而吾未闻国学先亡而国仍立者也。①

乾嘉理必传到太炎，何止理必逻辑，更加之"以学立国"之民族大义也。

第三节 黄季刚的学术论：玄理与发明

黄季刚英年早逝，没有留下很多著作，世人皆为之惋惜；因此他的"学术论"就更鲜有得其梗概，传其谛旨。虽然如此，我们还是从他身后发表及后学收集的著作和语录中看到黄氏**学术论**根在理必、学在逻辑、旨在科学的蛛丝马迹。譬如，他综论东汉学术时提出"东汉诸贤，识虽未远，而持论必辨，指事必切"②。所谓"持论"，就是太炎先生所揭橥的，中国学术史上用刑名原则来分析和阐释道理的"逻辑论证法"。那么，怎样论辨？他有自己的一套理论："夫持**论辨**，则无肤理；指事切，则无游词。肤理、游词去，而后可与言玄理。"③"持论辨"即进行或组构论辨，其根本方法就是要"去肤理""去游词"，如此才能达到"玄理"的高度。"玄理"指的就是今天的"哲学理论"。黄氏指出：建立在肤理（没有原理的说法）和游词（没有定义的概念）之上的理论，是站不住的。因此他赞扬裴頠（267—300年）的《崇有论》"**持说坚确**，亦有不可磨灭者"④。"持说坚确"就是立论有逻辑必然，故而"泰山不移"，"有不可磨灭者"。正因如此，他驳斥五四以来的疑古派，说："书籍有真伪，**学术但论是非**。今之检核伪书者，往往并其中藏而一概未杀之，甚无谓也。"⑤一语道破真谛，比之今天批评疑古派者，

---

① 章太炎. 国学讲习会序//张昭军编. 章太炎讲国学. 北京：东方出版社，2007：4.
② 黄侃. 汉唐玄学论//黄侃论学杂著. 上海：中华书局，1980：483.
③ 黄侃. 汉唐玄学论//黄侃论学杂著. 上海：中华书局，1980：483.
④ 黄侃. 汉唐玄学论//黄侃论学杂著. 上海：中华书局，1980：483.
⑤ 黄侃. 汉唐玄学论//黄侃论学杂著. 上海：中华书局，1980：483.

不仅有时代的先见之明，而且有学术的高远之见：版本的真假是一回事，学理的是非（truth or false）是另一回事；学术所求的是真值或真相（truth）而不是仅仅是书籍版本的真与假。这与段玉裁的"理校"同出一辙且又高之：书籍真伪的辨正不是目的，科学思想和原理的发明才是学术最高的宗旨。由此可见，黄季刚先生的"学术论"实即"求是论"！这一学术原则，在他的学术生涯里可谓贯穿始终，即使是唐宋八大家之杰作，也要从科学逻辑角度来评判："……韩愈、柳宗元、刘禹锡、吕温之伦，文章华采郅优，而持论不可检核以刑名之学。"①凡经不起逻辑严格检验者，从持论立说的角度看，都不"合格"。黄季刚和章太炎一样，都把理必逻辑渗透到学术的各个层面、各个角落；所不同者，季刚先生面对西学东渐下铺天盖地而来的材料之学，提出了更具学术代降思想和学术换代眼光的"学术代降论"：发见之学和发明之学的不同与对立，及后者被前者取代的危机和事实。

这一点我们有幸从吉川幸次郎的《我的留学记》中看到黄季刚先生内心的底蕴：

> 黄侃说过的话中有一句是："中国学问的方法：不在于发现，而在于发明"。以这句来看……［中国语的"发明"，不仅指科学技术上，对重新获得理论、见解，也可称"发明"。］②

这段话中"中国语的'发明'，不仅指科学技术上，对重新获得理论、见解，也可称'发明'"一语极为关要。它告诉我们：季刚先生所说的"发明"指的是"见解"的获得和"理论"的创造。这不是简单的提法，而是季刚先生学术的标准和贡献。"古无上声说"（再加上段玉裁的"古无去声说"）不就是今天广为接受的"远古汉语无声调"的理论首创吗？季刚先生二十八部十九纽的提出，用何大安先生的话说：

> 黄侃从后代语言结构上的特点（一四等无变声）推测这些特点的历

---

① 黄侃. 汉唐玄学论//黄侃论学杂著. 上海：中华书局，1980: 487.
② 吉川幸次郎. 留学所得收获//我的留学记. 钱婉约，译. 北京：光明日报出版社，1999: 79.

史成因，并进而预测某些古语部类（古韵二十八部）的存在，这种新方法——即 4.2 的"分析""进求""稽之故籍""无丝毫不合"——相当于内部拟测法（internal reconstruction）。"预测"（即 4.2 的"分析""进求"）加"证明"（或"证否"，即 4.2 的"稽之故籍""无丝毫不合"）是科学知识的特征。①

不仅如此，"文与言判……非苟而已也"②、"方圆异德，故雅俗殊形矣"③等论述，更是今天"书面与口语""正式与非正式"的语体理论的基奠④。刘丽媛和冯胜利指出：季刚先生说"文与言判，非苟而已"，这一超前观点可与吕叔湘先生"每个时代有每个时代的笔语和口语"的思想相媲美⑤。吕先生说：

> 每个时代的**笔语**都可以有多种，有和口语大体符合的，有和口语距离很近的，也有和口语相去甚远的。这些形形色色的**笔语**虽然一种挨一种，构成一个不断的系列，但是当中也未尝不可划出一道界线：听得懂和听不懂。⑥

季刚先生区分书语和口语（用"文"与"言"）不同的关键词是"非苟而已"，吕先生区分书语和口语（用"笔"和"口"）的关键词是"语体"。前者没有用"语体"这个词，但"文""言"对立的概念就是今天的"语体"对立；最重要的是季刚先生悟出语体对立的机制是"不以人的意志为转移"的必然属性（非苟而已）⑦。在这个意义上，冯文进而指出"前者［季刚之'文与言判'］是乾嘉'理必'传统发展为'学在发明'的重要成果，后者是

---

① 何大安. 声韵学中的传统、当代与现代. 声韵论丛, 2001, (11): 8.
② 黄侃. 黄侃日记. 南京：江苏教育出版社, 2001: 199.
③ 黄侃. 黄侃日记. 南京：江苏教育出版社, 2001: 199.
④ 参见：冯胜利. 论语体的机制及其语法属性. 中国语文, 2010, (5): 400-412, 479.
⑤ 刘丽媛, 冯胜利.《黄侃日记》语体论初探. 汉语史学报, 2020, (2): 63.
⑥ 吕叔湘. 文言和白话. 国文杂志, 1944, 3(1): 8.
⑦ 冯胜利. 汉语语体语法概论. 北京：北京语言大学出版社, 2018: 31.

西方语言学理论孕化出来的精辟分析"①,这句话更深的意味是:人类语言中,语体对立这一普遍规律的**首发权**,当归属于季刚先生。倘若如此,季刚先生的发明,在人类语体语法发展史上就赋有了里程碑的意义。凡此种种,显然不是凭借材料之新之独人占有就能获得的。正因如此,它就更让我们关注如下的问题:传统上的章黄之学何以具备如此超人见解,他们如何能够创造出如此绝伦的理论?章黄重功力,这自然不错;但章黄更重"发明",其要谛在于"演绎"。吉川幸次郎在《我的留学记》中接着说道:

> 限于考证学来说,人们认为考证学是只用归纳法的,在日本事实上也是这样的。但我知道实际上并不完全是这样。不只是归纳,也用演绎。演绎是非常有难度的,必须对全体有通观的把握。②

此话的精要之处就在于他点破了章黄学术的精微妙道:功力是为了演绎——没有功力无法演绎,尽管有了功力不一定能够演绎。这和我们前面提到的"形式科学……都使用了不同形式的公理-演绎"的思想,如出一辙。事实上,章黄"文献语言学"中的"演绎之法"并非凭空而来,它是乾嘉"理必之学"的传承和发展。

第四节 章黄之精要

我们曾提出:乾嘉学术最大的特点是演绎的发明和使用。最能代表那个时代演绎理论的,就是他们的"理必之学"。戴震的"《尧典》古本必有作'横被四表'者"③、段玉裁的"于音寻义,断无飞而下曰颓者"④、胡培翚

---

① 冯胜利. 汉语语体语法概论. 北京:北京语言大学出版社, 2018: 31.
② 吉川幸次郎. 留学所得收获/我的留学记. 钱婉约, 译. 北京:光明日报出版社, 1999: 80.
③ 戴震. 与王内翰凤喈书//戴震集. 上海:上海古籍出版社, 2009: 54.
④ 段玉裁. 说文解字注. 许惟贤, 整理. 南京:凤凰出版社, 2007: 868.

乾嘉皖派的理必科学

的"凡居奥者必东面"[①]等等，均可视为太炎先生发明《文始》（首创汉语同源词研究）、季刚先生发明二十八部十九纽（预测+证明——何大安说）的演绎先声。从这个意义上说，在乔姆斯基语言学革命倡导的形式科学的前沿阵地上，"乾嘉理必之学""章黄发明之学"均可帮助我们综合理解中国传统的科学思想在小学（文献语言学）、在戴震创造的理必科学思想、章黄继承和发展的"发明学理范式"中的中国传统的科学思想。我们把乾嘉理必和章黄学理贯穿起来作为中国科学思想延承至今，从传统至现代的学理标志，并非一家之言。何大安先生早就与我们这里的看法不谋而合，并导夫先路。他在《声韵学中的传统、当代与现代》一文中，首次指出中国传统音系学家与西方音系创始人的科学理论，如出一辙[②]。这在中国音韵学研究史上还是第一次。老辈音韵学家如王力、周法高，后起名家如郑张尚芳，均未及此。虽然大安先生发明之后，响绝而无继，但今天再看，则卓识绚烂，智光照人。他首先独具慧眼，指出结构与生成乃当代学术两大标志；然后把乾嘉的戴震、民国的黄侃、现代的李方桂并入一起，同属音系学创始人莫里斯·哈勒的理论之列。他告晓天下：中国学术，戴震以来就有与西方科学并驾齐驱者，只是后人不懂或误解而已。他是这么说的：

> 以 Morris Halle 为代表的音韵研究，凸显了"结构"与"生成"两项现代语言学的基础性特点。但是这两项特点在中国声韵学的传统中，却不乏例。戴震、黄侃、李方桂都曾预示了这两个项现代性的观念，并因此超越了各自所处的当代。[③]

后人没有看出戴震和黄侃就是中国的莫里斯·哈勒和诺姆·乔姆斯基，虽然一般都承认李方桂是中西两兼的当代语言科学家，这就如同今天仍然很少人看出大安先生所论音系研究"中国传统、美国当代，均不外结构、生成

[①] 胡培翚. 燕寝考//《续修四库全书》编纂委员会编. 续修四库全书（经部第 110 册）. 上海：上海古籍出版社，1996：567.

[②] 何大安. 声韵学中的传统、当代与现代. 声韵论丛，2001，(11)：1-16.

[③] 何大安. 声韵学中的传统、当代与现代. 声韵论丛，2001，(11)：1.

第七章 乾嘉理必与章黄学理

两大属性"的卓识一样。大安先生又说：

> 戴震、黄侃、李方桂和 Halle，在学术上都有过重大的贡献，也都早已获得学术界的肯定，不待我们为之吹嘘。不过我们认为，这些学者在"结构"和"生成"的观念的掌握上，都超越了他们各自的当代。这些超越当代的观念，有时候并不容易立即为人所察觉；甚至还会遭到误解。[①]

我们虽然可以为传统科学不为察觉（或遭误解）而扼腕，但我们并不会因为无知或误解传统科学而妄自菲薄（如误认为我们没有西方式的科学思想）或妄自骄傲（如误把技术当科学）。何大安先生所选列的四位学者，无论从音系史上还是学术史上，都颇寓深意：

乾嘉的戴震　　　乾嘉=理必
民国的黄侃　　　章黄=发明　　　哈勒和乔姆斯基是当代音系创始人
当代的李方桂　　当代结构主义

这里所列的传统音系第一人是戴震，这不能不说是乾嘉科学的产物。乾嘉之后，可以同莫里斯·哈勒和诺姆·乔姆斯基并列的，何大安只列出黄侃，这清楚地说明"章黄发明"是对"乾嘉理必"的历史承传！所以我们说，中国思想史上的科学发明与因承，从戴、段、王到章、黄，是"一条由理必学理红线贯穿起来的可与西方相提并论的"思想史。

---

① 何大安. 声韵学中的传统、当代与现代. 声韵论丛, 2001, (11): 12.

第八章　黄侃的"发明之学"
与傅斯年的"发现之法"*

　　本章在黄季刚先生发明之学的基础上，提出"发明之学"是中国传统学术在乾嘉时代的**"理必原理"**下发展和形成的中华学术之精华；相比之下，五四以来的"发见之学"则是在西学东渐的浪潮中，民国时期中国学者用来取代传统旧学（包括发明之学）的现代学术的新方法。本章进而分析指出：发明之学的理论背景是理性主义（rationalism=乾嘉理必），发见之学的学理背景是实验主义和经验主义（empiricism）。胡适和傅斯年在发见之学的学术风尚和路线上，有着开时代的推创之功；与此同时（或稍前及后继）的章黄之学，则对乾嘉理必的继承与发展有着自觉的、跨时代的科学贡献。本章在重温黄季刚先生慨叹"今发见之学行，而发明之学替矣"的同时，提出"中国学术**回归理性**"的主张与呼唤！这个意见提出后，《励耘学刊》编者加之按语曰：

　　　　此文以黄侃与傅斯年间两种代表性的学术理念为楔点，提出一个世纪以来学术范式的转型并反思其对学术研究的根本性影响，其意不止于

---

* 文章主要内容曾以特稿形式发表于《励耘学刊》2018年第二辑(1-22页)，收入本章时做了一些材料补充和文字调整，特此说明。

第八章 黄侃的"发明之学"与傅斯年的"发现之法"

黄、傅二家的不同,亦不止于东西方学术于方法、理念上的差异,而在对整个学术理念、范式和标准的根源上的反省。发之深,明之广,直溯钱学森的"世纪之问"。

当前,追求真理的科学精神所剩几何?学术的最高追求当是什么?中国传统学术的精华有哪些?目前学术风气若有弊病其根何在?孰为学生素质培养之最要紧因素?……凡于此有所思考而有志变革者,读此篇,当有启发。故特予推荐,以期引起广泛注意。[①]

下面我们就先看什么是乾嘉以至章黄的"发明之学",然后再看什么是黄氏弟子傅氏和胡适的"发现之法"。

第一节 乾嘉之理必发明

如前所述,乾嘉学术之理必旨在揭示"道理上必然"的"理据",此乃戴震发明的一个中国学术范式的革命。戴震以《尚书》"光被四表"的校正为出发点,断言"《尧典》古本必有作'横被四表'者"[②],一语宣告了乾嘉理必的诞生。其门生段玉裁和王念孙乃皖派理必之中坚,前面论证其详,兹复其要例如下。

一、段氏理必之发明

(一)必、"断不"、绝非

《说文解字注·第七篇上·米部》:粒,糂也。《段注》曰:

按,此当作"米粒也"。"米粒"是常语,故训释之例如此……《玉

[①] 冯胜利. 论黄侃的"发明之学"与傅斯年的"发现之法". 励耘语言学刊, 2018, (2): 1.
[②] 戴震. 与王内翰凤喈书//戴震集. 上海: 上海古籍出版社, 2009: 54.

篇》《广韵》粒下皆云"米粒"可证……如妄改之文，则粒为"以米和羹"矣，而"一曰，粒也"何解乎？今俗语谓米一颗曰一粒。《孟子》："乐岁粒米狼戾。"《赵注》云："粒米，粟米之粒也。"……此篆不与糂篆相属，亦可证其解**断**不作糂也。①

据前文所论，今本《说文》作"粒，糂也"，段氏用十一步的"论证程序"（见第二章）径改许书为"粒，米粒也"并直言"断不作糂"。这个"断"字的背后就是其理必原理（第二章所示，兹故不赘）。②

这里需要指出的是，《段注》中凡此"理必论证"法（"必、断、断不、断知"等），不胜枚举，绝非偶然。譬如"硈"字注：

> 硈之与巩音切近，以尤韵与东韵切近，而硈与巩不相关也。硈断无苦学之音，硈断无苦八之音，此一定之音理，学者不知古音不可与读古者此也。③

以十七部古音尤韵与东韵反切相近的事实判定之，硈之与巩音切相近，因此"硈与巩不相关也"，于是他凿定"硈断无苦学之音，硈断无苦八之音"。这是"事必"结论（事实如此的结论）；不仅如此，他还更进一步，展示自己的结论不可动摇的"理必"根据："此一定之音理！"不仅是"事必"更重要的是"音理之必"———一定之音理=不易之音理。因此，从这个意义上说，段氏把"理必"发展成了"音必"。

（二）发明校勘学上的"理校"

"理校"可以代表段氏理必思想发展的巅峰。其一是校勘学中的理必原则；其二是他发展理必校勘的"理性极峰"。先看他理校原则：

> 校书之难，非照本改字不讹不漏之难也，定其是非之难。是非有二：

---

① 段玉裁. 说文解字注. 许惟贤，整理. 南京：凤凰出版社，2007: 578-579.
② 参本书第二章、第七章。
③ 段玉裁. 说文解字注. 许惟贤，整理. 南京：凤凰出版社，2007: 787.

第八章 黄侃的"发明之学"与傅斯年的"发现之法"

曰底本之是非,曰立说之是非。必先定其底本之是非,而后可断其立说之是非。二者不分,輵轇如治丝而棼,如算之渚其法宝而瞀乱乃至不可理。何谓底本,著书者之稿本是也;何谓立说,著书者所言之义理是也。①

这里段氏不是在总结"校书之难"而是在确立校书的两大原则:一是区分何为"底本"和"立说",二是"定""断"的方法,前者要定稿本,后者要断"义理"。最重要的是两种方法标准:要达到数学算法的高度才为"可理"。这里的"理"是戴震定义的"理"的意思,亦即"条理"、"规则"或"不易之法"。"不可理"就是没有条理,没有规则之谓。显然这种校雠观是唯理性的路数,而不是以经验为基础的"为实"的做法。正因如此,他才提出"理必校勘"的独家创见:

凡校书者,欲定其一是,明贤圣之义理于天下万世,非如金之俗子夸博赡、夸能考核也。故有所谓宋版书者,亦不过校书之一助,是则取之,不是则却之。宋版岂必是耶?故刊古书者,其学识无憾[此戴震语],则折衷为定本,以行于世,如东原师之《大戴礼》《水经注》是也;其学识不能自信,则照旧刊之,不敢措一辞,不当据摭各本,侈口谈是非也。②

什么是"理校"?"以识定真"才是理校,所谓"理必如是,不必证佐"的逻辑必然。有人会说,清朝不是祖述汉学的"实事求是"吗?现在看来,真正的清学(皖派,不是吴派)并非墨守汉学的"以实求是",而是创新地提出了"以识求是"的口号。大胆地挑战"宋版之实":"宋版岂必是耶?"等于说:"眼所见的实难道就都对吗?"对错或真理与否,是"理"的裁断,而不在"眼"的判断!校勘的最高目标是"明理",而不是"据摭各本,侈谈是非也"——采纳辑录各个版本的异文,没有原则地论是论非。这里的关键词是"学识无憾""折衷定本"。学识可以理解为学术训练、功底和见识;而"无憾"是戴震创造的推演术语,其概念是"推演和论证到100%的极限",

---

① 段玉裁. 与诸同志书论校书之难//经韵楼集. 钟敬华, 校点. 上海: 上海古籍出版社, 2008: 332-333.
② 段玉裁. 答顾千里书//经韵楼集. 钟敬华, 校点. 上海: 上海古籍出版社, 2008: 300.

所谓"十分之见"。因此,"学识无憾(无憾=没有任何遗漏)"者,谓"基于学术训练、功底和见识达到推演和论证的100%的极限",这样才能做"折衷"的工作,才能"定其底本之是非"。否则,可以"捃摭各本"但不当"侈谈是非"。这难道不是最客观、最科学的态度吗?

事实上,段玉裁并未停止在已然出人意表的"理必校勘"的思想和做法之上,他在自己逻辑推演的驱动下,还一度把"理必校勘"推到常人难以接受的程度(或高度):"凡若此类[即《郑注》:'不徧谓二名不一一讳也。'文理必如是,各本夺上'不'字],不必有证佐而后可改。"①没有"佐证"的论断难道可以认之为"真"吗?段玉裁似乎在说"理之所必,无需证佐"!这不仅在当时(如顾千里等),就是今天也让人难以接受。我们当然可以说,段玉裁在理必道路上走"疯"了。然而,本章所论恰恰说明,段玉裁在理必道路上走得比戴震还高远。其中的道理,我觉得,就是著名天体物理学家霍金所说的"你在数理逻辑推出的定理面前,无法争辩"②,用今天的北京话说就是:"定理面前没脾气!"当然,我们会说段氏太傲慢了,他的"文理必如是"的结论又不是用纯数学定理推导出来的,因此,他所说的"不必有证佐而后可改"简直就是无稽之谈!然而,一旦深入到他的逻辑理路(或纯逻辑系统)中后,我们会惊异地发现,"理必自征"是他逻辑推演的一个必然(或极峰),而绝非表面看去的一种"狂言"。很简单,段氏讲的是"理",而不是"事"。"事如何为实"与"理如何为必"是两个范畴的对象;就如同"归纳"和"演绎"是两个范畴的逻辑一样。

二、王氏理必之发明

(一)王氏"生成类比"的发明

王氏念孙之理必大多蕴藏在《广雅疏证》的疏证之中,其最典型的格式

---

① 段玉裁. 二名不偏讳说//经韵楼集. 钟敬华, 校点. 上海: 上海古籍出版社, 2008: 273.
② Hawking S W. A Brief History of Time: From the Big Bang to Black Holes. Toronto: Bantam Books, 1988: 50.

第八章 黄侃的"发明之学"与傅斯年的"发现之法"

如前文所揭示的"类比论证法"：

1. 凡"与A"之义近于"B"，"取A′"之义近于"B′"；
2. A、A′声又相近。

故

1. A 谓之 X，亦谓之 Y，亦谓之 Z，亦谓之 W；
   A′取谓之 X，亦谓之 Y，亦谓之 Z，亦谓之 W。
2. A 谓之 α，犹 A′谓之 α′也；A 谓之 β，犹 A′谓之 β′也；
   A 谓之 γ，犹 A′谓之 γ′也。

如前面看到的典型例证：

凡"与"之义近于"散"，"取"之义近于"聚"；"聚、取"声又相近，故聚谓之收，亦谓之敛，亦谓之集，亦谓之府；取谓之府，亦谓之集，亦谓之敛，亦谓之收。取谓之捋，犹聚谓之裒也；取谓之掇，犹聚谓之缀也；取谓之捃，犹聚谓之群也。[①]

其中论证之必，我们认为是王氏独创的**生成类比逻辑**，如前第七章所示，其基本形式是：

X 和 Y 都具有属性 p、q、r；
如果 p、q、r 具有衍生关系；
且 X 和 Y 具衍生关系；
则 X 和 Y 的属性系列可以被预测和验证为真。

其推证步数已见上文[②]，这里仍可再补充的是生成类比之"真"的概念，这里的"真"实指同源生成的内部基因：在基因衍生矩阵成员的同构基因矩阵系统中，其所在成员及再生成员均赋有相同基因。

[①] 王念孙. 广雅疏证. 钟宇讯, 点校. 北京: 中华书局, 1983: 20.
[②] 或详参: 冯胜利. 论王念孙的生成类比法. 贵州民族大学学报(哲学社会科学版), 2016, (6): 77-88.

213

王念孙在《说文解字注·序》说："方以类聚，物以群分；循而考之，各有条例。"这是王氏疏证《广雅》的一大原则，而这一原则背后的理论原理，则集中反映在他的类比义丛之中。兹取冯胜利和殷晓杰《王念孙〈广雅疏证〉类比义丛纂例》①中【2×(2×2)】式类比义丛之"缩"与"惭"为例。

《广雅疏证·卷一上》"嚃咨，惭也"下疏：

> 愢忸、嚃咨者，《方言》："忸怩，惭涩也。楚郢江湘之间谓之忸怩，或谓之嚃咨。"《晋语》"君忸怩颜"，韦昭注云："忸怩，惭貌。"《孟子·万章篇》云："象曰：'郁陶思君尔。'忸怩。"忸、与愢同，愢字从心，鈕声，各本讹作愢，今订正。嚃咨，各本讹作戚恣。《集韵》《类篇》并引《广雅》："戚，惭也。"则宋时《广雅》本已讹。《释训篇》："忸怩，嚃咨也。"嚃字亦讹作戚，惟咨字不讹。考《方言》《玉篇》《广韵》并作"嚃咨"。《离》释文亦云："嚃咨，惭也。"今据以订正。忸怩、嚃咨，皆局缩不伸之貌也。嚃咨，倒言之则曰咨戚。《太元·亲初一》云"其志龃龉"。《次二》云"其志咨戚"。咨戚、犹龃龉，谓志不伸也。范望注训咨为用，戚为亲，皆失之。卷三云："侧匿，愗，缩也。"《释言》云："鈕，缩也。"缩与惭义相近，缩谓之侧匿，犹惭谓之悒也。缩谓之鈕又谓之愗，犹惭谓之忸怩，又谓之嚃咨也。

应该说，《王念孙〈广雅疏证〉类比义丛纂例》所衷辑的71条，条条均可做如上分析。或问曰：王氏用这种用类比义丛来证明语义相关的训诂方法，有何现代意义？我们认为：它给我们提供了今天仍需深究的语义之"类"与词汇之"群"之间的相互"咬合"的关系——巴赫所谓拱形桥中楔形石之间的"咬合关系"。王念孙"词义-拱形桥"中的楔形石，绝不能只两块（一串中的两个成员）。两块楔形石的咬合虽然也需彼此依赖、相互为据，但多重、多层成员之间的咬合，才最能体现各个成分在深层中的彼此依赖的关系，才能更有力地证明咬合关系的必然属性。就上例而言：

---

① 冯胜利，殷晓杰. 王念孙《广雅疏证》类比义丛纂例. 文献语言学, 2019, (7): 2-50.

第八章 黄侃的"发明之学"与傅斯年的"发现之法"

【原理】缩与慙义相近,
【推演】故缩谓之侧匿,　　犹慙谓之惬也。
　　　　缩谓之䶊　　　又谓之麼,
犹　　慙谓之忸怩,　　又谓之䜏咨也。

其中"缩"可以叫"匿",也可以叫"䶊",还可以叫"麼"。这是"一组"意义上的关联"串",是以"缩"为线索串起来的"义串"。亦即:缩=匿、䶊、麼。下面的问题是:"缩"与"匿、䶊、麼"之间的关联是巧合或偶然,还是有理可据的必然?如何证明"义串"的合理性?王念孙雅学的"必然体系"就是靠类比之"群"和"群"中之"类"架构起来的。其逻辑原理可以展示为:

(1) 正推:如果不只一串,而是诸多词的"义串"都是语义系统中的客观存在,那么该义串成分(如"缩"字与"匿、䶊、麼")之间的语义关联就不是偶然的巧合,而有它们所以如此的合理性或内在必然的原因。

(2) 反推:如果"缩"与"匿、䶊、麼"之间的关系有合理性或必然性的话,那么这种关系就不可能只在一个"缩"字上有所反映,其他(如"慙")字上,也应当或必然有同样的反映。

(3) 互证:如果"缩"与"慙"同具相关及相同的对应义串,那么"缩"与"慙"必然有"义近"关系。

于是,我们看到,训诂学任务就不再是"挖土豆"式的单个词汇或词义的饾饤之学,训诂学的任务实际已经变成了如下的理性推证工作:

a. 从收集"缩"有哪些意思("匿、䶊、麼"),变成了预测这些意思("匿、䶊、麼")还会在哪些类似的词上出现;

b. 为"词"考"义"变成为"群"找"类";

c. 潜在的逻辑理论(应然、当然或必然)逼着王念孙去发现"群分"的"类聚";

d. 新材料的发现与获得:"慙叫惬、也叫忸怩、也叫䜏咨"。

215

显然，这里的"类聚"是"预测"（预测哪些是"类"的组成成员）的结果，也可以说"类聚"就是在预测（哪些现象可聚之于类）。读王氏《广雅疏证》读到这里应该格外惊喜地看到：第二群以"惭"义为线索的义串是他成功"预测发现"的结果！我们看到里面同样有第一群同类的成员：

第一组：前提义串缩　＝　侧匿、魗、蹙
第二组：推演义串惭　＝　慅、恧怩、蹙咨

王氏的预测有如下训诂材料的证据：

慅，惭也。《方言》卷二："怴、慅、赧，愧也。晋曰怴，或曰慅。秦晋之间，凡愧而见上谓之赧。梁宋曰慅。"郭璞注云："救、慅，亦惭貌也。"

侧匿，缩也。《广雅·释诂》卷三："侧匿，蹙，缩也。"

魗，缩也。《广雅·释言》："魗，缩也。"

恧怩，惭也。《国语·晋语八》"君恧怩颜"，韦昭注："恧怩，惭貌。"

蹙，缩也。《战国策·楚策二》"其缩甲则可"鲍彪注："缩，蹙也。"

蹙咨，惭也。《玉篇·口部》："蹙咨，惭也。"

就是说"缩"和"惭"这两个不同的词共享同一义轨上的相同成员之间的语义对应关系。这就不可能是"偶然发生"和"随机发现"的结果，相反，是王氏"预测发现"的产物，是其计划所得的结果。其中潜在的原理（或目的）是：

a. 一个引申义段单独存在，可能是偶然；
b. 两个引申义段上的重合，可能是或然；
c. 三或四个引申义段上的重合，就难说是或然或偶然；
d. 不是偶然，则当属应然或必然。

于是我们看到，王念孙是用否定"偶然"的办法来揭示"应然"、"当

第八章 黄侃的"发明之学"与傅斯年的"发现之法"

然"和"必然"的结果。这是王念孙在训诂学科学方法论上一个巨大的突破，一个前无古人的突破。蔽之一言，即"用关系证关系"。这就让训诂学的性质发生了一个根本性的转变，可谓训诂学的大转向：训诂学不再是挖土豆式的单个词义的考证，而是义类和意义关系的系统发掘、考证和研究。前者我们叫作传统的字词训诂学（当然包括句、段、章的语义阐释——章句学），后者则是王氏开辟的赋有现代意义的语义关系的训诂学（简称义系训诂学[①]）。然而，其真正带有挑战性的现代意义是：要证明关系，没有王念孙的"楔形咬合纵横类聚系统"是很难做到的——它要求至少要有二至三（或更多）串"类聚"和"群分"的材料，始为"方类"（方，理也）。亦即：

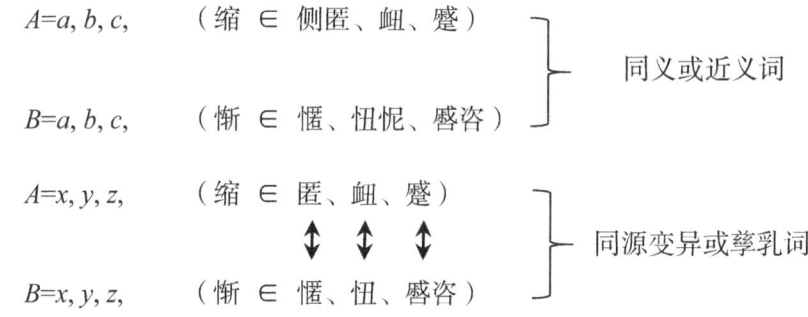

就是说，王氏在发掘出了"缩"和"惭"的"同轨义串"之后，又揭示了它们在同源系列上的对应关系："缩"可以说成"匿"，"惭"也可以说成"慲"；而"匿"和"慲"又具同源关系——这就构成了拱桥楔形石类的彼此咬合的"生成类比逻辑"网络[②]。具体如图 8-1 所示。

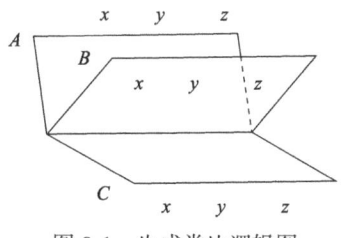

图 8-1 生成类比逻辑图

[①] 相对"音系 phonology"（研究**语音(生成)系统**的学问）的命名而言，**义系**指研究**语义(生成)系统**的学问。

[②] 冯胜利. 论王念孙的生成类比法. 贵州民族大学学报(哲学社会科学版), 2016, (6): 77-88.

王氏雅学一向为世人所推重，然而什么是"王氏雅学"，却见仁见智而莫衷一是。我们认为：王氏雅学之精华，就在看似没有关系的地方建立了关系，就在表面无法证明的关系上面创造了逻辑交合法。正因如此，他才发现了语义关系可用"横"的同义关系串联"纵"的衍生关联，使之相互咬合，彼此印证。于是，我们可将此方法表征为类比生成性的逻辑演绎法。正基于此，我们才视王氏《广雅疏证》为其学术殿堂上的丰碑及科学理必研究史上的经典之作。

这里所要指出的是，段氏的"断无"和王氏"类比"都是戴氏"理必"范式下发展出来的必然结果。

（二）王氏"理训"之发明

段玉裁训诂学的一大发明是"本义"和"引申义"的揭举；王念孙训诂学的一大发明是"义丛"和"义轨"的发覆。段氏据《说文》而得词之"本义"，王氏据《广雅》而得词之"根义"。二人各占一端，恰成互补；一纵一横，一单一族。用今天的话说，段玉裁致力于以词为单位的语义发展，王念孙贡献在以词族为单位的语义关系。前者需在词具体使用的上下文中确定其"义位"的存在，后者需以前者为基础在更抽象的层次上构建（重建）族群之间的语义关系（或语义关系上的族群系联）。前者考证的对象是义位（如"天，颠=头顶也"），后者考证的目标是义轨（两义相通之轨道，如"形貌↔法式"，见下文）。凡考证都离不开古人的经传注释与疏证；因此，对义位考证而言，没有经注之证，其结论则难以足训。然而对义轨考证而言，若无类丛义轨之证，则不足为信。然而古人经注均随文释义，故只及"义位"而不涉"义轨"。于是，王念孙必须另起炉灶，创造新的"义轨训诂法"——理训就是其中的一大发明。在本书的前面章节里，我们已经看到什么是王念孙的理训，这里我们将进一步理解到，没有理训，无法完成"义轨"的鉴别、归纳和证明的任务。从另一个角度说，要阐释/解释为什么"初、哉、首、基、肇、祖、元、胎、俶、落、权舆"都有"始"的意思（见《尔雅·释诂》），就非从它们彼此同源或同轨之迹来考察而不为"谛解"。因为简单的疏证（如

第八章 黄侃的"发明之学"与傅斯年的"发现之法"

某词在某处有某义或被人注为某义）不是解释，也不能满足乾嘉理必学者的"学必"之欲（科学欲望）。在"综刑名、任裁断"、建"原理"、定"所以"的"理必学理"驱动下，王念孙在《广雅疏证》的诠解上，启动心智，发明了他"类聚群分，同条共贯"的生成类比互证法。"理训"就是以此为原理而派生的方法之一。我们不妨再从"**貌、常、法义丛**"看"理训"之法的产生与作用。王念孙在《广雅疏证》卷一上的"容，法也"下，有这样一段注疏：

> 容者，象之法也。《考工记·函人》："凡为甲，必先为容，然后制革。"郑众注云："容，谓象式。"《老子》"孔德之容"，钟会注云："容，法也。"《吕氏春秋·士容论》"此国士之容也"，高诱注与钟会同。《说文》："镕，冶器法也。"《汉书·食货志》："冶镕炊炭。"应劭注云："镕，形容也，作钱模也。"义亦与容同。貌谓之形，亦谓之容，常谓之刑，亦谓之庸，法谓之刑，亦谓之容，义并相近也。①

"容"为什么有"法"的意思？注家只要取古人之注即可说明。但这是汉唐疏证法，不是理必诠释法。理必诠释要有"何以必此"的解释，因此才触发王氏念孙的心智，发明了"理训"的方法。请看：

貌谓之形，亦谓之容 ⎫
常谓之刑，亦谓之庸 ⎬ 义并相近也
法谓之刑，亦谓之容 ⎭

这是并列类比的互证法——这三对儿中的对应词，"义并相近也"。可见，简单的"容"有"法"义，不能满足王氏的学理探索欲，他要回答为什么"容"有"法"义。于是找来"貌、形、常、庸、刑"进行"类聚群分"，看其是否"同条共贯"。"貌谓之形"，就是说"形"有"貌"义，求之古注，也当有"形，貌也"类的"成训"先例。于是我们遍考古注，发现下面

---

① 王念孙. 广雅疏证. 钟宇讯，点校. 北京: 中华书局，1983: 10.

219

的结果：

> 形，貌也，无。《荀子·礼论》："貌而不功。"杨倞注："貌，形也。"
>
> 容，貌也，无。《文选·鲍照〈代君子有所思〉》："年貌不可还。"吕延济注："貌，容也。"
>
> 刑，常也。《逸周书·大匡》："有常不赦。"孔晁注："常，常刑也。"《周礼·天官·小宰》："国有常刑。"孙诒让正义："常刑，谓官刑之常典。"《周礼·地官·大司徒》："则国有常刑。"贾公彦疏："常刑者，谓二千五百条，各依轻重而受刑法。"《尔雅·释诂》："刑，常也。"
>
> 庸，常也。《尔雅·释诂上》："庸，常也。"
>
> 刑，法也，无。《国语·鲁语下》："不共有法。"韦昭注："法，刑也。"
>
> 容，法也。《老子》："孔德之容。"钟会注："容，法也。"

其中三处（形，貌也；容，貌也；刑，法也）均未见古人成注。就是说，王念孙"貌谓之形，亦谓之容，法谓之刑，亦谓之容"的类比中，前三个"义轨"关系的建立，是推出来的，而不是根据古人已有注释列举出来的。然而，对王氏而言没有"成训"也无妨，因为如果"容貌=形貌、容=形，形（象之法）=刑（事之法）"，那么自然"形=貌""容=貌""刑=法"。这就是王氏"理训"——自然推理的必然结果。不明此中推理的虚实之辨，则丈二和尚摸不着头脑，甚至会给予"凌杂之讥"。王念孙似乎也感觉到他的良苦用心或不被理解，于是在序言特别指出：

> 窃以诂训之旨本于声音。故有声同字异，声近义同；虽或类聚群分，实亦同条共贯，譬如振裘必提其领，举网必挈其纲。故曰本立而道生，知天下之至啧而不可乱也。此之不寤，则有字别为音，音别为义，或望文虚造而违古义，或墨守成训而鲜会通；易简之理既失，而大道多岐矣。

第八章 黄侃的"发明之学"与傅斯年的"发现之法"

今则就古音以求古义,引伸触类,不限形体;苟可以发明前训,斯凌杂之讥,亦所不辞。①

这里王氏所强调者,盖有三焉:①阐明自己的发明之旨在"类聚群分而同条共贯"的以音统义;②警示不寤之弊(违古义、鲜会通);③所追求的境界(易简之理)与方法(引伸触类,不限形体)。这三点无一不关涉"理训"的原理与运用。实际上,第一点的核心是生成类比推理,落脚点是"知天下之至赜而不可乱",而"天下至赜不乱"既已含有"普适"的思想,相当于今天形式句法的普遍语法(universal grammar,UG)。换言之,理训的基础是"至赜"。在第二点中,他特意指出"墨守"和"鲜通"路数和自己"以简驭繁"的方法,格格不入。最后在第三点,表明自己的治学原则是追求"易简之理",方法是演绎——"引伸触类"是外推演绎;其中更重要的是"不限形体"。这里的"形体"既指字形,也指词形,其要旨就是避开眼睛=不为字形和词形所惑,不用耳朵=古音听不到,而只用大脑(理必学理)。事实上,当代语言学所取得的成就,如级层结构、空范畴(empty category),都不是眼睛和耳朵的结果。所以王氏的突破在今天仍然有其当代意义。当然,王氏之学也同样招来时人的误解和不满。所以才有"苟可以发明前训,斯凌杂之讥,亦所不辞"。显然王氏的发明也有外来之"讥",但他更有足以抗拒的"发明前训"。他没有退缩,而是"亦所不辞"。信哉,段玉裁称之为"天下一人而已矣"!

三、乾嘉学者整体之发明观

事实上,我们所应看到的是理必学理中实际就蕴含着"学贵发明"的必然结果。乾嘉学术的路数是理必,乾嘉学术的目标就是发明。什么是发明?发明是乾嘉学者整体性的学术范式的基本原则、方式与目标。我们不妨从下面的引证中领略他们的"发明"意蕴。纪昀评戴震曰:

---

① 王念孙. 自序//广雅疏证. 钟宇讯, 点校. 北京: 中华书局, 1983: 2.

221

戴君深明古人小学，故其考证制度字义，为汉以降儒者所不能及，以是求之圣人遗经，**发明**独多。①

王念孙《广雅疏证·自序》曰：

今则就古音以求古义，引伸触类，不限形体；苟可以**发明**前训，斯凌杂之讥，亦所不辞。②

江沅在评价《说文解字注》时也用"发明"和"明"评骘段学价值：

先生**发明**许书之要，在善推许书每字之本义而已矣……形以经之，声以纬之。凡引古以证者，于本义，于余义，于引申，于假借，于形，于声，各指所之，罔不就理……愚是书以为的，而许氏著书之心以**明**，经史百家之文字，亦无不由此以**明**。③

王引之《经传释词·自序》则以"发明意恉"揭橥其父之学：

闻大人论《毛诗》"终风且暴"、《礼记》"此若义也"诸条，**发明意恉**，涣若冰释……乃遂引而伸之，以尽其义类。④

尽管上引诸条中的"发明"所指各有不同，但其基本含义都是"发之使明"。解释现象背后的原理，这就是"发明"的真义之所在，这就是乾嘉学术的真谛之所在。

发明不是一个简单的褒词（也不是英文 to invent 或 invention 之意），它是传统学术的最高境界。《马氏文通·序》有言曰：

刘氏《文心雕龙》云："夫人之立言，因字而生句，积句而成章，积章而成篇。篇之彪炳，章无疵也；章之明靡，句无玷也；句之清英，

---

① 纪昀. 考工记图序//戴震. 戴震全书(七). 张岱年, 主编. 合肥: 黄山书社, 1997: 177.
② 王念孙. 自序//广雅疏证. 钟宇讯, 点校. 北京: 中华书局, 1983: 2.
③ 江沅. 说文解字注后序//段玉裁. 说文解字注. 许惟贤, 整理. 南京: 凤凰出版社, 2007: 1349.
④ 王引之. 自序//经传释词. 南京: 江苏古籍出版社, 2000: 2.

第八章 黄侃的"发明之学"与傅斯年的"发现之法"

字不妄也。振本而末从,知一而万毕矣。"顾振本知一之故,刘氏亦未有**发明**。①

言下之意,自己的研究则多有发明。太炎先生论及季刚的十九纽时,说:"此亦一发明。"②本师颖明陆宗达先生评述皖派,其所强调及注重者亦用"发明":

>……以戴震为代表的"订误"派,这一派以纠正旧注、创立新说为主。目的是:发展语言文字科学,批判旧注、**发明**新义,从而提出自己的新理论(如《孟子字义疏证》),使训诂学进一步提高。清代训诂学家段玉裁、王念孙、俞樾等人都属于后一派……③

如何才堪称"发展语言文字科学"?根据本师之说,不仅要"批判旧注",更重要的是"发明新义"。什么叫"发明新义"?就是要"提出自己的新理论"。事实上,吴宓1919年12月14日记载和陈寅恪的谈话,就用"发明"这一术语来阐释陈寅恪惊世骇俗之"新理论"。他说:

>朱子之在中国,犹西洋中世之Thomas Aquinas,其功至不可没……中国之中世……甚可研究而**发明**之也。④

我们看到,凡秉承乾嘉传统之学者,无不以"发明(或发覆)"标举学旨,而章黄更进一步,提出"真发明"的概念。章太炎《清代学术之系统》云:

>清代算学,以梅文鼎为首……自梅氏后,几何学渐渐通行,此本西法,

---

① 马建忠. 序//马氏文通. 北京: 商务印书馆, 1983: 10.

② 章太炎《菿汉微言》曰:"黄侃云:歌部音本为元音,观《广韵》歌戈二韵音切,可以证知古纽消息。如非、敷、奉、微、知、彻、澄、娘、照、穿、床、审、禅、喻、日诸纽,歌戈部中皆无之,即知古无是音矣。此亦一发明。"[章太炎. 菿汉微言//章太炎全集. 虞云国,马勇,整理. 上海: 上海人民出版社, 2015: 65.]

③ 陆宗达. 训诂浅谈. 北京: 北京出版社, 1964: 11.

④ 吴宓. 吴宓日记(第2册 1917~1924). 吴学昭,整理. 北京: 生活·读书·新知三联书店, 1998: 103.

223

不过将中国旧日算法加以推明，此梅氏所以仍为第一也……真有**发明**者，当推李锐之四元说，李氏仅讲测天，不讲步历，所以高人一等。①

章太炎《与吴检斋论清代学术书》云：

> 来书谓近治《说文》，桂氏［馥］**征引极博，而鲜发明**，此可谓知言者。②

本西法者，虽能"推明（旧法）"但也不算"发明"；守国学者，虽称淹博（古籍）但也不算"发明"——"发明"之义，亦大矣哉！

第二节 黄侃之发明论

正式地把"发明"作为一个学术原则提出来的第一人，是黄季刚（黄侃）先生。这可以从吉川幸次郎介绍季刚先生的发明之说清楚地看出来。吉川幸次郎《我的留学记》之《留学所得收获》云：

> 黄侃说过的话中有一句是："中国学问的方法，不在于发现，而在于发明。"……但实际上要达到一个结论，其中运用逻辑，或归纳，或演绎……演绎是非常有难度的，必须对全体有通观的把握。绝不是谁都有能力这样做的，于是，就认识到中国学问确实是需要功底的。③

什么是"发明"，用顾炎武的话来说就是"前人所无，后人所不可无"的学理；也就是今天的"中国原创"。显然，中国的传统学术是"发明"（从来没有的）而不是"发现"（一直就有的）。这不是口号，而是黄侃的亲身

---

① 章太炎. 清代学术之系统//章太炎, 刘师培, 等. 中国近三百年学术史论. 罗志田, 导读. 徐亮工, 编校. 上海：上海古籍出版社, 2006: 30.

② 章太炎. 与吴检斋论清代学术书//章太炎, 刘师培, 等. 中国近三百年学术史论. 罗志田, 导读. 徐亮工, 编校. 上海：上海古籍出版社, 2006: 40.

③ 吉川幸次郎. 留学所得收获//我的留学记. 钱婉约, 译. 北京：光明日报出版社, 1999: 79-80.

第八章 黄侃的"发明之学"与傅斯年的"发现之法"

实践。张世禄在总结黄季刚先生古音成就时说:

> 一、关于古声十九类的一项"发明"……章氏[太炎]《菿汉微言》:"黄侃云'歌部音本为元音;观《广韵》歌、戈二韵音切,可以证知古纽消息……此亦一**发明**'"黄侃之所以能够建立自己的一个古音学体系,一方面固然是由于继承前人的研究成果,另一方面也是由于章氏所谓有他自己的这项"**发明**"。①

据此可见,古声十九纽乃黄季刚在中国古音学中的一项发明,就如同"古无轻唇音"是钱大昕的一项发明一样。难怪李方桂说"黄侃是老一辈中国学者之星","在老一辈学者中,黄侃的确是一位超群出众的学者"②。我们仅从黄侃先生的"发现/发明论"上,就可看出他出类拔萃、超越时代的学术眼光。事实上,"发明"在季刚先生那里远远不只是个人的学术贡献或创造,它被黄氏理解、揭举和发展为一个富有"学术范式"概念的代名词。他以极度的学术敏感性指出:当时正经历着**从发明到发现**的**学术范式的转型**——中国学术从"主尚道理的揭示"到"推重材料的发现"的时代转型。吉川幸次郎《与潘景郑书》云:

> 幸次郎于此公[指季刚先生]私淑有年,昔江南之游,税驾金陵,亦职欲奉手此公故也。通名抠谒,即见延接,不遗猥贱,诰以治学之法,曰:"**所贵乎学者,在乎发明,不在乎发见。今发见之学行,而发明之学替矣。**"③

为了真正理解季刚先生的学术转型,我们有必要重申什么是发明的准确定义。首先,"发明"的字面意思是"发之使明",它和"发覆"一样,在学术范式的理念上,是一致的。严格地说,学理概念上的**发明**指的是:揭示

---

① 张世禄.《黄侃论学杂著》前言//张世禄语言学论文集.上海:学林出版社,1984:493.
② 李方桂.李方桂先生口述史.王启龙,邓小咏,译.北京:清华大学出版社,2003:102.
③ 吉川幸次郎.与潘景郑书//程千帆,唐文编.量守庐学记:黄侃的生平和学术.北京:生活·读书·新知三联书店,2006:91.

"前之未尝有，后之所不可无"①的规律或奥秘，才是发明，它和发现不同，**发现是**找出前人没有见到的材料（不同于"前人没有提出的道理"）。

五四以来"发明替而发现兴"的学术转型，至今没有引起世人的注意和警觉。但学术转变的事实，早就有人意识到了。王国维说：因时代政治风俗之变，特别是国势不振的大语境促成了"变革一切"的愿望，故时人治学"**颇不循国初及乾嘉诸老为学之成法**"，而"**务为前人所不为**"②。于是"**发见之学行，而发明之学替矣**"。这就是学术转型的社会原因。

发明这一术语、这一思路、这一学理，今人久违已近乎一个世纪，即使本章提出这个问题，也未必能够引起广泛注意。但有一点可以明确：没有发明，学术无以自立。理若如此，近代中国的学术为什么会抛弃这个"缺之不可"的学术范式呢？下面的讨论可以提供思考这个原因的一个新视点。

第三节 傅斯年之"一分材料说一分话"

一、傅斯年的再造时代

傅斯年当年曾说：康有为和章太炎代表了清代学问的结束期，这一时期非常重要。

> 中国人的思想到了这时期，已经把"孔子即真理"一条信条摇动了，已经临于绝境，必须有急转直下的趋向了。古文学、今文学已经成就了精密的系统，不能有大体的增加了，又当西洋学问渐渐入中国，相逢之下此消彼长的时机已熟了，所以这个时期竟可说是中国近代文化转移的枢纽。这个以前，是中国的学艺复兴时代；这个以后，便要是中国的学

---

① 李庆福尝引述顾炎武语："著书必前之未尝有，后之所不可无。"[李庆福. 蕲春黄先生雅言札记. 制言半月刊, 1937, (41): 4.]

② 王国维. 沈乙庵先生七十寿序//王国维手定观堂集林. 黄爱梅, 点校. 杭州: 浙江教育出版社, 2014: 502.

第八章 黄侃的"发明之学"与傅斯年的"发现之法"

艺再造时代。①

按：傅氏所谓的"再造"是什么？略而言之或可归之为"学说上的外来主义+材料学上的经验主义"。我想，这或许就是傅斯年再造时代的核心所在，今观斯年先生之史学，可以知其情②也。

二、史学=材料学

1928年傅斯年在《历史语言研究所工作之旨趣》中提出"史学就是史料学"的口号。他说：

> 历史学和语言学在欧洲都是很近才发达的。历史学不是著史：著史每多多少少带点古世中世的意味，且每取伦理家的手段，作文章家的本事。近代的历史学只是史料学，利用自然科学供给我们的一切工具，整理一切可逢着的史料，所以近代史学所达到的范域，自地质学以至目下新闻纸，而史学外的达尔文论正是历史方法之大成。③

顾颉刚更直截了当，开宗明义地说：

> 所谓科学，并不在它的本质而在它的方法，它的本质乃是科学的材料。④

对后代以至于今天仍有深重影响的傅斯年的"研究工作旨趣"，把社会科学研究的评价体系指定为：

> 一分材料出一分货，十分材料出十分货，没有材料便不出货。两件事实之间，隔着一大段，把他们联络起来的一切涉想，自然有些也是多

---

① 傅斯年. 清代学问的门径书几种. 新潮, 1919, 1(4): 702.
② 情，实也。
③ 傅斯年. 历史语言研究所工作之旨趣. 中央研究院历史语言研究所集刊, 1928, 1(1): 3.
④ 顾颉刚. 一九二六年始刊词. 北京大学研究所国学门周刊, 1937, (13): 3.

227

多少少可以容许的，但**推论是危险的事**，以假设可能为当然是不**诚信**的事。①

这里不仅建立了"**上穷碧落下黄泉，动手动脚找东西**"的材料之学，而且提出"**推论是危险的事**"的警告。推论当然要演绎，而傅斯年"一分材料说一分话"的背后，最基本的学术原理是归纳（包含综合逻辑）。这无疑就是中国近代学术**重归纳、弃演绎**的源头之一。

三、材料高于理论、斗志高于学理

据顾颉刚回忆，傅斯年主编《新潮》杂志的目的是"想通过这个刊物把北大文学院的国粹派骂倒"。胡适与黄侃斗法的高潮是傅斯年的反水。据悉，自从听了胡适的课后，傅斯年便对这位年轻的教授刮目相看，与黄侃等章太炎门生逐渐疏远，转而投到了胡适门下。1918年12月，傅斯年、罗家伦、顾颉刚、杨振声、冯友兰等20多名学生办了一份《新潮》杂志，响应新文化运动。傅斯年原来是黄侃的爱徒，对于他的这个转变，陈独秀有些不敢相信，据周作人在《知堂回想录》中回忆，陈独秀一开始还怀疑傅斯年是黄侃他们派来的"奸细"。

几十年过去，材料学派如何评价？这当然不是一两句话就能说清楚的。但钱穆有言值得反思，他在《〈新亚学报〉发刊辞》中说：

因谓必有新材料，始有新学问。此乃以考据代学问，以钻隙觅间寻罅缝找漏洞代求知识。其所求为自己之知识者，在求知别人之罅缝漏洞而止。然此绝非由于虚心而内不足而始有意从事于学问之正轨。②

钱穆的话似乎没有引起世人的注意，更没有改变风气；今天罗志田从另一个角度继续这一话语："在乾嘉汉学一线的观念没有被充分结合进学术史

---

① 傅斯年. 历史语言研究所工作之旨趣. 中央研究院历史语言研究所集刊, 1928, 1(1): 8.
② 钱穆. 发刊辞. 新亚学报, 1955, (1): 8.

第八章 黄侃的"发明之学"与傅斯年的"发现之法"

研究之前,我们对清代或近三百年'学术'的认知多少都有些偏颇。"①这里所谓的"乾嘉汉学的观念",我们认为,就是"乾嘉理必"的科学思想。倘若如此,未能将其融入"乾嘉学术史"那就不是"有些偏颇",而是重大疏漏。因此,把这些"已渐成流行的观念,甚至接近众皆认可的程度"的偏颇看法,扭转到能够自觉地"对近三百年学术进行相对均衡的系统整理"的方向上来,就不仅是"非常必要的",而且非"把章太炎、刘师培等人关于清学的论述汇聚而表出,使之与梁、钱二著并列而为清代学术史领域的主要参考书"而不能"利于后人在此基础上写出更具包容性的清代学术史论著"。②

笔者在《王念孙"生成类比逻辑"中的必然属性及当代意义》里也曾指出:

> 事实上,根据本文对乾嘉理必思想的发覆以及本文对王念孙"生成类比推理逻辑"的分析,我们可以清楚地看到:在乾嘉发明之学的学理思想没有充分揭橥于世之前,对清代或近三百年的学术不可能从根本上做出科学的判断。在这种情况下讨论学术史,若非隔靴搔痒,也属不够客观。③

更有令人深思的异响,见罗志田《近代中国史学十论》:

> 一位学术领袖未经深入研究的言论可以对几代学人的历史记忆产生如此大的影响,足可以引起我们的深思。④

这里我们不想做出任何肯定性的结论,只提出问题,供今人以及后来学者比较(见下文)和思考。

---

① 罗志田. 导读 道咸"新学"与清代学术史研究//章太炎,刘师培,等. 中国近三百年学术史论. 罗志田,导读. 徐亮工,编校. 上海:上海古籍出版社,2006:26.
② 参见:罗志田. 导读 道咸"新学"与清代学术史研究//章太炎,刘师培,等. 中国近三百年学术史论. 罗志田,导读. 徐亮工,编校. 上海:上海古籍出版社,2006:26-27.
③ 冯胜利. 王念孙"生成类比逻辑"中的必然属性及当代意义. 励耘语言学刊,2018,(1):23-24.
④ 罗志田. 近代中国史学十论. 上海:复旦大学出版社,2003:49.

第四节　章黄奇葩——黄季刚科学发明举隅

与材料的发现形成对比的，是章黄的发明之学[①]。这里仅粗胪数端，以见一斑。

一、发明"古无上声"

季刚先生的古无上声说完成了远古汉语没有声调的空前假设。这可以从下面几个推理步骤看出来。

第一，季刚先生《音略》说："古无去声，段君所说；今更知古无上声，唯有平入而已。"[②]古无声调说还需要一个上古音系的基本事实的对勘，才能奏效。这就是岑麒祥先生说"入声非声说"。入声本是音节韵尾的语音特点（-p，-t，-k），属于音段成分，而非超音段现象。据此，我们有：段+黄+岑=古无声调的结论。亦即表8-1所示。

表8-1　上古汉语"古无声调"论表

创说者	论点	结论
段玉裁	古无去声	
黄季刚	古无上声	远古汉语是一个非声调系统的语言
岑麒祥	入声非声	

为什么可以从三人之说推出远古汉语没有声调呢？如果传统的四个声调中没有去声和上声，而所谓入声又不是声调，那么远古汉语就只有一个平声。单独一个声调无法形成"声调对立"；没有声调对立则不成声调系统；没有

[①] 王国维《殷卜辞中所见先公先王考》等文，自然属发明之作。兹事甚大，容另文专述。
[②] 黄侃. 音略·略例//黄侃论学杂著. 上海：中华书局，1980：62.

第八章　黄侃的"发明之学"与傅斯年的"发现之法"

声调系统则远古汉语就是一个无声调的语言。不难看出，古无上声是上述推理中的一个核心环节。没有这个核心环节，不仅段玉裁的"古无去声"不能独立作为"无调"的充分条件，就是再加上岑麒祥的"入声非声"，也对远古声调系统的有无起不到必然性的决定作用。因为上声和平声，仍然可以构成一个两调系统的语言。然而，有了"古无上声"，即使没有岑氏的"入声非声"，**古无声调**[①]的推理也俨然而立，因为入声（-p, -t, -k）原本就不是超音段的成分，而单独一个平声不可能构成语言的声调系统。没有对立、没有区别性的特征的语言现象，不能构成该语言的系统。

当然，上面的推理在"材料主义"的思维系统里恐怕不足为信，甚至是危险的（因为"推论是危险的"[②]）。具有讽刺意义的是，今天主张远古汉语没有声调的学者里面，基本都主从奥德里古尔（André Georges Haudricourt）的声调来源说，而不知或忘记这个结论本可以自然而然地从季刚先生"古无上声"的发明中推演出来[③]。我们是相信早期中国学者的发明和推演呢，还是仅据西方学者后来的材料和结论呢？这当然不仅是数典忘祖的问题，更重要的是学术理路的问题。事实上，章黄以来，中国（包括西方）学者几乎没有人从上古汉语语言本身的内部事实上，**发明**"古无声调"的理证——这是不是材料主义的后果呢？（因为"上古没有声调的结论"是归纳不出来的。）这值得深思，因为"说无难"，见本章第五节[④]。

二、发明"语体之二分"

季刚先生"文与言辨，非苟而已"的发明，预测了"我手写我口"（白话文）必不通行于任何语言的必然。今天汉语正式体的创新和发展，证明了

---

① 这里的"古"指"远古"。
② 傅斯年. 历史语言研究所工作之旨趣. 中央研究院历史语言研究所集刊, 1928, 1(1): 8.
③ 这也是国人重材料(奥德里古尔的越南语声调的材料)而轻推理(季刚先生结论的逻辑必然)的结果之一吧。
④ 笔者曾以"甲骨文无句末语气词"之事实，以及两周汉语"吾平我上"及"疑词平、断词上"等相关事实，推证"殷商汉语无声调"的必然。附说于此，以求正方家。

此说泰山不移。先看季刚先生的理论：

常语趋新，文章循旧，方圆异德，故雅俗殊形矣。且夫人为之事类，皆爻［效］法于他，罕能自创。声倪效语，庄岳教言，陶染所或，若出天性。而文章既有定体，美恶复有公评。举世名篇，嗟不盈掬。拟之作式，必是前代之文。模故既久，与之同化，句度声辞，宛有定规。所以诗歌虽广，常用者不逾乎四五七言；形僮猥多，恒见者大都止三五千字。

语言以读［随］世而俗，文章以师古而雅，此又无足怪矣。尝闻化声之道，从地从时。从地则殊境不相通，从时则易代如异国。故越歌《山木》，待楚译而始通，秦语章青，俟郑言而方晓。况以近事，昆腔宾白，非吴僮则厌其钩辀；元代王言，在今人必迷其句读。是则文兼常语，适使芮胡，不若一秉古先，反得齐同之律。综上所说，**文与言判**：一由修饰，二由迁移，三由摹放，四由齐同。**非苟而已**也。①

注意：季刚先生的论证里面，"常语趋新，文章循旧"是原因，"方圆异德"是属性，"雅俗殊形"是结果。根据这一结果，季刚先生揭示出或发明了人类语言语体的一大规律——"文与言判，非苟而已"，意思是：书面语（文）和口语（言），或者正式语体（书面/文）和日常口语（言）的区别和不同（判），不是随意的结果。显然这一发明回答了五四运动"我手写我口"（用口语写正式文件或学术著作）不能贯彻到底的原因。当然，当年的胡适是要把"手口一致"贯彻到底的。据悉胡适曾让学生做文言辞聘说明，然后择出一则字数最少、意思最全者，如下："才疏学浅，恐难胜任，恕不从命。"胡适说："这是十二个字，算是言简意赅，但还是太长。我的白话文只用了五个字——'干不了，谢谢'。"②一时传为佳话（白话胜于文言的）。今天看来，这五字虽短，但语体轻率而不严肃。今天的正式辞聘书，

---

① 黄侃. 黄侃日记. 南京: 江苏教育出版社, 2001: 199.
② 王凯. 从黄侃胡适"斗法"说起——兼谈北大校园里的两大派系//口水民国 民国名人的笔墨官司. 北京: 团结出版社, 2014: 114.

很少（或根本没）有径言"干不了，谢谢"这五个字的。何以然哉？"文与言判，非苟而已"的规律作用，斯其故也。

三、发明"古音二十八部十九纽"

近代中国学术史上，恐怕没有比季刚先生二十八部十九纽的遭遇更富有学术史的意义了。仅此一例，就值得学术史家大书而特书，以见近代学值翻覆、学理变化之沧桑。为清楚起见，兹简介背景如下。

1928 年，林语堂在《古音中已遗失的声母》中对古本韵与古本纽说冠以"**循环式论证**"。

> 章太炎以"精清从心邪"本是"照穿床审禅"之副音，遂毅然将二种声母合并，而以"精清"等归入"照穿"等，这已经来得武断。更奇怪的，是黄侃的古音十九纽说的循环式论证。黄氏何以知道古音仅有十九纽呢？因为在所谓"古本韵"的三十二韵中只有这十九纽。如果你再问何以知道这三十二韵是"古本韵"呢？那末清楚的回答便是：因为这三十二韵中只有"古本纽"的十九纽。这种以乙证甲，又以甲证乙的乞贷论证（begging the question）……实则黄氏所引三十二韵中不见黏颚声母并不足奇，也算不了什么证据，因为黏颚的声母自不能见于非黏颚的韵母，绝对不能因为声母之有无，而断定韵母之是否"古本韵"，更不能乞贷这个古本韵来证明此韵母中的声母之为"古本纽"。①

1936 年，王力在《中国音韵学》（1956 原版重印更名为《汉语音韵学》）里说：

> 我们不反对拿《广韵》的系统去推测古音系统……但是，我们不能赞成黄氏拿《广韵》的反切法去做推测古音的工具，因为反切法是后起

---

① 林语堂. 古音中已遗失的声母. 语丝, 1928, 4(42): 2.

的东西，与古音不会发生关系。黄氏以"古本纽"证"古本韵"，又以"古本韵"证"古本纽"，在论理学上犯了乞贷论证（begging the question）的毛病。①

胡文辉总结道：

> 林语堂指黄氏的古音十九纽说为"循环式论证"……张世禄承林说，亦称黄说为"循环式的乞贷论证"；王力更将"古本韵"学说批评得体无完肤。此外，李方桂谓黄氏未做过任何古音构拟的工作，而且"没有出过什么有影响的书"；周法高也说："……黄季刚先生的二十八部（晚年又分为三十部），把阴阳入分立，是相当有道理的，在中国音韵学史是有地位的；但是他的一四等为古本音的学说就不合语言学原理。"②

这种声音里面，并非没有反悟的学者。20 世纪 60 年代，黄淬伯曾与徐复先生谈到此事：

> 往年于季刚先生古音之学未曾深究，反信林语堂"乞贷论证"之妄说，受其蛊惑。及寻绎《音略》诸文，乃知先生声与韵"相挟而变"之说，偶然与唯物辩证之恉相会，岂不伟欤？③

黄典诚更推崇季刚先生之古音学，谓：

> 古音之学，以季刚先生之说为最谛，其古声十九类、古韵二十八部，与闽南方言无不淹若合符，妙达神恉，唯先生有焉！④

---

① 王力. 汉语音韵学. 北京：中华书局，2014：267.
② 胡文辉. 现代学林点将录. 广州：广东人民出版社，2010：6.
③ 徐复. 前言//黄侃. 黄侃声韵学未刊稿. 武汉：武汉大学出版社，1985：4.
④ 徐复. 前言//黄侃. 黄侃声韵学未刊稿. 武汉：武汉大学出版社，1985：4. 又，黄典诚在《从十九纽到四十一声——为纪念黄侃先生诞生一百周年而作》中重申："我是相信上古只有十九纽的。因为我自己的母语闽南方言，号称为'十五音'系统（只声母而言），若补上被清化了的四个全浊声母，恰好就是十九纽：p pʻ (b) m, t tʻ (d) n l, k kʻ (g) ŋ h, ts tsʻ (dz) s, ø。而在福建北部建瓯的石陂，十九纽却是不多也不少的。"见黄典诚. 从十九纽到四十一声//黄典诚语言学论文集. 厦门：厦门大学出版社，2003：30.

第八章 黄侃的"发明之学"与傅斯年的"发现之法"

事实上，林语堂晚年在《八十自叙》中也认宗黄季刚先生：

> 分别古韵对于决定古音是极有价值的，这要由于陈兰甫和黄季刚的根本研究入手。不过清儒王念孙、段玉裁，还有近来的瑞典的学者高本汉，都已经有很大的成就。①

最令人关注的是何大安先生在《声韵学中的传统、当代与现代》中，独具慧眼，发明季刚学说之底蕴，说：

> 这个论证程序的关键是"相挟而变"。就我所知，在黄侃之前，从没有人提过声母韵母"相挟而变"这个概念。这个概念可以推广到什么地步，例如上述步骤（三）、（四）是不是一定能够成立之类，容可再作考究。但是**它的背后，其实有很丰富的义蕴，值得深思**。首先，它不但预设了静态的声韵配合（结构），而且预设了声韵母的互动（生成）。其次，相挟而变这个概念自然会要求我们对声韵的结合形态作动态的、历时的观察，因而就导出了一种在他之前的古韵学家——即使是审音派的古韵学家——所不曾想象过的方法。由相挟而变推知古本韵，**这不是"归纳"，而是因演绎所作的"预测"**；预测的结果与前人的结论相合，这是"证明"。②

最近，李葆嘉也撰文指出：

> 黄侃不可能缺乏"音类"与"音值"区分的观念。所谓"古本音即在《广韵》二百六部中"，不可用"西洋构拟音值"（争议太多，甚至有人认为是"示意图""鬼画符"，只有相对参考性）来理解，只是一个与"今变音"对待的术语。黄侃认为古本韵大抵在一四等，因此二十八部韵目取一四等字以寓其古读。至于具体音读，尚需另加考订。③

---

① 刘志学. 林语堂自传. 石家庄：河北人民出版社，1991：83.
② 何大安. 声韵学中的传统、当代与现代. 声韵论丛，2001，(11)：8.
③ 李葆嘉. 对非议或误解黄侃古音学的澄清(上)//北京师范大学民俗典籍文字研究中心编. 民俗典籍文字研究(第十七辑). 北京：商务印书馆，2016：30.

李说洋洋洒洒二万余言，引证广博但却未及何大安之说而一语破的（**不是归纳而是因演绎**）。李文论证虽可信，但仍需补充如下数点而后安：①古本音是相挟而变的系统中的"古本音"，因此"古本音"是相对"今变音"的系统"支柱"；②古本音不是构拟，构拟是根据对系统的理解给单个音位和音位变体拟定的读音；③拟音永远不是古代的真实读音（没有录音，无法得知 2000 年前的真实读音），唯其如此才称此法为"拟"——它是理论的推测，不是原声如何的论断（因此有人用"读不出来"作为诋毁的武器，不仅有失公允，实在是打错了目标），就此而言，无论黄氏的"古本音"还是高本汉等的"拟音"，都不是上古的实际读音；④古本音和今变音的关系是古代语音系统的真实关系（以及后来变化结果的真实关系）；⑤古本音和今变音是贯通"古音系和今音系"的动脉（如童年、成年、老年的脊柱）；⑥拟音的最高境界，亦当如是。

有了上面这种理解，李葆嘉上面论述中有关"音类""音值""寓其古读""具体音读"等说法和概念，才便于理解和成立。

这里需要指出的是，季刚先生的二十八部十九纽是用"互补分布法"推演出来的，这一点至今鲜为人道："大抵古声于等韵只具一、四等，从而《广韵》韵部，与一、四等相应者，必为古本韵。"①他说：

古声十九类，必为一、四等……中虽间有二、三等，而十九声外确无一、四等。《广韵》中于等韵全韵皆为一、四等者，即为古今同有之韵；于等韵为二、三等者，必非古音。何以故？以其中有古所无之声母。②

其论证步骤及道理，可以分析为：

  甲、互补分布
    十九类   均为一、四等；
    十九外   均为二、三等。

---

① 黄侃. 黄侃论学杂著. 北京：中华书局，1964: 399-400.
② 黄侃. 文字音韵训诂笔记. 黄焯，编. 武汉：武汉大学出版社，2013: 106-107.

第八章 黄侃的"发明之学"与傅斯年的"发现之法"

乙、例外与例内
    a   十九类也有二、三等；
    b   十九外绝无一、四等。

注意：若无"十九声外确无一、四等"的发现，上之互补分布则无法成立。因有（乙b），则互补分布可以成立，如下所示：

    十九类   均为一、四等；
    十九外   均不为一、四等。

这还可以证明"十九声"和"一/四等韵"之间的古今之对应关系。据此可进而推出：十九外和非一、四等韵的必然的变异关系——十九纽和二、三等韵为必然的变异，否则无法解释十九纽不在三四等韵的事实。更重要者，在互补分布之上，季刚先生复以旁证凿实之：

古声无舌上、轻唇，钱大昕所证明；无半舌日［按，当作：半齿日］，及舌上娘，本师章氏所证明；定为十九，侃之说也。①

古声数之定，乃今日事。前者钱竹汀知古无轻唇，古无舌上；吾师章氏知古音娘、日二纽归泥。侃得陈氏之书，始先明今字母照、穿数纽之有误，既已分析，因而进求古声。本之音理，稽之故籍之通假，无丝毫不合，遂定为十九。②

二十八部十九纽的构建是近代语言学科学发明的典范，其中科学方法的发明和使用，我们认为至少有如下诸项：①互补分布现象的发现与互补分布法的创发（这后一点更具科学方法发明的意义）；②古音成果旁证，凿实互补分布的创见；③声韵相挟的演绎，预测古韵类别（因为声韵相挟，故可以声测韵而得二十八部）；④互补咬合法（interlocking method）③定案。

---

① 黄侃. 音略·略例//黄侃论学杂著. 上海：中华书局，1980：62.
② 黄侃. 音略·古声//黄侃论学杂著. 上海：中华书局，1980：69.
③ 冯胜利. 乾嘉"理必"与语言研究的科学属性. 中文学术前沿，2015，(2)：92. 按，这里的咬合法取自 Bach E. Syntactic Theory. New York: Holt, Rinehart and Winston, Inc., 1974: 143.

237

互补分布是西方结构主义的科学法宝,这一点人人皆知。然而,人所不知的是与西方没有(哪怕间接)对话的章黄学术,居然也在自身学术体系中创用互补分布之法,并成功地发明了上古音系(二十八部十九纽),这不能不说是中国学术科学思想的巨大威力。

以上三点,即古无上声的无调推演、文与言判的语体规律、声韵相挟的互补分布,即使在今天,都可以说是划时代的语言规律或科学发现。而这些规律的发现、理念的发明,从本质上说,是精神的产物、思想的结晶,单凭材料和数据,是无法创造和企及的。

第五节　汉语语言学上的经验主义及其成就与局限

汉语当代语言学的杰出代表是赵元任,他是中国结构主义语言学之父,硕果累累,功高盖世。这里我们姑且从赵先生的成就及局限上,思考"经验主义"和"理性主义"的理路差异与实践效应。所要事先声明的是:这里既不是歌功颂德,也无意吹毛求疵,只试从学理、方法和效果上推想在先贤汪洋大海般的成果里,若能从理性主义出发,或可得出更大的发明与结果,如下诸条所示。

一、说有易说无难

"说有易说无难"乃赵元任当年指导王力研究生论文之批语。王力先生说此话让他受益一生。经两位语言学大师的提倡,"说有易说无难"今已成为汉语语言学界家喻户晓的"金科玉律"或"至理名言"。后来的学者均准此实践,结果无不唯"有"是"说",而不得(或不敢或不屑)探"无"。因为唯有能见到的才可信(所谓"眼见为实"),所以只有眼见的材料,才考虑对它们进行归纳和概括。这无疑可靠(虽不尽然),但科学的要义还有事

第八章　黄侃的"发明之学"与傅斯年的"发现之法"

实的另一面：若能从理性出发，肉眼可见的材料的后面还有看不到的更深之"理"在。就是说，"无"虽然难说，但并非不可说，关键在是否有理论的帮助（理论=探无的显微镜）。如果舍弃理性，恪守"说无难"这一金科玉律，对"说无"退避三舍，那么它就如同一个"紧箍咒"，将学者牢牢地箍在有感的现实世界圈子里面做材料工作，而把理性"说无"的推理工作（发明肉眼看不到的规律之间的隐形机制），让给西方学者去做（因为"推论是危险的事"），我们则自满自足地做着**安全**地收集或发现新材料的工作（这些新材料很容易为理论构建者所用而使我们的工作沦为"学术打工"）。不难想象，"说有易说无难"是以经验、感觉为圭臬，最后导致的就是以归纳为根据来判断一切的结果。然而，这一"宝贵经验"如果从理性的角度来重新命题，其实践效应则完全不同："说有易"，因为只要有感性的能力就可以做到（所以"易"）；"说无难"，因为非有理性的必然（演绎）则不能成立（所以"难"——参上文吉川幸次郎的"演绎是非常有难度的，必须对全体有通观的把握。绝不是谁都有能力这样做的"[①]）。"说有易，说无难"在当代学术的话语体系中应该重新评价、思考和阐释。

二、古今句法无大变

汉语古今句法无大变化，此乃赵元任归类现象之重大发现。他说：

> 汉语的语法实际上是一样的，不仅在方言之间，甚至在现代口语和古代汉语之间也是如此。[②]

无可否认，从古至今，汉语的语法没有像西欧语言那样发生巨大的变化。尽管如此，从今天的形式句法学的角度看，古今汉语的句法有着类型性的不

[①] 吉川幸次郎. 留学所得收获//我的留学记. 钱婉约, 译. 北京: 光明日报出版社, 1999: 80.

[②] 原文是：The grammar of Chinese is practically the same, not only among the dialects, but even between modern speech and the classical language. 参见：Chao Y R. Aspects of Chinese sociolinguistics//Essays by Yuen Ren Chao. Stanford: Stanford University Press, 1976: 99.

239

同，它们分属两种不同属类的语言。就是说，汉语经历了从综合型语言到分析型语言的发展①。汉语历时句法学的研究告诉我们：如果从严格的结构形式的理性原理上看，古今（包括方言）的句法有着重要的（本质的）不同。

三、韵律语法说

韵律语法是当代形式句法学的一个重要分支②。然而，这一分支学科的前期探索，赵元任当首居其功。他在《中国话的文法》中精辟地指出：

> "操了一堂体"应该更合逻辑，可是却没人这么说。这又是语音的因素比逻辑的因素重要的关系。单是动-宾式结构的抑扬型韵律就足以强迫"体"作动词，而"操"作宾语，不管逻辑不逻辑。因此"体了一堂操"也就成了学生的经常用语了。③

这句话有几层意思。第一，韵律可以强迫合成词（体操）变成动宾短语——化词为语；第二，韵律强迫"体操"中的名词（体）用作动词而动词（操）作为宾语；第三，句子组织可以不管句法逻辑而遵从韵律逻辑。显然，这为后代的韵律语法理论的发展，奠定了"临门一脚"的基础。毫无疑问，在韵律语法的研究上，赵元任在发现韵律制约句法的现象上、在归纳韵律制约句法的特点上，均功不可没。然而他临门一脚所欠缺的，是没有从现象中推演出人类语言里具"有"的但普通语言学里所"无"的韵律制约句法的普遍规律，把"说无"（=传统没有的韵律语法，参第九章介绍）的责任留给了后代。这也从另一个侧面晓喻我们：没有伽利略式的理性方法，则难创人

---

① 参见：徐丹. 先秦汉初汉语里动词的指向. 语言学论丛, 2004, (29): 197-208; 冯胜利. 轻动词移位与古今汉语的动宾关系. 语言科学, 2005, 4(1): 3-16; Huange C-T J. Syntactic analyticity: the other end of the parameter. Lecture notes, LSA Linguistic Institute, Harvard University and MIT, 2005.

② 李宇明：〞汉语形式语法研究的另一个重要领域是韵律语法。将韵律看作一种制约语法结构规则的形式，是近20年来汉语语法研究的重要发展。"（李宇明主编. 当代中国语言学研究. 北京：中国社会科学出版社, 2016: 199.）

③ 赵元任. 中国话的文法. 丁邦新, 译. 香港：香港中文大学, 1980: 221.

第八章　黄侃的"发明之学"与傅斯年的"发现之法"

类语言的普适理论。

四、发现 *Spoken Chinese* 和 *Sayable Chinese* 之别

赵元任的语言敏感性和对语言的分析能力极其非凡。然而一般人只知道他创造了《汉语口语语法》，而不甚了解他对汉语书面语和口语的不同，也有强烈的意识和看法。他在 *Sayable Chinese*[①]（《可说汉语》）一书中说：

> 本系列可说汉语阅读的目的是为高级"汉语口语"学生提供他们可以在演讲中使用的阅读材料。[②]

从书面语（即 reading matter，赵元任）中可以获取日常对话中使用的材料（can actually use in his speech），可以把 ***Sayable*** *Chinese*（《可说汉语》）用到 ***Spoken*** *Chinese*（汉语口语）里面。显然，这里赵元任把嘴上的 ***Spoken*** *Chinese* 和书面里的 ***Sayable*** *Chinese* 区分开来了。这是对五四以来"我手写我口"的白话文运动结果的一种挑战——写的和说的本来不同。然而，这一观点上临门一脚的问题是：书、口不同的原因和性质是什么？没有理论的探索（或仅仅凭借材料的鉴别和分类）是无法洞见其根底的。今天来看很清楚：这是"语体语法"中，日常**口语语体**和书面**正式语体**之间的范畴之异（参第九章有关"语体语法"的介述）。果若如此，从 *Sayable Chinese* 的存在可直接推出"手口异途"的理论（参第七章黄季刚先生的"文与言判，非苟而已"的论点）。显然，赵元任先生的口语和书语的研究，从理性的探索和理论的建立上看，已经孕育了创生一门新的语法理论的可能，只差理性推演的"临门一脚"（有了事实和属性，尚待原理和理论。参下文以赛亚·伯林之"比例价值说"）。

从上面讨论的赵元任先生的几个非凡发现来看，可以毫不夸张地说，它

---

① sayable Chinese 是赵元任本书中的一个特别概念，这里姑且译成"可说汉语"，其中深刻意旨有待深刻发掘。

② Chao Y R. Sayable Chinese. San Francisco. Asian Language Publications, INC, 1968, Ⅳ-Ⅵ.

241

们是汉语语言学研究中结构主义的硕果、经验主义的丰碑！然而这里所要思考的是辉煌成就另一面，用王士元先生的话来说就是：汉语语言学的研究仍然是"资料丰富而理论贫乏"[1]。所以我们今天面对的基本现状仍然是：有创新的技术，而没有（或很少）原创的理论。我们创造的学术，可以"自足和自娱"（自己发现的材料可以满足自己的需要的愉悦），但很难"利人"（为人类其他语言的研究提供理论）。我们重材料，但材料不宜直接输出（如训诂、文字、经学等），学术输出的是思想和方法，但至今没有我们输出的国际公认的语言学理论和思想。这不能不再引起今天和明天学者的反思了。毋庸讳言，我们以往所推尚的原则和结论，有些在科学逻辑上（不是时尚风气）是站不住的。譬如当今十分流行的归纳"趋势法"，一般学者均用趋势原则来总结观察到的现象的规律。但总结不是科学，趋势不等于规律，趋势背后还有肉眼看不到的"无（=规律）"，非以理明之而不显，非敢于和精于"说无"而不能科学化。

总而言之，五四至今百年来的中华学术，成就辉煌，不可泯灭。然而，在以往的研究和成就中，似乎很少（或没有）原创的、影响世界的理论和学说，更缺乏对理论发明的自觉意识。因此，对"什么是理论"以及"发明理论"的原理和方法也欠缺专门的研究。在以往的权威学术史的经典论著中，似乎没有"什么是理论""有关理论的理论"这样的议题和概念。今天的年轻学子们一方面崇拜和继承前人的成果，另一方面则不断向西方寻求新的理论和学说。仅就我的研究领域（语言学）而言，当代的语法研究的理论框架基本都来自西方，如形式语法、功能语法、构式语法、互动语法等等。以赛亚·伯林（Isaiah Berlin）在《普通教育》（"General Education"）一文中说，一门学科的学术价值在很大程度上取决于其中思想与事实的比例。[2]这种据"思想"与"事实"比例而定的学术价值观，与我们材料主义的学术观念，形成了鲜明的对比。以赛亚·伯林之"比例价值说"对我们不无启发。

---

[1] 王士元. 语言变异和语言的关系//石锋编. 汉语研究在海外. 北京：北京语言学院出版社，1995：12.

[2] Berlin I. General education. Oxford Review of Education, 1975, 1(3): 292.

第八章　黄侃的"发明之学"与傅斯年的"发现之法"

第六节　循环论证与互补分布

卞孝萱等在胡适的《治学方法·前言》中说：

在中国现代思想史和文化史上，胡适是一个有重要影响的人物。而其影响的重要标志之一，就是在20世纪的新旧交替之际，他为人们提供了一整套"破旧立新"的治学理论和治学方法。通过认真的探索，他［胡适］确信有一种最基本，也是最广泛、最适用的科学方法，这就是"实验主义"，其精髓就是崇尚怀疑精神，不盲从已有的定论，不迷信圣贤和权威，养成独立思考的习惯，并用十分精炼的语言把这种治学思想概括为"大胆的假设，小心的求证"这十个字。[①]

据此，在20世纪的中国现代思想史和文化史上，有重要影响的治学理论和方法的精髓是"**大胆的假设，小心的求证**"，而这一精髓的精髓就是崇尚怀疑精神。后来的疑古风潮很大程度上即从此而来。什么是疑古？用胡适自己的话说："疑古的态度，简要言之，就是'**宁可疑而错，不可信而错**'十个字。"[②]于是就把这十个字领进了笛卡儿"怀疑一切"（skepticism）边缘，其结果，"可疑"之风遍天下。而"疑古"自身，根据"宁可疑而错"的潜在逻辑，也成了可疑对象。于是整个民族学术不知不觉地走到了"意识悖论"的道路之上。当然，悖论在哲学上是研究深入的起点，然而如果整个民族、国家，百年来拿着一个深含哲学悖论的命题作为整体学术的原则和指导，其影响结果将复如何，可想而知。当时的疑古派不能说不是以这样的原则和态度为其理论后盾而出现和发展的。

大胆假设推动着疑古，而小心求证则驱使学人发现新的材料。这就是"上

[①] 卞孝萱，张国星．前言//胡适．治学方法．卞孝萱，张国星，主编．沈阳：辽宁人民出版社，2000：1．
[②] 胡适．研究国故的方法//胡适文集（第5册）．段雅，校注．北京：北京燕山出版社，2019：1339．

穷碧落下黄泉"——小心、尽心、全心地"四处找材料"的学理动源。材料主义的百年传统就是在这样的口号下建立起来的。近代影响中国学术思想最强烈的两个方面：一个是胡适的大胆假设，小心求证；另一个是他"实践证明才是检验真理的唯一标准"的价值取向。无疑，这与乾嘉诸老、章黄的学理路数（范式），迥然有别。

什么是章黄的学术理路呢？我们认为：章黄之学的核心方法是"综实见理，以必验实"（综览现实对象，发见所以之理；运用理必之法，期验所证事实）。这从上文所示之章黄发明之学则可得而见，今更有明证：

> 夫为学者……有所自得，古先正之所觏擎、贤圣之所发愤忘食。员舆之上，诸老先生所不能理，往释其惑，若端拜而议，是之谓学。[1]
> 今世顽固者之诋泰西，亦陋见也。[2]

学术如学艺，技有上下，境有高低。古往今来，学者纷纭如烟；而其所得、所能、所释、所议、所见者，则不均一。太炎先生将其分为五类（虽时代和治学内容与今不同，但辨等之理则一也）：

> 以戴学为权度，而辨其等差，吾生所见，凡有五第：研精故训而不支，博考事实而不乱，文理密察，发前修所未见，每下一义，泰山不移，若德清俞先生、定海黄以周、瑞安孙诒让，此其上也；守一家之学，为之疏通证明，文句隐没，钩深而致之显，上比伯渊，下规凤喈，若善化皮锡瑞，此其次也。已无心得，亦无以发前人隐义，而通知法式，能辨真妄，比辑章句，秩如有条，不滥以俗儒狂夫之说，若长沙王先谦，此其次也。高论西汉而谬于实证，侈谈大义而杂以夸言，务为华妙，以悦文人，相其文质，不出辞人说经之域，若丹徒庄忠棫、湘潭王闿运，又其次也。归命素王，以其言为无不包络，未来之事，如占蓍龟，瀛海之大，如观掌上；其说经也，略法今文，而不通其条贯，一字之近于译文

---

[1] 章太炎. 章太炎全集·国故论衡先校本、校定本. 王培军，马勇，整理. 上海：上海人民出版社，2017: 281.
[2] 黄侃. 汉唐玄学论//黄侃论学杂著. 上海：中华书局，1980: 485.

第八章 黄侃的"发明之学"与傅斯年的"发现之法"

者，以为重宝，使经典为图书符命，若井研廖平，又其次也。①

这里所标举学术至高之境者为"发前修所未见"。黄季刚先生的二十八部十九纽正是"发前修所未见"的学术典范。王力先生论其来由，说：

> 黄氏心目中先有三个成见：第一是他的老师章炳麟的古音二十一纽和古韵二十三部，第二是戴震的古韵二十五部，第三是段玉裁古无去声说再加上他自己的古无上声说。他的研究过程实际上是主观的演绎，而不是客观的归纳。他是从原则出发，先有了一个结论，然后企图以材料去证明他的结论。他先从等韵中寻找"变纽"所在的等列，而这些"变纽"绝大多数是钱大昕、章炳麟所已经证明了的。他发现"变纽"都出现在二、三等，于是以为一、四等韵都是古本韵；反过来又企图证明这些古本韵里所没有的声母都是"变纽"。这样循环论证，就引出了很不合理的结论。②

显然，这和上面我们分析的二十八部十九纽的构建是"近代语言学科学发明的典范"时所用的材料是一样的，但是结论正相反。比较：①他先从等韵中寻找"变纽"所在的等列＝互补分布现象的发现与互补分布法的创发（他发现"变纽"都出现在二三等，于是以为一四等韵都是古本韵）；②"变纽"绝大多数是钱大昕、章炳麟已经证明了的＝古音成果旁证，凿实互补分布的创见；③于是以为一四等韵都是古本韵；反过来又企图证明这些古本韵里所没有的声母都是"变纽"＝声韵相挟的演绎，预测古韵类别；④这样循环论证＝科学的咬合法；⑤引出了很不合理的结论＝逻辑的合理性与现实的正确性。③

这里与本章所论观点最不同的是：王力先生认为季刚先生在方法论上的错误是"主观的演绎而不是客观的归纳"。显然，王先生潜在地把归纳视为

---

① 章太炎. 说林下//太炎文录初编（卷一）章太炎全集（第四卷）. 上海：上海人民出版社，2014：118.
② 王力. 黄侃古音学述评//龙虫并雕斋文集（第三册）. 北京：中华书局，2015：1090.
③ 按，李方桂和俞敏的上古音构拟系统，都与黄侃的十九纽相合，证明黄氏结论的正确性。

245

正确的方法而把演绎归入错误的手段。这正是经验主义和材料主义在方法论选择上的必然与极致。令人深思的是：中国古代的乾嘉（东方）诸老以及地球另一端（西方）的伽利略、罗素、乔姆斯基等人，都自觉或不自觉地把演绎作为学术的最高取径。我们知道（至少现在），演绎没有不是主观的（不是今天主观主义意义上的"主观"）。科学是思想，科学原理的获取和推演，都离不开演绎。因此，科学的发明也无不是主观的（同上）。主观是理性的，它和非科学、非逻辑的"主观主义（=臆说）"不是一回事。相对演绎而言，归纳是经验的。王力先生主尚的是经验主义的方法论，这没有错，但他批判演绎性的发明之路，就无法启导后学自创理论了。五四以后中国语言学只善归纳不尚发明的现实，也就不难理解，甚至是必然结果了。[①]故此，重温"今发见之学行，而发明之学替矣"的旧训，不能不激励我们反复思考"中国学术回归理性"的范式转型。

---

① 1981 年前后，笔者曾亲身经受北京老一辈语言学家吕叔湘、王力提出"求实"的口号或原则。今天看来，这也应当看作五四以来经验主义理路下的时代产物。

第九章 传统理性思维的继承与当代学术理论的构建

　　前八章我们从乾嘉考据入手，揭示并讨论了戴震皖派学者在"理证"和"求是"方面的学术建树。如果比较乾嘉的吴派，我们会很容易发现戴震皖派与惠栋吴派在"实证"（≠理证）与"求实"（≠求是）方面的学理之迥异。我们论证了戴震的理必、段玉裁的理校和王念孙的理训之间一脉相承的学术范式，进而在此基础之上比较五四以后章黄承袭"理必思想"（=理性主义），创造性地发展出的科学"发明之学"。现在我们看到：乾嘉的"科学发明"与胡适和傅斯年化西学而发展出的"大胆假设、小心求证"及其"材料发现之法"不仅有着学理的不同和时代的差异，而且二者经历了一场学术史家至今尚未引起关注的"学术范式"之更替——"今发见之学行，而发明之学替"。[1]今天，在中华民族复兴的大时代里，我们回顾五四以来影响中华学术百年来的"**胡-傅范式**"的同时，开始发掘、理解和认识乾嘉、章黄的"**传统范式**"。相比之下，不禁令人警觉并思考如何让传统的科学"发明之学"逐步回归并再度复兴的大问题。千里之行始于足下，我们当以乾嘉理必之学为圭臬，揭举章黄发明之学，标明其为自家科学原理之产物。

---

[1] 章太炎论学术方法"为君""为匠"之异，亦与此同。

下面先从西风东渐的范式谈起，然后讨论发明之学不复为时所尚的百年学术史，最后阐释中华学术崛起之时如何在理必科学、发明学理的基础上，继承、开创和构建东西合璧新型理论，以应时代之需。

第一节　五四以来的学术范式

什么是五四以来的学术范式？为准确理解"范式"的意思，我们不妨先看什么是范式。范式的英文是 paradigm，它是美国著名科学哲学家托马斯·库恩（Thomas Samuel Kuhn）最早提出来的一个库恩科学哲学的核心概念。在《科学革命的结构》一书中，他提出范式是特定的科学共同体从事某一类科学活动所必须遵循的公认的"模式"，包括共有的世界观、基本理论、范例、方法、手段、标准等与科学研究有关的所有东西[①]。据此，我们可以从以下几个方面理解范式的内涵和所指。

（1）范式的内容。范式是从事某一科学的研究者群体所共同遵从的世界观和行为方式，它包括如下几个方面的内容：共同的基本理论、观念和方法；共同的信念和自然观（包括形而上学假定）。[②]

（2）范式的几个显著特点：①范式在一定程度内具有公认性；②范式是一个由基本定律、理论、应用以及相关的仪器设备等构成的一个整体，它的存在给科学家提供了一个研究纲领；③范式还为科学研究提供了可模仿的成功的先例。

（3）范式导致的科学革命。在库恩的范式论里，范式归根到底是一种理论体系，范式的突破导致科学革命，从而使科学获得一个全新的面貌。

（4）范式转移、改变和替换，意谓在科学范畴里，对基本理论的根本假

[①] 托马斯·库恩. 科学革命的结构. 金吾伦, 胡新和, 译. 北京: 北京大学出版社, 2003: 21.

[②] 范式的基本原则可以在本体论、认识论和方法论三个层次表现出来，分别回答的是事物存在的真实性问题、知者与被知者之间的关系问题以及研究方法的理论体系问题。这些理论和原则对特定的科学家共同体起规范的作用，协调他们对世界的看法以及他们的行为方式。

第九章 传统理性思维的继承与当代学术理论的构建

设的一种改变。这种改变，后来也造成各种其他学科方面的巨大转变。库恩在书中阐释，每一项科学研究的重大突破，几乎都是先打破道统，打破旧思维，而后才成功的。

（5）新范式的建立。新范式就是用新的方式和新的视角看待研究的对象；它决定了我们如何看待对象、把对象看成什么、在对象中看到什么、忽视什么。

学术范式既如上述，那么五四以来中国的学术范式是什么？毋庸讳言，近百年来的中国学术范式就是胡适和傅斯年建立的学术方法论和价值观。其中最突出的就是科学方法与材料发现两大标志。科学方法可以用胡适的两句话来代表：大胆假设，小心求证；而材料发现就是傅斯年的"一分材料出一分货"的历史性的主张。傅斯年首先用"破"的方法：把"孔子即真理"这条信条摇动了，使之临于绝境。然后宣称中国学术和文化正处于"急转直下的趋向"，"西洋学问渐渐入中国"。他认为这时"此消彼长的时机已熟"。于是提出"这个时期竟可说是中国近代文化转移的枢纽"，宣告"中国的学艺复兴时代"已经到来，而且从"这个以后，便要是中国的学艺再造时代"。[①]

就在这一转型之际的1928年，傅斯年在《历史语言研究所工作之旨趣》中提出"史学就是史料学"的口号，不仅把科学研究限制在"一分材料出一分货，十分材料出十分货，没有材料便不出货"之上，甚至宣称"推论是危险的事"。他幼稚地认为，"两件事实之间，隔着一大段，把他们联络起来的一切涉想，自然有些也是多多少少可以容许的，但推论是危险的事，以假设可能为当然是不诚信的事"[②]。为什么胡适的"大胆假设"就不是"不诚信的事"？因为二人在"小心求证"和"一分材料出一分货"上达成一致，这就铸成了五四以来中国学术百年来的学术范式。其影响之大，已经潜入中国学者的骨髓和血液。这里仅举三例，以见其影响之深。

[①] 傅斯年. 清代学问的门径书几种. 新潮, 1919, (1-5): 701-717.
[②] 傅斯年. 历史语言研究所工作之旨趣. 中央研究院历史语言研究所集刊, 1928, 1(1): 8.

一、赵元任"说有易说无难"的再分析

"说有易说无难",今天不仅是汉语语言学界的"入道须知",而且是师生承传的治学"宝鉴"。上文说过,此话出自赵元任当年指导王力研究生论文之批语,它让王力先生受益终身。经王先生的披露和提倡,今天已经成为无人不晓的"学戒",以至成为学术思维和价值取向的"金科玉律"。后来的学者均准此实践,其结果无不"唯'有'是'说'"而不敢、不能或不屑说"无"。在今天学术理论中,根本没有"无"的概念("无"的理论意义和价值)。近百年来我们所找的都是"有"。那么"有"是什么?"有"是可见的材料。"无"呢?"无"被误解为看不见的猜想、遐想或瞎想。在"一分材料一分货"的大原则下,治学自然就要以"有"为准则。于是,材料为先、小心考证,使得"大胆假设"也流于口号,至今没有发展出"假设公理""假设原理""假设方法""假设程序"等配套的**假设理论**来。这不能不说是傅斯年"材料之学"与胡适"小心求证"的互动的结果:立说不能越出材料(大多都停留在概括之上,亦即"8-tion"的初级阶段,见本章第五节),求证只靠材料而不是"推理",因为"推论是危险的事",于是我们看到王力先生对"演绎"的批评。

二、王力"演绎=主观"的观念

王力在批评黄侃的古音学的时候说:"他[指黄侃]的研究过程实际上是主观的演绎,而不是客观的归纳。"①这里用"主观"给"演绎"定性,否定了演绎推理的公理科学法(axiomatic method),接着,王力又批评黄侃说:

> 他发现"变纽"都出现在二、三等,于是以为一、四等韵都是古本韵;反过来又企图证明这些古本韵里所没有的声母都是"变纽"。这样

---

① 王力. 黄侃古音学述评//龙虫并雕斋文集(第三册). 北京:中华书局,2015:1090.

第九章　传统理性思维的继承与当代学术理论的构建

循环论证，就引出了很不合理的结论。[①]

然而，正如李思敬指出的：

> ［黄侃］古音二十八部与十九纽在《广韵》里互相契合的现象……说白了，就是"本纽"找"本韵"配对儿；"变纽"找"变韵"配对儿。这是什么现象呢？很明显，这就是语言学上常说的"互补分布"现象。[②]

若诚如李思敬所说（事实亦确如此），那么黄侃应该是中国语言学史上自觉（或自发）使用**结构主义语言学**"互补分布法"的第一人。而黄氏用"本纽"配"本韵"来证明"变纽"配"变韵"的方法，似乎正是埃蒙·巴赫所谓"我们用各种规则来论证理论的各个方面，然后回过头来，用理论来论证规则的正确性"的这种"推理似乎是恶性循环"。但埃蒙·巴赫出人意表地指出："这种印象是基于对科学推理过程的**错误看法**。"为什么是错误的呢？他说："经验科学中的推理不是以线性方式进行的，而是在所有方面同时进行。"他用"金字塔"和"拱形桥"作比喻，说："我们不是在建造金字塔，而是在建造一个拱形桥。在拱形桥中，所有的部分都必须同时支撑起来。"[③] 这种"拱形桥石"的方法论原理，李思敬先生似乎没有看出来（虽然他发现了黄侃的"互补分布分析法"），因此又回到了批评黄氏的原点："可惜的是黄氏……从并无因果关系的纽韵契合现象出发……给他的理论最后添了本不该有的'乞贷论证'的败笔，因为这种推导不合逻辑……在逻辑上，两个互为前提的推论就是'以乙证甲，又以甲证乙的乞贷论证'。"[④]然而，埃蒙·巴赫所说的"用各种规则来论证理论的各个方面，然后回过头来，用理论来论证规则的正确性"不就是"用规则［甲］证理论［乙］"回过头来再

[①] 王力. 黄侃古音学述评//龙虫并雕斋文集(第三册). 北京: 中华书局, 2015: 1090.
[②] 李思敬. 关于黄侃古音学"乞贷论证"问题的思考//谢纪锋, 刘广和, 主编. 薪火编. 太原: 山西高校联合出版社, 1996: 92.
[③] Bach E. Syntactic Theory. New York: Holt, Rinehart and Winston, Inc., 1974: 143.
[④] 李思敬. 关于黄侃古音学"乞贷论证"问题的思考//谢纪锋, 刘广和, 主编. 薪火编. 太原: 山西高校联合出版社, 1996: 93.

"用理论［乙］证规则［甲］"的"恶性循环"吗？埃蒙·巴赫认为"这种印象是基于对科学推理过程的**错误看法**"。原因有二。其一，是他所说的"经验科学中的推理法"：拱形桥石共同受力的"咬合论证法"，即拱形桥上楔形石，彼此相互依赖，缺一不可，貌似相互"乞贷"，实则相互"支柱"。这是经验科学和形式科学的不同。其二，即使从形式逻辑的演绎推理上看，如果"纽韵相互契合"具有预测力和生成性，则可破"乞贷论证"之弊。这正是王念孙"类比生成逻辑"之精妙之处——其中能否"生成"同类"纽韵相互契合"的新现象，则是其逻辑推演的证据所在。

回到王力先生的"主观演绎观"，他曾是赵元任的学生，从他对"主观的演绎"和"客观的归纳"的定性和态度来看，很可能是受了"说有易说无难"的影响，或者就是与赵元任相同的学术理路和治学方法。很显然，两位语言学大师都是在五四以来傅斯年的"材料学"与胡适的"考证法"同一学术范式下所创造的学术成果和绩效。成果斐然自不待言，但国际性的理论创建，则未见其行。

三、钱钟书的"木石砖瓦与个别见解"

五四"材料为先"的学术理念和范式的影响之深，最可以从当代鸿儒巨擘钱钟书先生的"个别见解"看出来。第六章第四节曾全引其说，兹仅将其概括如下：①严密周全的思想和哲学系统经久销蚀均整体垮塌，其中个别见解仍为后世所采；②庞大建筑物经久破坏，而残留的木石砖瓦仍可资利用；③整个立论系统有价值的只是一些片段思想；④脱离了系统而遗留的片段思想，和萌发而未构成系统的片段思想，是一样的；⑤眼里只有长篇大论，瞧不起片言只语，是浅薄庸俗的看法。①

钱钟书先生这段话的含义很广，涉及的问题也很多。这里我们只从"系统经不起时间的推排销蚀"和"个别见解还为后世所采取而未失去时效"的

---

① 参见：钱钟书. 读《拉奥孔》//七缀集. 北京：生活·读书·新知三联书店，2011：36.

第九章　传统理性思维的继承与当代学术理论的构建

对立来看，可知钱钟书先生主张富有价值的不是构建（理论）大厦，而是"木石砖瓦"；因为它们是"可资利用的材料"。我们知道，学术的体系要理论，科学的宏旨在构建大厦。庞加莱说："科学不是事实的简单堆积，正如房子不是石头的简单堆砌。"[①]科学虽然离不开"木石砖瓦（事实材料）"，但科学的目标是构建"房屋（理论）"。显然，钱钟书先生的主张不是理性思维下的理论创造，而是材料范式下的"片段思想"。"片段思想"固然重要，但它还不能算是大厦结构中的"木石砖瓦"。因为凡从事理论研究和构建的人都知道，大型建筑所用的木石砖瓦，其材质、形状和功能等，如果没有这个"庞大的建筑物"的结构和功用，是做不出来的。无论如何，中国学术被这种"片段思想"和"木石砖瓦"限定在"以材料取胜"的范式之中，即使巨擘如钱钟书也不能例外。

不难看出，上面三位顶级学者的学术方法论和学术价值观，是一致的。可以说，这种方法与价值说构成了当代学术的一个最为显著的"地标"。

第二节　中国近代思想史上学术范式的革命
——乾嘉理必

事实上，中国近代学术史上令人最为惊讶的是：五四革命取代的传统学术范式——乾嘉理必与章黄发明——居然与西方 logical certainty 的科学思想同出一辙：东方的理必=西方的逻辑必然。前面所引何大安将戴震、黄侃、李方桂与生成语法创始人之一的莫里斯·哈勒一同列为"结构、生成"思想前沿性的语音科学家，即是其证；用理必科学法创造的西方生成语法是科学（参本书第二、第三章）和用理必科学法创造的乾嘉考据法同样是科学，也是其证。不仅如此，我们从当时理必学家受到的"误解和批驳"的论争与攻击中，也可以看出"理必范式"是学术史上的一次革命。下面先看戴震和王鸣盛的论争。

---

① Poincaré H. Science and Hypothesis. New York: Dover Publications, 1952: 141.

253

一、戴震求真与王鸣盛求实

戴氏求真与王氏求实的不同反映在如前所见《尚书·尧典》的"光被四表"。戴震断言"光被四表"应该是"横被四表"。为了解这一"公案",我们还需重温戴氏论证:

> ["光被四表"]《尧典》古本必有作"横被四表"者。横被,广被也……溥遍所及曰横……"横"转写为"桄",脱误为"光"。追原古初,当读"古旷反",庶合充霸广远之义……仆情僻识狭,以谓信古而愚,愈于不知而作,但宜推求,勿为株守。①

这是戴氏"理必论"典型代表,在当时一石激起千层浪,可谓学术史上的一次大地震。王鸣盛在《尚书后案》序言中表达了自己极端的不满,反驳说:

> 戴于汉儒所谓家法,竟不识为何物。岂惟戴震,今天下无人不说经,无一人知家法也。即如"光被四表",见于《魏公卿上尊号奏》,载洪适《隶释》。康成卒于建安五年,魏受禅初,距其没仅二十年,天下《尚书》皆守其家法作"光被"。若伪孔之出在晋元帝渡江初,相去几及百年,并非至孔始改"光",奈何遽欲改为"横"?②

历史上著名的"戴王之争"不能看作个人的恩怨,其根在学理。吴派要人王鸣盛的学旨是"信古",但戴震说"信古而愚,愈于不知而作",这就触动了信古派的基础和梁柱。不信古,怎么办?戴震说:"但宜推求,勿为株守。""推而求之"没有逻辑、没有理必,怎么推?如何治古学?信古派当然不理解,但戴震发明了一整套的推求法,这就是戴氏革命!因为离开传统的"信古求实"太远了,除了他的入门弟子(段、王)外,其他学者很难得登其堂奥、其真谛。于是质疑、反驳以至谩骂接踵而至。其师

---

① 戴震. 与王内翰凤喈书//戴震集. 上海: 上海古籍出版社, 2009: 54.
② 王鸣盛. 尚书后案//《续修四库全书》编纂委员会编. 续修四库全书(经部第45册). 上海: 上海古籍出版社, 1996: 4.

第九章　传统理性思维的继承与当代学术理论的构建

多蒙被误解的遭遇，其徒也难免同样的"灾难"。但这正好说明这场革命的颠覆性。

然而，更令人刮目的是，戴氏"横被四表"的结论居然得到今天地下文献的佐证：战国楚简中我们发现"塞于四方"[①]这种表达。这不啻戴氏"横被四表"的一则铁证。戴氏所以坚信"光被"**必有**（下义决断）的一个原因，就在"古旷反"的"光"是"充斥"之义，而出土文献提供的正是"充塞四方"。可惜的是，至今论者都很少措意于考证词语表达的观念和方式，没有自觉运用"观念训诂法"[②]。换言之"光耀天下"的概念，戴震认为是古人从"充霈"的角度来表达"广远而无所不及"概念的。他说"光"字"当读古旷反"才"合充霈广远之义"。这个"义"是古义，而古义是建立在古人对事物观察和理解的"观念"之上。人们当然可以用"太阳光耀"来表达"无所不及"，而古人还用了"充塞各个角落"的方式来表达同样的"遍及"之义。出土文献的"塞于四方"正是这一观念的所期之证！这一点不仅反对戴震"横被四表"的学者如王鸣盛未所能及，就是今天的训诂学也尚未提出"观念考"的理路。相形之下，戴氏"横被四表"的论证不仅在所求之"真"上得到地下材料的证实，同时也在"求真"方法上给今人提供了一个如何从古人观念上考证古义的范例。

二、段玉裁之求真与顾千里之求实——再以"二名不偏讳"的"理校"为例

除"戴王之争"外，段玉裁和顾千里的争论也成了学术史上的又一大公案，对此关注和讨论的学者自古不绝于耳。如同其师与王鸣盛，段氏与顾千里的争论也是"根在学路"：一方是理必下的"理校"，另一方是信古派的"求实"。故事其一发生在《礼记·曲礼上》的校勘上。先看缘起：

[①] 马承源. 上海博物馆战国楚竹书（二）. 上海：上海古籍出版社, 2002: 179.

[②] 参：冯胜利."寡人"词义观念考与"2+1"三重证据法. 中国语文, (5): 617-640.

255

《礼记·曲礼上》："礼，不讳嫌名。二名不偏讳。"①

东汉郑玄注："偏，谓二名不一一讳也。孔子之母名'徵在'，言'在'不称'徵'，言'徵'不称'在'。"②

唐孔颖达疏："'不偏讳'者，谓两字作名，不一一讳之也。孔子言'徵'不言'在'，言'在'不言'徵'者，案《论语》云'足，则吾能徵之矣'，是言'徵'也；又云'某在斯'，是言'在'也。"③

段玉裁认为郑注必作"不徧谓二名不一一讳也"。因为**文理**必如是，各本夺上"不"字，则愈令学者惑矣。进而提出："凡若此类，不必有证佐而后可改。"这是一个非常大胆而"武断"的命题，何以"不必佐证"就可增、改原文？段玉裁当然有他的理必之理：①本证：《说文》云"徧者，帀也"，《曲礼》《曾子问》《尚书》皆用此义，是"凡阅历皆到曰徧"。②析证："不徧讳"之"徧者，散计也（distributive quantifier）"，古圣贤立言极精。③归谬法：若作"偏讳"，则二名讳一；"不偏讳"则二名皆讳。结果适与经相左（矛盾）。④

顾千里当然不同意，他的道理是：

郑以"一"解"徧"，不一一者，皆偏有其一者也。⑤

段玉裁反驳说：

顾秀才千里作《礼记考异》，乃云"偏"是，而"徧"非。其说曰："郑以'一'解'徧'，不一一者，皆偏有其一者也。"如其说，仅举一为偏，则经当云"二名则偏讳"，何以言"二名不偏讳"也？⑥

---

① 阮元校刻. 礼记正义//十三经注疏. 北京：中华书局，2009：2707.
② 阮元校刻. 礼记正义//十三经注疏. 北京：中华书局，2009：2707.
③ 阮元校刻. 礼记正义//十三经注疏. 北京：中华书局，2009：2708.
④ 段玉裁. 二名不偏讳说//经韵楼集. 钟敬华，校点. 上海：上海古籍出版社，2008：271-272.
⑤ 转引自段玉裁. 二名不偏讳说//经韵楼集. 钟敬华，校点. 上海：上海古籍出版社，2008：272.
⑥ 段玉裁. 二名不偏讳说//经韵楼集. 钟敬华，校点. 上海：上海古籍出版社，2008：272.

第九章 传统理性思维的继承与当代学术理论的构建

一来一往，理趣盎然。然而结果如何呢？下面我们先总结一下二人的论证程序，再看他们孰是孰非。

"不偏讳"的两解结构：

a) 偏=徧/遍：二名不偏讳=二名 [不都] 讳=二名单讳/讳其一。这是段玉裁的观点。

b) 偏=偏（不改字）：二名不偏讳=二名 [不偏] 讳=二名 [不单] 讳=二名都讳。这是顾千里的结果。

这两种结论显然都对顾千里不利。于是顾氏一定要改变读法（亦即句法）绕弯子强解：

二名不偏讳→二名不 [偏讳]（二名不能 [单着的时候讳] ——单着讳，如 [xy]，只讳 x 不讳 y，或相反。结果，是二名同在的时候讳，偏讳其一）

这样一来，顾氏的读法也能说通。结果二人的争论就成了"公婆各理"，莫衷一是。

然而，就在这个时候我们发现：历时句法学可为之定谳，而段玉裁的结论正与此合。我们知道，在上古汉语中，"偏"字并没有作为时间状语的用法，但顾氏的读法却又必须按照时间副词的位置来解读才能符合经义，结果就只能是"强解句法"（用上古没有的句法来解释）。于是我们看到二人的争辩：一则有证，一则无据：段说有证，顾说无据。段说有理必之证，而且更富有学术意义。

段玉裁和顾千里的争辩，在《礼记·曲礼》"二名不偏讳"是"偏"还是"徧（遍）"的问题上，酿造了有清一代学术史上的一大公案，显示出皖派"理必"和吴派"存/信古"之间的巨大分歧。段氏是在"理必思想"指导下进行的语法分析（故曰"理必语法"），顾氏是在"存古思想"驱使下从事的语法分析（故曰"存实语法"）。如上文（第四章第二节）所示，二者因出发点不同，导致其结果也期然迥异。段氏意在"用语言文字构组规则之

257

法，证明古籍用词之异"，而顾氏则抱有存古思想，目的是"保存版本之原貌"，所以二人的训释方式、方法和结论，亦截然异途。其结果也自然可以预期：段氏的"理必语法"极具科学属性及跨时代的求真本色；顾氏的"存古语法"则反映出他的古本意识及其保存古代文化的求实精神——求真与求实虽然起点上"差之毫厘"，但在结果上则分流为"皖派"和"吴派"的不同路径。段氏的"演绎生成法"①以"何为语法"为先，然后看实际材料中使用的是哪种语法；顾千里的"归纳总结法"是把实际材料看成不可更动的词串，然后看有什么语法适应这个词串。前者是从上到下，后者是从下到上；前者是演绎法，后者是归纳法。从学理上看，二者截然不同。

三、王念孙的求真与"凌杂之讥"——以《广雅疏证》的"理训"为例

曾国藩在《圣哲画像记》中说："王氏父子集小学训诂之大成，夐乎不可几已。"②据说自是以后，百余年来，在小学方面，大家就开始认为王氏父子比段玉裁更胜一筹。其实，二人在理必原理的发明上，各自有启时代之先和至今仍未尽解的贡献。段氏的"断有无"、王氏的"综类比"都未为今人很好地理解和阐释。在理必逻辑方面，二人分不出上下，倒是至今未见后来比肩者。他们二位把一生的精力全部投入到了理必训诂之学上，同时心知肚明自己的发明价值之高比自己的名誉以至生命还重要。所以王念孙在《广雅疏证》自序中曾经这样道白自己的心曲：

> 今则就古音以求古义，引伸触类，不限形体；苟可以发明前训，斯凌杂之讥，亦所不辞。③

"苟可以发明前训"是说他自己知道"就古音以求古义，引伸触类，不限

---

① 此与王念孙之"生成类比法"不同，但适成互补。
② 曾国藩. 圣哲画像记//朱东安选注. 曾国藩文选(注释本). 天津：百花文艺出版社，2006: 123.
③ 王念孙. 自序//广雅疏证. 钟宇讯，点校. 北京：中华书局，1983: 2.

第九章 传统理性思维的继承与当代学术理论的构建

形体"是一个超越前人的巨大突破和发明,为创造和证实这一发明,"凌杂之讥,亦所不辞"。这是他"舍生取义"献身学术的精神境界。但什么是"凌杂之讥"?人们只看到了他为学术真理而不计毁誉的精神,而没有洞悉他所遭以及何以遭的"凌杂之讥"。我认为,这里的"凌杂"和他发明"综类比"的"生成类比法"直接相关。为说明问题,我们不妨再重温他的一段精辟的"引伸触类,不限形体"类比论证:

《白虎通义》云:"族者,凑也,聚也。谓恩爱相流凑也。上凑高祖,下至元孙,一家有吉,百家聚之,生相亲爱,死相哀痛,有会聚之道,故谓之族。"族、凑、聚,声并相近。凡聚与众义相近,故众谓之宗,亦谓之林。聚谓之林,亦谓之宗。聚谓之搜,犹众谓之搜也。聚谓之都,犹众谓之诸也。聚谓之衮,犹多谓之衮也。聚谓之灌,犹多谓之观也。①

我们前面曾把他们"引伸触类"的关系进行过分析,这里再从图 9-1 加以进一步的阐释。

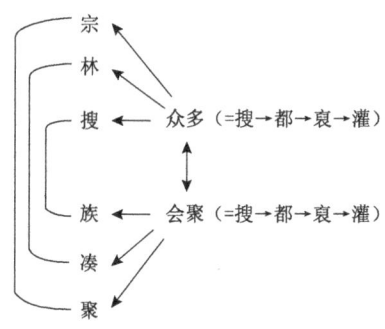

图 9-1　聚与众义近生成类比示意图

上面这组同源、义近词群之间的逻辑关系,同样可以用前面提出的逻辑推演式来表达:

X 和 Y 都具有属性 p、q、r;

---

① 王念孙. 广雅疏证. 钟宇讯, 点校. 北京: 中华书局, 1983: 95.

如果 p、q、r 具有衍生关系；

且 X 和 Y 具衍生关系；

则 X 和 Y 的属性系列可以被预测和验证为真。

现在我们不但看到"引伸触类",而且看到引申所"触发"的类（聚类、取类），如水无形（单向引申）、蔓延四溢（双向同源）；若不见章法,似乎毫无条序。这就很容易给人造成一种"凌杂"之感。我想这就是段玉裁的《广雅注》（《广雅疏证》的初名）的序言,最初未有被采用的原因所在[①]：不是段、王二人之间的关系问题,而是二人各自发明的学理彼此不同的问题。段玉裁在序文中提出"古音,今音；古形,今形；古义,今义"六者互相求的"古今规则互动法",而王氏的《广雅注》（后来改名《广雅疏证》）发明的是"音义衍申（引申）触发类生"的语变机制。段氏的序言再精彩也不是"生成类比"机制的阐释；不但不是,反而相形之下王氏的系统表面还会蒙受常人的凌杂之讥,因为段氏没有彰显王氏的"类生"机制：不管是今音还是古音,今义还是古义,只要进入他的逻辑模式,都会发生同样的类变。我们不知道段王二人有无"凌杂"之感的话语交流,但从王氏"亦所不辞"的话锋里,我们品出了他所钟情的是什么,他所忧虑的是什么。但无论如何,他知道："凌杂"只是表面现象,其背后的原理是自己发明的"同律引申"与"类从派生"的生成机制。我们称之为"生成类比法"。我们所以说它是"生成",因为其背后还有迄今未知的更坚实的理必原理做根据。冯胜利指出：王念孙发明推理逻辑的实际是一种"生成类比法"[②],其理必原理可以从前面介绍的埃蒙·巴赫解释生成语法方法论的"机制咬合推论法"得到说明。生成语法的推理在实验科学中并不是按照线性的形式进行的,它是以所有成分全方位同现的形式操作的[③]。上文我们把埃蒙·巴赫所谓"推理是所有成分全方位同现的形式进行"的观点称为"拱形桥理论"。下面我们将从不同角度,对其中细节

[①] 段氏未受王氏之托主动撰写了一篇《广雅注》序言而未被收录于首次正式出版的《广雅注》（见段玉裁给刘端临信）。段玉裁. 与刘端临第二十书//经韵楼集. 钟敬华, 校点. 上海：上海古籍出版社, 2008: 407.

[②] 冯胜利. 论王念孙的生成类比法. 贵州民族大学学报(哲学社会科学版), 2016, (6): 79.

[③] 参见：Bach E. Syntactic Theory. New York: Holt, Rinehart and Winston, Inc., 1974: 143.

第九章　传统理性思维的继承与当代学术理论的构建

进行更深一步的发掘，以见王念孙"发明前训"的深意所在。

首先，埃蒙·巴赫"**所有成分全方位同现的形式**"可以和戴震"十分之见"的"**靡不条贯**""**不留余议**"相媲美，其理必精神是一致的。其次，他对方法论中"<u>循环论证</u>"法的辨证。一般认为循环论证是"用实例证该规则，反过来又用该规则证实例"。王念孙的类比论证，如果仅仅线性地看，似乎就是循环论证，但是"用规则证理论，反过来，用理论证规则"就是另一回事了。最后，把"相挟""共构"或"同律互证"的方法误解为循环论证，是"建立在一种对科学推理过程错误理解的基础之上"的浅显理解，其根源是错误地把推理理解为"线性的因果"，而不是"多维共构"型的类推生成。线性工作只限于收集和分类，自然也可以发现 X 有 y^1，y^2，y^3……y^n 系列的线性特征，这就是归纳法。然而，生成性多维度的理论需要发现是与 X 对应的 X' 也有 y^1，y^2，y^3……y^n 的特征，甚至 X'' 同样有 y^1，y^2，y^3……y^n 的特征。据此可发现：凡据 X 属性者均"必然可有"y^1，y^2，y^3……y^n 的特征；反之亦然：凡具 y^1，y^2，y^3……y^n 特征者，均"必然可有"X 属性值源。这一"多维共构"类比系统的发现，是王念孙的独创；而这种"多维共构的类比系统"的理必原理，实乃"拱桥"各个楔石之间相互"咬合"的一种机制，如图 9-2 所示。

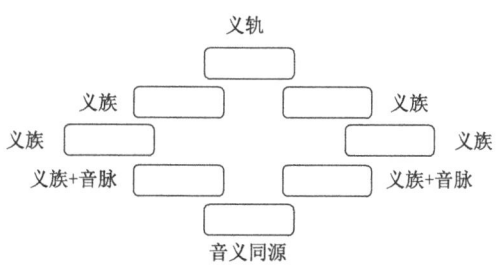

图 9-2　"多维共构"类比系统咬合图

当"两系义族"+"两组相同义族赋有音脉亲缘关系"的成员一起组成一个"咬合系统"的时候，拆掉其中的一组，整个系统就要坍塌。王念孙脑中所构建的，我们认为，就是这样一个"语义+语音"的"相互咬合系统"（interlocking system），亦即埃蒙·巴赫阐释的"全方位同现"推理系统。

第三节 民国初年"理必范式"之精华
——章黄之理性主义和发明之学

一、章黄精华——理性主义的鲜明旗帜

我们在前面看到甘蛰仙说"太炎先生之学,主观之学也"[①],我们也看到太炎先生亲自定义"主观之学,要在寻求义理,不在考迹异同。既立一宗,则必自坚其说"[②]。这里的"义理"相当于今天的"学理";"不在考迹异同"可以理解为:学术要谛不在"分类学"。"既立一宗"就是今天逻辑方法论上"假说"或"理设"。这无疑是理性主义的治学路数。正因如此,他进而申明:"一切载籍,可以供我之用,非束书不观也。虽异己者亦必睹其籍,知其义趣,惟往复辩论,不稍假借而已。"理性主义不是不要材料,国外典籍(异己者)必睹必知,但反对的是"假借"人说,而不能与之"往复辩论"。这些都是典型的"理性主义"的原则和方法。我们知道,章太炎理性主义的思想渊源乃根植于乾嘉的理必。乾嘉的旗帜是"理必"(戴震的"理必"、段玉裁的"理校"、王念孙的"理训",见本书第四章),章黄传承下来的旗标是"主观之学"或更直接地说就是"理性主义"。侯外庐曾经综述太炎先生的学术特点时说:"[章太炎]论难的方针,大体上是沿着理性主义,在时代意义上更为进步的思想。"[③]侯氏认为"理性主义"在当时是更为进步的思想。然而殊不知"理性主义"正是乾嘉学术革命建立起的新型学术范式,而章氏的"理性主义"正源于此:"学问之事,终以贵乡先正东原先生为圭臬耳。"[④]请看:

---

① 甘蛰仙. 最近二十年来中国学术蠡测: 为东方杂志二十周年纪念作. 东方杂志, 1924, 21(1): 20.
② 章太炎. 诸子学略说//朱维铮, 姜义华, 编选. 章太炎选集(注释本). 上海: 上海人民出版社, 1981: 358.
③ 侯外庐. 近代中国思想学说史(下). 上海: 生活书店, 1947: 784.
④ 章炳麟. 章炳麟论学集. 北京: 北京师范大学出版社, 1982: 349.

第九章　传统理性思维的继承与当代学术理论的构建

> 格物者，格距于其轨度，若射者然，思虑辨难，不越隄封，毋缴绕以自遁也，毋汗漫以自抚也，是以能致知，不然，非解垢为觭辨，则逐于无端崖之辞。①

这可谓唯理性逻辑原则的当代表述，只是所用语言为文言而非白话而已。侯外庐说："这几句话，在方法论上，正是最中肯地批判了公羊学的反理性主义。"这足以说明太炎先生理性主义的学术原则。

不从原理性的问题出发解释研究的对象不是理性主义、不是理必之学；而学术一旦立足理性、立基理必，那么必然会走向独立自主的"发明之学"。因此，太炎先生的理性主义和季刚先生的发明之学，可谓一张纸的两个面。

二、理必精华——发明之学

师从太炎的黄季刚，其平生学术发明不计其数，只是生前发表不多，加之后代学风移易，则理必之法失传，发明之说不闻，故其诸多超越时代性的发明不为人知矣。全面发掘有待来日，这里仅从语体语法、发明范式两个方面简示其学术发明之冰山一角。

（一）语体语法的先声

季刚先生对古代语体的研究可谓先声夺人，开时代之先；这就是我们在第八章中看到的"雅俗殊形""文与言判，非苟而已"，为进一步阐释，不妨将其核心观点复述如下：

> 常语趋新，文章循旧，方圆异德，故雅俗殊形矣……语言以读［随］世而俗，文章以师古而雅，此又无足怪矣……综上所说，文与言判……非苟而已也。②

---

① 章太炎. 说物//太炎文录初编. 章太炎全集(第四册). 上海：上海人民出版社，2014：31.
② 黄侃. 黄侃日记. 南京：江苏教育出版社，2001：199.

其中的"常语"和"文章"就是今天语体语法的"口语体"和"正式体（也指书面正式语体）"。黄季刚先生在"我手写我口"的"普天之下，莫非白话"的年代提出"常语"和"文章"就像"方与圆"一样"异德"，这是一个了不起的卓见。其学术价值不在于文化上它怎样"大逆不道"，而在于学理上它的发明与深刻：雅正体和通俗体，二者之"德"本不相同。什么是"德"？德，本质之谓也（"德"的本字当为"得"，人之得于自然的本性，是为"德"）。因此，"异德"者，本质不同之谓。"雅俗异德"，一句话，告诉我们口语体和书面正式语体属于两种性质不同的语言。因此，文言文被消灭以后，今天书面正式体又获重生（如"加以、进行"等正式体词汇和句型）。因此他得出结论："文与言判，非苟而已。"这为我们今天的语体语法提供了丰富思想、语体属性、演变机制以及"不以人们意志为转移"（＝非苟而已）的语体二分法。这应该是语体语法学上的一大发明。后世学子当深入研究其原理、机制及其普适性。

（二）学术史上"发明范式"的提出

季刚先生的发明范式说是经由吉川幸次郎先生传递给我们的："黄侃说过的话中有一句是：'中国学问的方法：不在于发现，而在于发明'。以这句来看，当时在日本作为权威看待的罗振玉、王国维两人的学问，从哪个方面看都是发现，换句话说是倾向资料主义的。而发明则是对重要的书踏踏实实地用功细读，去发掘出其中的某种东西。"[1]陆宗达先生是黄季刚先生嫡传弟子，也深知"以戴震为代表的'订误'派……以纠正旧注、创立新说为主"目的是"发展语言文字科学，批判旧注、**发明新义**，从而提出自己的新理论，使训诂学进一步提高"[2]。著名逻辑学家蔡曙山亦云："科学发现和发明，是人类特有的认知活动，它也是建立在人类语言和思维的基础之上的。我们用语言来表征对世界的认知，我们用语言来思维，我们通过语言和思维

---

[1] 吉川幸次郎. 留学所得收获//我的留学记. 钱婉约, 译. 北京: 光明日报出版社, 1999: 79.
[2] 陆宗达. 训诂浅谈. 北京: 北京出版社, 1964: 11.

第九章 传统理性思维的继承与当代学术理论的构建

来建构事物发生、发展和变化的规律,我们通过语言和思维来建构科学理论和科学认知的模型。所以,科学是发明,而不是发现。"①事实上凡蒙乾嘉皖派和章黄学理沾溉的学者,无不知晓治学之旨在于**发明新义、创立新说**,而不是以发现材料,得人无法得但原来就有的材料为胜人之学。这种侥幸和碰运心理,不是中国学术的传统,而理必创新才是衣钵相传的科学的本质和正道。这里,唯有季刚先生跨时代地对当时的学术范式提出重新认识。这可谓学术史上的一大发明,前引黄季刚先生告之吉川幸次郎者,可为最好的证据:"所贵乎学者,在乎发明,不在乎发见。今发见之学行,而发明之学替矣。"②前句是他对学术价值的总体判断,后面第二句则是他对当时学术转向的深刻披露。如果我们结合黄季刚所发"**蜂腰**"之叹——"余于中国学术,犹蜂腰也。其屑微已甚,然不可断。断,学术其亡乎!"③则更可看出他所谓的"兴替"实指"学术范式"的五四转型。

这一转型,在后人的研究中也曾感觉并提到。如刘岳兵《从小岛祐马的思想基础看京都 Sinology 的特点》一文中就指出:

> 他们[指下文日本学者]都重视考证的方法,但不是为了考证而考证。如狩野对敦煌文献的态度,他认为新资料固然可贵,但仅仅知其为新资料一点则没有什么用,必须能够"活用"。小岛祐马则对此作进一步发挥,认为"滥用人们未知的文献而提出所谓新说,这不是学问。对谁都能见到的文献作广泛而深入的研究,发前人所未发,才是学问。"④

其他学者也不乏此见。如余嘉锡书房取名为"读已见书斋",就反映了当时对主流"发见之学"的不同异见。陆宗达先生的"文献语言学"也有针

---

① 蔡曙山. 语言、逻辑与科学发现//冯胜利,李旭主编. 语言学中的科学. 北京: 人民出版社,2015: 71.
② 吉川幸次郎. 与潘景郑书//程千帆,唐文编. 量守庐学记: 黄侃的生平和学术. 北京: 生活·读书·新知三联书店,2006: 91.
③ 游寿. 敬业记学//程千帆,唐文编. 量守庐学记: 黄侃的生平和学术. 北京: 生活·读书·新知三联书店,2006: 101.
④ 刘岳兵. 从小岛祐马的思想基础看京都 Sinology 的特点//阎纯德主编. 汉学研究(第七集). 北京: 中华书局,2003: 336.

对"发现范式"而发的意味:"《说文》引六艺群书 40 余种,博问通人引诸家说解 30 多种,创立了汉民族风格的语言学……成为文献语言学的奠基之作。"①文献语言学以传世文献为基础,虽不排斥出土文献,但就语言学而言,出土文献没有推翻传世文献的发明,如古无轻唇音。故季刚先生说:"无论历史学、文字学,凡新发见之物,必可助长旧学,但未能推翻旧学。新发见之物,只可增加新材料,断不能推倒旧学说。"②

第四节 "理必范式"与韵律语法理论的建立

韵律语法是当代形式句法学的一个重要分支。李宇明主编《当代中国语言学研究》指出:"汉语形式语法研究的另一个重要领域是韵律语法。将韵律看作一种制约语法结构规则的形式,是近 20 年来汉语语法研究的重要发展。"③韵律语法学正是传统学术(乾嘉-章黄)和西方学理(拉波夫-乔姆斯基)结合的产物。陆俭明先生一语道破其底蕴:"研究中,他(冯胜利)非常注重我国传统文字、音韵、训诂学中的精华,在借鉴国外语言学前沿理论的基础上,勇于创造以汉语韵律结构及普世语法为基础的韵律语法理论,既让汉语韵律句法研究得以走向世界前沿,又推动国际韵律语法理论的创新与发展……令人耳目一新,为汉语乃至其他语言的研究提供发现问题与解决问题的新视角、新方法。"④韵律语法就是从乾嘉的"声音通训诂"与章黄的"声音通句读"发展而来的"声音通句法"的当代语言学的一个新领域,一个西方没有的⑤,但可与当代西方理论对话的语言学的一个分支领域。从

---

① 陆宗达. 陆宗达文字学讲义. 北京:北京师范大学出版社,2014:3-4.
② 黄侃讲,黄焯记. 黄先生语录//张晖编. 量守庐学记续编:黄侃的生平和学术. 北京:生活·读书·新知三联书店,2006:3.
③ 李宇明. 当代中国语言学研究. 北京:中国社会科学出版社,2016:199.
④ 陆俭明. 近百年现代汉语语法研究评说. 东北师大学报(哲学社会科学版),2019,(6):9.
⑤ 近年西方也开始韵律语法研究的转向。参见:韵律语法 20 年编写组. 北京语言大学韵律语法二十年. 北京:北京语言大学出版社,2022.

第九章　传统理性思维的继承与当代学术理论的构建

其来源上看，我们可以说没有乾嘉和章黄的传统思想和精华，就没有今天的韵律语法理论，而今天韵律语法理论又回过头来启示我们如何结合当代理论（如乔姆斯基的生成语法学、拉波夫的语言变异说）来继承传统的精华（如前引何大安之戴震、黄侃、李方桂和莫里斯·哈勒的"结构、生成"科学要素），进而发展以至发明"前人所无，后人所不可无"的新理论。当然，今天的韵律语法学还有很长的路要走才能完善其理论并走向世界，但仅就目前的情况而言，其理论体系也足以证明从乾嘉的"声音通训诂"（语音乃词汇之旨）到章黄的"声音通句读"（语音影响短语），再到今天的"声音通句法"（语音制约句法）乃一脉相承的理路和思想。从这一原理出发，加上乾嘉理必学理及章黄发明范式，我们建立了一个独立且相对自足的韵律语法体系，并致力于一个跨语言的，可供普通语言学应用的"韵律语法层级模式"，如图 9-3 所示。

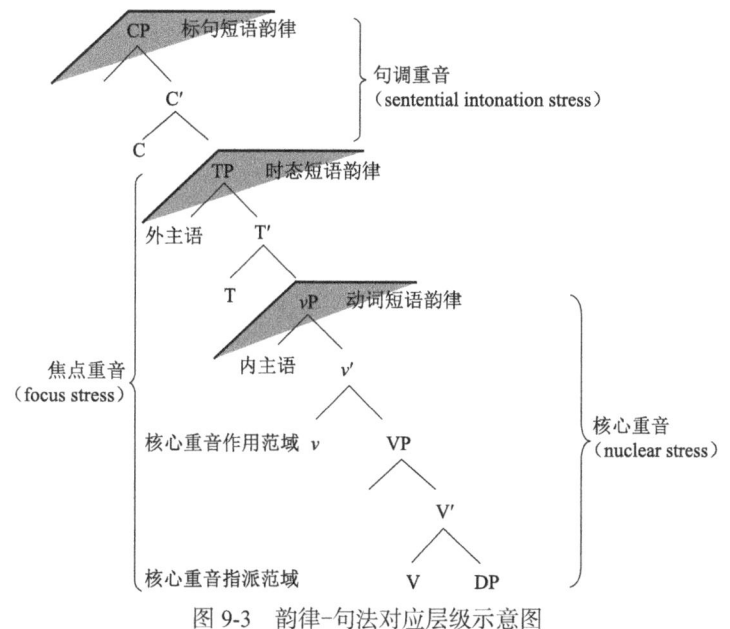

图 9-3　韵律-句法对应层级示意图

这一模式的核心机制是"韵律删除"（删除韵律不允许的"句法合格产品"）和"韵律激活"（激活该语言从来没有启动过的句法运作）。韵律语

267

法的创建结束了西方长期以来信奉的"句法无韵律"的信条，30多年前该理论就率先发起修订西方此说，至今迎来越来越多西方学者的研究兴趣与项目。如同乾嘉理必和章黄范式遭到同寅的挑战、质疑和反对一样，韵律语法从一开始就承受着同行的质疑、批评与挑战。然而，它所以没被动摇且不断发展，就在于它的理必之基和发明之旨。

第五节　"理必范式"与语体语法理论的建立

语体语法也是一个日见成熟的语法领域中的一个分支。著名语言学家陆俭明先生在《近百年现代汉语语法研究评说》中说："冯胜利教授开创的汉语韵律语法学和语体语法学……对推进汉语语法研究起了很积极的作用。"[①] 什么是语体语法呢？语体语法是以生成语法为基础，以语体的"调距"属性为机能建立起的一个以"形式-功能对生律"为原理的，不同语体酝有不同语法（或不同语法自含不同语体）的语法系统。语体语法包含一套人类语言不同交际场合使用不同语法（包括音法、词法和句法）的原理和机制。以句法为例，汉语中的"V 和 V"既是非法的，也是合法的，看用什么语体说。例如：

　　*妈妈，我明天要写和交一篇作文。
　　今年博士生都要撰写和提交一篇论文。

口语中不能说的"写和交一篇作文"，用正式体双音节动词，就变得完全可以接受。为什么呢？语体语法告诉我们：因为不同的语体使用不同的语法。语法和语体是一张纸的两个面，用错了地方就会造成句法错误。事实上，不只是交际场合决定语体，语体语法理论还发展了一套语体鉴定的四大标准（表9-1）。

---

① 陆俭明. 近百年现代汉语语法研究评说. 东北师大学报(哲学社会科学版), 2019, (6): 9.

第九章　传统理性思维的继承与当代学术理论的构建

表 9-1　语体的鉴定标准（人、地、事、意）示意表

别体要素	日常	正式	庄典
对象（人）	妈妈	国家领导人	神、祖
地点（地）	厨房	人民大会堂	祭祖、国典
内容（事）	家常	学术、政治、法律	求神、弭灾
态度（意）	亲密	严肃	敬畏

鉴定任一语言形式的语体属性，首先要看是谁说的、说给谁的（人）、其次看说的是什么内容（事）、在什么场合说的（地），听说者的态度如何（意）。有了这个四维坐标，任何表达（词、词组、短语、句子或更大的单位）的"体"，均依次而定。

语体语法理论不仅可以解决现代汉语的语法问题，而且可以直接用以解释古代汉语的语言文学现象。譬如《诗经》的风、雅、颂，恰好就是语体语法中"三维语体"机制的必然产物，如图 9-4 所示。

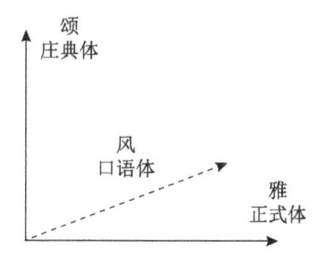

图 9-4　风雅颂与三维语体示意图

《诗经》的风、雅、颂不仅为我们语体三分机制提供铁的证据，语体语法的理论也为《诗经》所以三分（风雅颂）的原因提供了理论的解释。这不是循环论证，这是王念孙使用的埃蒙·巴赫描述的"理必咬合法"（参第六章图 6-3）。

毫无疑问，语体语法解释的现象用纯句法理论（无论形式句法还是功能句法）无法解释，因为一个结构两个语法（既合法又非法），前跋后疐，相互矛盾。社会语言学所用的阶层、性别、年龄等变量，也无济于事，因为同一个人可以用两种语法——这是语体决定的语法，不是社会决定的语法。唯有语体语法理论可以解释人类语言中无所不在的"语体不同，语法也不同"

269

的语法现象。换言之，语体语法具有普适性，因此不仅汉语，其他语言也受语体语法的制约。譬如英文的 dative construction（与格结构）在拉丁根动词与盎格鲁-撒格逊动词之间，同时具有合法与非法两种属性。请看：

（1）He gave a book to the girl.

　　He gave the girl a book.

（2）He donated a book to the church.

　　*He donated the church a book.

在英文里 give（给）是口语动词，donate（捐给）是拉丁根的"庄正体"动词。两个语体不同的动词（如汉语单音节动词和双音节动词）具有两种不同的语法结构：口语动词允许双宾语结构，正式体拉丁根动词不允许双宾语结构。语体语法的建立不仅为汉语的语法提供了一个新的视角，而且为其他语言（如长期困扰英文研究者的与格结构）提供了一个普通语言学方面的新理论和新工具。

何为"韵律语法"与"语体语法"已如上述，然而什么是二者构建的<u>理必之基</u>与<u>发明之理</u>？出繁入简地说，即 8-tion 立学之法（图 9-5）。[①]

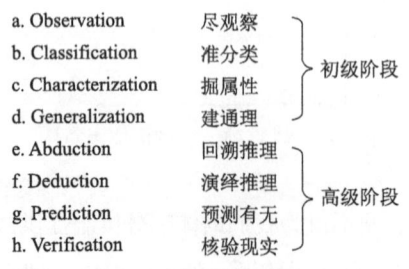

图 9-5　8-tion 立学法

这八种基本方法可用图 9-6 来说明其使用路径[②]。

[①] 冯胜利. 中西学术之间的通与塞//张冠梓主编. 哈佛看中国——文化与学术卷. 北京：人民出版社，2010: 247-258.

[②] 参见：冯胜利. 韵律词与科学理论的构建. 世界汉语教学，2001，(1): 53-64. 及冯胜利. 中西学术之间的通与塞//张冠梓主编. 哈佛看中国——文化与学术卷. 北京：人民出版社，2010: 247-258. 注意：这个模式只是研究过程的一个片段。事实上，它可以、也必须循环往复以至无穷深入。

第九章 传统理性思维的继承与当代学术理论的构建

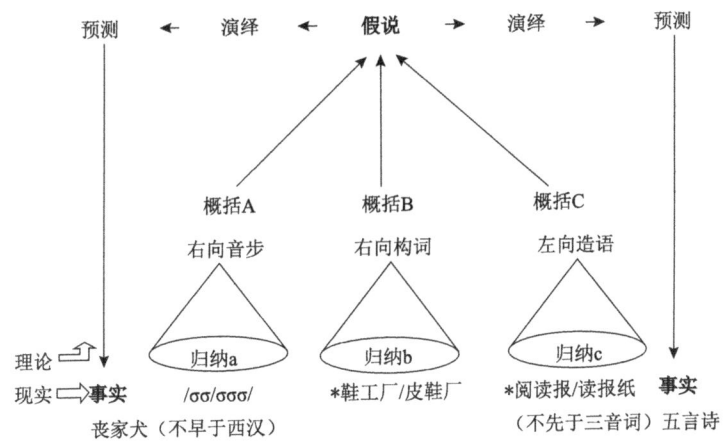

图 9-6 理论构形示意图
注：图中"σ"代表音节

图 9-6 所示的理论构建模式分上下两段：上段的理论是思维的产物，只存在于我们的大脑之中；下段则是现实世界中的具体现象（即上文所说语言现象）。该模式本身又分为内外两层：内层是归纳，外层为演绎。归纳的底层是现象（语言现象），顶端是假说；演绎的起点是假说，终点是事实（即上文所说语言学事实）。归纳与演绎以假说为枢纽而相互联结；假说又以归纳和演绎为中介而兼取现实为基础。

这个模式的构建，虽不排斥归纳，但却重在演绎。从由内及外的次序而言，它基于归纳而旨在演绎。换言之，它是以内层为手段来发挥外层的推演作用——外层是该模式的最终目的和最高理想。具体而言，从现象的观察（如"55555、*鞋工厂/皮鞋厂、*阅读报/读报纸"）到现象的分类，再到类别属性的提取，然后进入概括，得到一般通理。得到通理后不能停步，要用溯因法思考和发现背后的更深原因，然后将可能的原因转化成命题式假说。当假说建立之后，我们才可以从多种角度去预测（通过证实与证伪），以此发现更多的现象和事实（如"丧家犬"不早于西汉，"五言诗"不先于"三音词"）。这是研究程序的第一轮。如此循环往复，才能达到"理论系统"的构建。韵律语法学（包括语体语法学）的建立，就是通过这种不断反复、不断完善、不断升华的过程才获得的，其过程如图 9-7 所示。

271

乾嘉皖派的理必科学

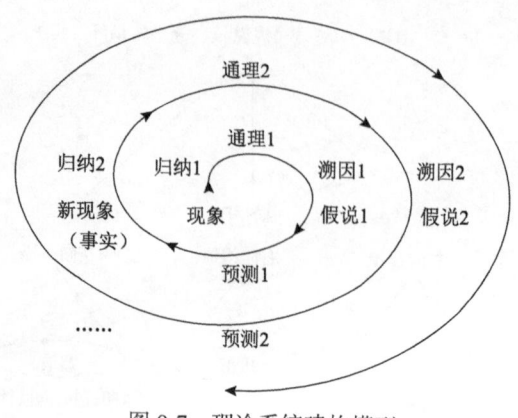

图 9-7 理论系统建构模型

这种模式，既是学生的学术训练法，也是学理发掘的深入之法，更是理论模式的构建法；当然还可以说这也是我们理解的乾嘉理必和章黄理创的当代模式。

第六节 中国学术之前瞻

总而言之，五四至今百年来的中华学术，成就辉煌，有目共睹。但在它已有成就之中，却仍然鲜见创造理论的学说，缺乏对"理论"的重视，因此也缺少"创发理论"的原理和方法（包括动机）。正因如此，现在的年轻学者们一方面幸享和继承着五四先贤的空前成果，另一方面，又在谋求发展之路上每每觅求西方理论。但是，中国崛起的今天，其国际影响日益显著，因此学术上也要有雄心壮志，创造自己的理论，走自己的发明之路。正如著名文学史家张伯伟所云：

人文学研究的宗旨，说到底是对话而非独白，无论是在时间上的与古人对话，还是在空间上的与外人对话。而强调以汉文化圈为方法，则旨在使我们逐步摆脱百年来受西方学术影响而形成的种种模式和惯性，

第九章 传统理性思维的继承与当代学术理论的构建

并有望发现一个东方的、亚洲的、中国的知识生产方式，真正开始"中国人文研究摆脱西方中心取向、重新出发"的途程。①

其学术宏旨可谓大矣！然而，什么是"东方的、亚洲的、中国的知识生产方式"？一句话，什么是真正的学术发明？以赛亚·伯林在《普通教育》中的说法颇具启发性："一个学科的真正价值取决于它所创造的概念和理论，而不是它里面的现象或事实。"②这种"理论重于现象"的学术价值观，和胡适、傅斯年从西化传统发展来的材料主义的思想正相反，但却和富有民族传统的乾嘉理必与章黄发明之学正相吻合。笔者最近注意到以色列学者尤瓦尔·赫拉利说："对现代欧洲人来说，建立帝国就像是一项科学实验，而要建立某个科学学科，也就像是一项建国大计。"③建立帝国如建学，建立学科如建国，以前似乎很少人有这样的说法，尤其是后者。对此，回头再看五四伊始傅斯年的"几分材料几分话"，五四后赵元任的"有易无难说"以及进入现代钱钟书的"理论大厦坍塌说"和王力的"主观演绎论"，我们就不难理解今天何九盈慨叹"中国近代没有理论"、王士元感慨"中国语言学材料丰富、理论贫乏"的原因所在；④当然也就更不忍心承认或承担"没有理论就等于没有建国"的比喻和责任了。然而今天，无论如何都正是我们学术范式更替与回归的大好时代！

王国维、陈寅恪论西方思想无法骤然融入中国学术，然而今天我们发现：西方的唯理思想在中国乾嘉朴学（亦即今天的"文献语言学"）之中已有数

---

① 张伯伟. 回向文学研究. 北京：商务印书馆，2022：535.
② Berlin I. General education. Oxford Review of Education, 1975, 1(3): 292.
③ 尤瓦尔·赫拉利. 人类简史：从动物到上帝. 林俊宏，译. 北京：中信出版集团，2017：279-280.
④ 关于什么是理论，国内也有些语言学者认为理论应理解为一种意识，一种从语言事实中发现规律并不断提升规律层面的意识；理论应理解为一种追求，一种与西方语言理论平等交流碰撞并进而获得具有更大普遍性的理论的追求。当然，牛顿的引力说、爱因斯坦的相对论、乔姆斯基的生成理论，都可以说是在科学的"意识"下，对自然规律的一种"追求"。但这只是初衷而不是做法和结果。只看理论的初衷而不悉其思路、方法与结果，研究者可能永远不知什么是可预测的结果，当然也得不到结果，同时也不能区分和发展理论。由此可见，"什么是理论"在我国目前学界里还是一个颇有争议而有待釐清的大问题。理论是有结构、方式和操作程序的成系统的学说，而不是感觉的"意识"或动机的"追求"。

273

乾嘉皖派的理必科学

百年之久，这恐怕是他们虽然未及但一定惊喜的意外结果，尤其对那些"吾侪所学关天命"的学子们！友人黄君易青语余曰："论演绎和理性，这个方向有远见，赞同。转变是把用于数理科学的实证主义用于人文科学。戴震、段王、章黄其学说都是理性的，方法是演绎的。段的'凡同声者必同部'是演绎的，《文始》是演绎的，十九纽二十八部是演绎的。要扭转，就要从哲学翻起，但不能指望学界有大变。我们追求我们认为的真理，就行。"我们是知其不可而为之，还是有待后起学子的发明崛起呢？"吾侪所学关天意"，学术兴亡，布衣学子与有责焉！